VOYAGES
IMAGINAIRES,

ROMANESQUES, MERVEILLEUX, ALLÉGORIQUES, AMUSANS, COMIQUES ET CRITIQUES.

SUIVIS DES
SONGES ET VISIONS,
ET DES
ROMANS CABALISTIQUES.

CE VOLUME CONTIENT

Le Comte de Gabalis, ou Entretiens fur les Sciences fecrètes.

Le Sylphe amoureux.

Les Ondins, Conte moral, par Madame Robert.

L'Amant Salamandre.

VOYAGES
IMAGINAIRES,
SONGES, VISIONS
ET
ROMANS CABALISTIQUES,
Ornés de Figures.

TOME TRENTE-QUATRIÈME.

Troisième classe, contenant les *Romans Cabalistiques.*

A AMSTERDAM,
Et se trouve à PARIS,
RUE ET HOTEL SERPENTE.

M. DCC. LXXXVIII.

AVERTISSEMENT
DE L'ÉDITEUR.

La meilleure manière de combattre les opinions singulières & les systêmes hardis des enthousiastes & des visionnaires, est d'employer contre eux le ridicule ; c'est, à ce qu'il nous semble, le moyen le plus sûr de les réfuter & d'arrêter les progrès qu'ils peuvent faire auprès des esprits crédules & de ceux qui deviennent facilement dupes de leur imagination. Telle a été la marche qu'a suivi l'auteur du *Comte de Gabalis*, ou *Entretiens sur les sciences secrètes*. Il est étonnant combien les absurdes rêveries de la cabale avoient de partisans zélés, lorsqu'il publia son livre : cet ingénieux badinage ruina le crédit des Cabalistes, & dévoua leurs ridicules mystères au mépris public.

La fable du roman du comte de Gabalis est simple : on suppose qu'un

AVERTISSEMENT.

fameux adepte que l'on nomme le comte de Gabalis, vient trouver l'auteur du fond de l'Allemagne, où il faifoit fa demeure ; il croit avoir découvert en lui des difpofitions naturelles aux grands myftères de la cabale, & cette découverte détermine notre cabalifte, non-feulement à faire un très-long voyage pour venir chercher ce nouveau fage, mais à lui développer dans le plus grand détail cette fcience fublime & fecrète. A l'aide de cette fuppofition, le comte de Gabalis a cinq entretiens avec l'auteur, où il lui débite d'un ton dogmatique & fententieux de vraies extravagances. Quelquefois la tête du cabalifte s'échauffe, de vives apoftrophes à la divinité & aux efprits élémentaires prouvent une imagination exaltée & des lueurs de raifon & de faine philofophie qui s'échappent de tems en tems, prouvent que le vifionnaire avoit originairement un bon efprit, qui s'eft laiffé féduire & gâter par l'amour défordonné du merveilleux.

AVERTISSEMENT.

Cet ouvrage eut le plus grand succès; mais l'auteur paya la satisfaction que put lui donner cette réussite de beaucoup de traverses & de persécutions. On donna une extension forcée à ses intentions, & ceux qui voyoient avec chagrin le ridicule qu'il avoit jetté sur des visions qui leur étoient chères, accusèrent l'auteur d'avoir attaqué des vérités respectables. Cette accusation, destituée de raison & de fondement, n'eut pas long-tems de la confiance.

L'abbé de Villars, auteur de cet ouvrage, étoit d'une famille noble du Languedoc, du nom de Montfaucon, & parent du célèbre don de Montfaucon; il est né en 1640. L'état ecclésiastique qu'il embrassa, ouvroit une carrière brillante à ses talens, celle de la chaire; il y parut avec un succès qui fit concevoir les plus grandes espérances. Une figure agréable, un bel organe, de l'esprit & des connoissances, étoient

AVERTISSEMENT.

des qualités suffisantes pour soutenir ses succès, & lui acquérir une haute réputation, lorsque son Comte de Gabalis parut : cet ouvrage, on ne sait trop pourquoi, fit interdire la chaire à l'abbé de Villars. Le fond cependant ne lui appartenoit point ; il étoit tiré d'un ouvrage de *Borry*, intitulé la *Chiave del Gabinetto*. Quoi qu'il en soit, les partisans de la cabale se vengèrent sur l'abbé de Villars, & celui-ci se consola des tracasseries qu'ils lui firent essuyer en jouissant de tout le succès de son ouvrage. Une mort inopinée interrompit les travaux littéraires de notre auteur : un de ses parens le tua d'un coup de pistolet en 1675 sur le chemin de Paris à Lyon. L'abbé de Villars n'avoit que 35 ans. Outre le Comte de Gabalis, on a de cet auteur un Traité de la délicatesse, & un roman bisarre, intitulé d'abord *l'Amour sans foiblesse*, & depuis *Géomyler*.

AVERTISSEMENT.

Les peuples élémentaires, dont le comte de Gabalis nous a appris l'histoire & les fonctions, figureront encore dans les autres ouvrages qui composent ce volume.

Le Sylphe, petit conte dont nous ne connoissons pas l'auteur, & qui a été imprimé en 1730, nous présentera des images riantes & agréables. C'est l'histoire de l'intrigue amoureuse de l'un de ces légers habitans des airs avec une femme. Tout est gracieux dans cette historiette : un réveil vient malheureusement l'interrompre, & on est bien fâché de s'appercevoir alors que tout le bonheur de madame de *** n'est qu'un songe.

Au Sylphe, nous faisons succéder *les Ondins* : ce sont les génies habitans des eaux. Le merveilleux est prodigué dans ce roman, qui tient de très-près aux contes de fées. L'auteur est madame Robert, à qui nous sommes déja

vj AVERTISSEMENT.

redevables du voyage de mylord Céton dans les sept planètes (1). Nous renvoyons nos lecteurs à ce que nous avons dit de madame Robert, dans l'avertissement qui précède le XVIIe. volume.

Il ne nous reste plus qu'à mettre sur la scène les habitans du feu, ou Salamandres. Nous remplissons cette tâche dans *l'Amant Salamandre, ou Aventures de l'infortunée Julie*. Ce roman est intéressant & moral. Il apprend aux parens à veiller avec le plus grand soin sur les personnes qu'ils mettent auprès de leurs enfans, & à s'assurer de leur conduite & de leurs mœurs. On y apprend aussi à se défier des dons extérieurs dont la nature nous gratifie, & à ne point en contracter un orgueil ridicule.

---

(1) Voyez les volumes XVII & XVIII de cette Collection.

AVERTISSEMENT.

Née avec tous les avantages que donnent la naissance, la fortune & les agrémens de la figure, la malheureuse Julie est la victime de cet orgueil funeste qu'une gouvernante scélérate avoit eu le soin d'entretenir, pour parvenir à son but. Cette malheureuse conçoit & exécute l'odieux projet de sacrifier l'honneur de son élève, pour la mettre dans la nécessité de faire un mariage disproportionné, qui assure la fortune d'un fils qui est le fruit de son libertinage. Elle inspire à la jeune Julie un éloignement pour tous les hommes, qu'elle lui fait regarder comme indignes d'elle ; c'est à des esprits d'un ordre supérieur qu'une personne aussi accomplie est destinée. L'imagination de la jeune personne s'échauffe ; son amour-propre flatté contribue à exalter sa tête ; elle ne rêve que Sylphes, Salamandres & autres esprits élémentaires. Lorsque la gouvernante voit les choses disposées à son gré, elle fait paroître son fils au milieu d'un globe de feu qu'elle a su artificieusement construire, & la trop crédule Julie ouvre avec transport les bras pour recevoir cet amant, qu'elle croit une espèce de divinité.

Cet ouvrage est fait pour plaire aux ames sensibles ; & l'on ne pourra lire les malheurs de la belle Julie sans s'attendrir sur son sort. L'auteur de cette intéressante production est M. Cointreau, dont nous ne connoissons que ce seul ouvrage.

LE COMTE DE GABALIS,
OU ENTRETIENS SUR LES SCIENCES SECRÈTES,

Renouvellé & augmenté d'une Lettre sur ce sujet.

Quod tanto impendio abfconditur, etiam folum-
modò demonftrare, deftruere eft.

TERTULL.

Tome XXXIV.

LE COMTE DE GABALIS,
OU
ENTRETIENS
SUR LES
SCIENCES SECRÈTES.

PREMIER ENTRETIEN.

Apparition du Comte de Gabalis. Il commence à développer à l'Auteur les Mystères de la Cabale.

DEVANT Dieu soit l'ame de monsieur le comte de Gabalis, que l'on vient de m'écrire qui est mort d'apoplexie. Messieurs les curieux ne manqueront pas de dire que ce genre de mort est ordinaire à ceux qui ménagent mal les secrets des sages, & que depuis que le bienheureux Raymont Lulle en a prononcé l'arrêt dans son testament, un ange exécuteur n'a jamais manqué de tordre promptement le cou à tous ceux qui ont indiscrètement révélé les mystères philosophiques.

Mais qu'ils ne condamnent pas si légèrement ce savant homme, sans être éclaircis de sa conduite. Il m'a tout découvert, il est vrai ; mais il ne l'a fait qu'avec toutes les circonspections cabalistiques. Il faut rendre ce témoignage à sa mémoire, qu'il étoit grand zélateur de la religion de ses pères les philosophes, & qu'il eût souffert le feu plutôt que d'en profaner la sainteté, en s'ouvrant à quelque prince indigne, à quelqu'ambitieux, ou à quelqu'incontinent, trois sortes de gens excommuniés de tout tems par les sages. Par bonheur je ne suis pas prince ; j'ai peu d'ambition, & on verra dans la suite que j'ai même un peu plus de chasteté qu'il n'en faut à un sage. Il me trouva l'esprit docile, curieux, peu timide ; il ne me manque qu'un peu de mélancolie pour faire avouer à tous ceux qui voudroient blâmer M. le comte de Gabalis de ne m'avoir rien caché, que j'étois un sujet assez propre aux sciences secrètes. Il est vrai que sans mélancolie on ne peut y faire de grands progrès ; mais ce peu que j'en ai n'avoit garde de le rebuter. Vous avez, m'a-t-il dit cent fois, Saturne dans un angle, dans sa maison, & rétrograde; vous ne pouvez manquer d'être un jour aussi mélancolique qu'un sage doit l'être; car le plus sage de tous les hommes, comme nous le savons dans la cabale, avoit comme vous Jupiter dans l'ascendant; cependant on ne trouve pas qu'il ait ri une seule fois en toute sa vie, tant l'impression de son Saturne étoit puissante, quoiqu'il fût beaucoup plus foible que le vôtre.

C'est donc à mon Saturne, & non pas à M. le comte de Gabalis, que messieurs les curieux doivent s'en prendre, si j'aime mieux divulguer leurs secrets que les pratiquer. Si les astres ne font pas leur devoir, le comte n'en est pas cause; & si je n'ai pas assez de grandeur d'ame, pour essayer de devenir le maître de la nature, de renverser les élémens, d'entretenir les intelligences suprêmes, de commander aux démons d'engendrer des géans, de créer de nouveaux mondes, de parler à Dieu dans son trône redoutable, & d'obliger le chérubin qui défend l'entrée du paradis terrestre, de me permettre d'aller faire quelques tours dans ses allées; c'est moi tout au plus qu'il faut blâmer ou plaindre: il ne faut pas pour cela insulter à la mémoire de cet homme rare, & dire qu'il est mort pour m'avoir appris toutes ces choses. Est-il impossible que comme les armes sont journalières, il ait succombé dans quelque combat avec quelque lutin indocile ? Peut-être qu'en parlant à Dieu dans le trône enflammé, il n'aura pu se tenir de le regarder en face : or, il est écrit qu'on ne peut le regarder sans mourir. Peut-être n'est-il mort qu'en apparence, suivant la coutume des philosophes, qui font semblant de mourir en un lieu, & se transplantent en un autre. Quoi qu'il en soit, je ne puis croire que la manière dont il m'a confié ses trésors mérite châtiment. Voici comme la chose s'est passée.

Le sens-commun m'ayant toujours fait soupçonner qu'il y a beaucoup de vuide en tout ce qu'on appelle sciences secrètes, je n'ai jamais été tenté de perdre le tems à feuilleter les livres qui en traitent : mais aussi ne trouvant pas bien raisonnable de condamner sans savoir pourquoi tous ceux qui s'y adonnent, qui souvent sont gens sages, d'ailleurs savans la plupart, & faisant figure dans la robe & dans l'épée ; je me suis avisé, pour éviter d'être injuste, & pour ne me point fatiguer d'une lecture ennuyeuse, de feindre d'être entêté de toutes ces sciences avec tous ceux que j'ai pu apprendre qui en sont touchés. J'ai d'abord eu plus de succès que je n'en avois même espéré. Comme tous ces messieurs, quelque mystérieux & quelque réservés qu'ils se piquent d'être, ne demandent pas mieux que d'étaler leurs imaginations, & les nouvelles découvertes qu'ils prétendent avoir fait dans la nature, je fus en peu de jours confident des plus considérables entr'eux ; j'en avois toujours quelqu'un dans mon cabinet, que j'avois à dessein garni de leurs plus fantasques auteurs. Il ne passoit point de savant étranger que je n'en eusse avis ; en un mot, à la science près, je me trouvai bientôt grand personnage. J'avois pour compagnons des princes, des grands seigneurs, des gens de robe, des belles dames, des laides aussi ; des docteurs, des prélats, des moines, des nonnains, enfin des gens de toute espèce. Les uns en vouloient aux anges, les autres au diable, les autres à leur génie, les autres aux incubes, les autres à la guérison de tous maux, les autres aux astres, les autres aux secrets de la divinité, & presque tous à la pierre philosophale.

Ils demeuroient tous d'accord que ces grands secrets, & sur-tout la pierre philosophale, sont de difficile recherche, & que peu de gens les possèdent : mais ils avoient tous en particulier assez bonne opinion d'eux-mêmes pour se croire au nombre des élus. Heureusement

A iv

les plus importans attendoient alors avec impatience l'arrivée d'un Allemand, grand seigneur & grand cabaliste, de qui les terres sont vers les frontières de Pologne. Il avoit promis par lettre aux enfans des philosophes qui sont à Paris de les venir visiter en passant par la France, pour aller en Allemagne. J'eus la commission de faire réponse à la lettre de ce grand homme ; je lui envoyai la figure de ma nativité, afin qu'il jugeât si je pouvois aspirer à la suprême sagesse. Ma figure & ma lettre furent assez heureuses pour l'obliger à me faire l'honneur de me répondre que je serois un des premiers qu'il verroit à Paris ; & que si le ciel ne s'y opposoit, il ne tiendroit pas à lui que je n'entrasse dans la société des sages.

Pour ménager mon bonheur, j'entretins avec l'illustre Allemand un commerce régulier. Je lui proposai de tems en tems de grands doutes, autant raisonnés que je le pouvois, sur l'harmonie du monde, sur les nombres de Pythagore, sur les visions de S. Jean, & sur le premier chapitre de la genèse. La grandeur des matières le ravissoit ; il m'écrivoit des merveilles inouies, & je vis bien que j'avois affaire à un homme de très-vigoureuse & très-spacieuse imagination. J'en ai soixante ou quatre-vingt lettres, d'un style si extraordinaire, que je ne pouvois plus me réfoudre à lire autre chofe dès que j'étois feul dans mon cabinet.

J'en admirois un jour une des plus fublimes, quand je vis entrer un homme de très-bonne mine, qui me faluant gravement, me dit en langue Françoife, & en accent étranger : « Adorez, mon fils, adorez le très-bon & le » très-grand Dieu des fages, & ne vous en- » orgueilliffez jamais de ce qu'il vous envoye » un des enfans de fageffe pour vous affocier » à leur compagnie, & pour vous faire par- » ticipant des merveilles de fa toute-puif- » fance ».

La nouveauté de la falutation m'étonna d'abord, & je commençai à douter pour la première fois, fi l'on n'a pas quelquefois des apparitions ; toutefois me raffurant du mieux que je pus, & le regardant le plus civilement que la petite peur que j'avois me le put permettre : Qui que vous foyez, lui dis-je, vous de qui le compliment n'eft pas de ce monde, vous me faites beaucoup d'honneur de me venir rendre vifite ; mais agréez, s'il vous plaît, qu'avant d'adorer le Dieu des fages, je fache de quels fages & de quel Dieu vous parlez ; & fi vous l'avez agréable, mettez-vous dans ce fauteuil, & donnez-vous la peine de me dire, quel eft ce Dieu, ces fages, cette compagnie, ces merveilles de toute-puissance, & après ou devant tout cela, à quelle espèce de créature j'ai l'honneur de parler.

Vous me recevez très-sagement, monsieur, reprit-il en riant, & prenant le fauteuil que je lui présentois. Vous me demandez d'abord de vous expliquer des choses que je ne vous dirai pas aujourd'hui, s'il vous plaît Le compliment que je vous ai fait sont les paroles que les sages disent à l'abord de ceux à qui ils ont résolu d'ouvrir leur cœur, & de découvrir leurs mystères. J'ai cru qu'étant aussi savant que vous m'avez paru dans vos lettres, cette salutation ne vous seroit pas inconnue, & que c'étoit le plus agréable compliment que pouvoit vous faire le comte de Gabalis.

Ah ! monsieur, m'écriai-je, me souvenant que j'avois un grand rôle à jouer, comment me rendrai-je digne de tant de bontés ? Est-il possible que le plus grand de tous les hommes soit dans mon cabinet, & que le grand Gabalis m'honore de sa visite ?

Je suis le moindre des sages, répartit-il d'un air sérieux, & Dieu qui dispense les lumières de sa sagesse avec le poids, & la mesure qu'il plaît à sa souveraineté, ne m'en a fait qu'une part très-petite, en comparaison de ce que j'admire avec étonnement en mes compagnons.

Premier Entretien.

J'espère que vous les pourrez égaler quelque jour, si j'ose en juger par la figure de votre nativité, que vous m'avez fait l'honneur de m'envoyer; mais vous voulez bien que je me plaigne à vous, monsieur, ajouta-t-il en riant, de ce que vous m'avez pris d'abord pour un fantôme.

Ah! non pas pour un fantôme, lui dis-je; mais je vous avoue, monsieur, que me souvenant tout-à-coup de ce que Cardan raconte que son père fut un jour visité dans son étude par sept inconnus vétus de diverses couleurs, qui lui tinrent des propos assez bizarres de leur nature & de leur emploi..... Je vous entends, interrompit le comte, c'étoit des sylphes, dont je vous parlerai quelque jour, qui sont une espèce de substances aëriennes, qui viennent quelquefois consulter les sages sur les livres d'Averroës, qu'elles n'entendent pas trop bien. Cardan est un étourdi d'avoir publié cela dans ses subtilités: il avoit trouvé ces mémoires-là dans les papiers de son père, qui étoit un des nôtres, & qui voyant que son fils étoit naturellement babillard, ne voulut lui rien apprendre de grand, & le laissa amuser à l'astrologie ordinaire, par laquelle il ne sut prévoir seulement que son fils seroit pendu. Ce fripon est cause que vous m'avez fait l'injure de me prendre pour un sylphe? Injure! repris-je. Quoi, Monsieur, serois-je assez malheureux, pour....? Je ne m'en fâche pas, interrompit-il, vous n'êtes pas obligé de savoir que tous ces esprits élémentaires sont nos disciples; qu'ils sont trop heureux, quand nous voulons nous abaisser à les instruire; & que le moindre de nos sages est plus savant, & plus puissant que tous ces petits messieurs-là. Mais nous parlerons de tout cela quelqu'autre fois; il me suffit aujourd'hui d'avoir eu la satisfaction de vous voir. Tâchez, mon fils, de vous rendre digne de recevoir les lumières cabalistiques; l'heure de votre régénération est arrivée; il ne tiendra qu'à vous d'être une nouvelle créature. Priez ardemment celui qui seul a la puissance de créer des cœurs nouveaux, de vous en donner un qui soit capable des grandes choses que j'ai à vous apprendre, & de m'inspirer de ne vous rien taire de nos mystères. Il se leva lors, & m'embrassant sans me donner le loisir de lui répondre, adieu, mon fils, poursuivit-il, j'ai à voir nos compagnons qui sont à Paris, après quoi je vous donnerai de mes nouvelles. Cependant, *veillez, priez, espérez & ne parlez pas.*

Il sortit de mon cabinet en disant cela. Je me plaignis de sa courte visite en le reconduisant, & de ce qu'il avoit la cruauté de m'abandonner

Le Comte de Gabalis.

sitôt, après m'avoir fait voir une étincelle de ses lumières. Mais m'ayant assuré de fort bonne grace que je ne perdrois rien dans l'attente, il monta dans son carrosse, & me laissa dans une surprise que je ne puis exprimer. Je ne pouvois croire à mes propres yeux, ni à mes oreilles. Je suis sûr, disois-je, que cet homme est de grande qualité, qu'il a cinquante mille livres de rente de patrimoine; il paroît d'ailleurs fort accompli. Peut-il s'être coëffé de ces folies-là? Il m'a parlé de ces sylphes fort cavalièrement. Seroit-il sorcier en effet, & ne me serois-je point trompé jusqu'ici, en croyant qu'il n'y en a plus? Mais aussi s'il est des sorciers, sont-ils aussi dévots que celui-ci paroît l'être?

Je ne comprenois rien à tout cela; je résolus pourtant d'en voir la fin; quoique je prévisse bien qu'il y auroit quelques sermons à essuyer, & que le démon qui l'agitoit, étoit grandement moral & prédicateur.

SECOND ENTRETIEN.

Sur les quatre espèces de Peuples élémentaires, les Sylphes, les Ondins ou Nymphes, les Gnomes & les Salamandres.

LE comte voulut me donner toute la nuit pour vaquer à la prière, & le lendemain, dès le point du jour, il me fit savoir, par un billet, qu'il viendroit chez moi sur les huit heures; & que si je voulois bien, nous irions faire un tour ensemble. Je l'attendis; il vint; & après les civilités réciproques: allons, me dit-il, à quelque lieu où nous soyons libres & où personne ne puisse interrompre notre entretien. Ruel, lui dis-je, me paroît assez agréable & assez solitaire. Allons-y donc, reprit-il. Nous montâmes en carrosse. Durant le chemin, j'observois mon nouveau maître. Je n'ai jamais remarqué en personne un si grand fond de satisfaction, qu'il en paroissoit en toutes ses manieres. Il avoit l'esprit plus tranquille & plus libre qu'il ne sembloit qu'un sorcier le pût avoir. Tout son air n'étoit point d'un homme à qui sa conscience reprochât rien de noir, & j'avois une merveilleuse impatience de le voir

SECOND ENTRETIEN.

entrer en matière, ne pouvant comprendre comment un homme, qui me paroissoit si judicieux & si accompli en toute autre chose, s'étoit gâté l'esprit par les visions, dont j'avois connu le jour précédent qu'il étoit blessé. Il me parla divinement de la politique, & fut ravi d'entendre que j'avois lu ce que Platon en a écrit. Vous aurez besoin de tout cela quelque jour, me dit-il, un peu plus que vous ne croyez : & si nous nous accordons aujourd'hui, il n'est pas impossible qu'avec le tems vous mettiez en usage ces sages maximes. Nous entrions alors à Ruel ; nous allâmes au jardin ; le comte dédaigna d'en admirer les beautés, & marcha droit au labyrinthe.

Voyant que nous étions aussi seuls qu'il le pouvoit desirer ; je loue, s'écria-t-il, levant les yeux & les bras au ciel, je loue la sagesse éternelle de ce qu'elle m'inspire de ne vous rien cacher de ses vérités ineffables. Que vous serez heureux, mon fils ! si elle a la bonté de mettre dans votre ame les dispositions que ces hauts mystères demandent de vous. Vous allez apprendre à commander à toute la nature ; Dieu seul sera votre maître, & les sages seuls seront vos égaux. Les suprêmes intelligences feront gloire d'obéir à vos desirs ; les démons n'oseront se trouver où vous serez ; votre voix les fera trembler dans le puits de l'abîme, &

tous les peuples invisibles qui habitent les quatre élémens, s'estimeront heureux d'être les ministres de vos plaisirs. Je vous adore, ô grand Dieu, d'avoir couronné l'homme de tant de gloire, & de l'avoir établi souverain monarque de tous les ouvrages de vos mains. Sentez-vous, mon fils, ajouta-t-il en se tournant vers moi, sentez-vous cette ambition héroïque, qui est le caractere certain des enfans de sagesse ? Osez-vous desirer de ne servir qu'à Dieu, & de dominer sur tout ce qui n'est point Dieu seul ? Avez-vous compris ce que c'est qu'être homme ? Et ne vous ennuie-t-il point d'être esclave, puisque vous êtes né pour être souverain ? Et si vous avez ces nobles pensées, comme la figure de votre Nativité ne me permet pas d'en douter, considérez mûrement si vous aurez le courage & la force de renoncer à toutes les choses qui peuvent vous être un obstacle à parvenir à l'élévation pour laquelle vous êtes né ? Il s'arrêta là, & me regarda fixement, comme attendant ma réponse, ou comme cherchant à lire dans mon cœur.

Autant que le commencement de son discours m'avoit fait espérer que nous entrerions bientôt en matière, autant en désespérai-je par ses dernières paroles. Le mot de *renoncer* m'effraya, & je ne doutois point qu'il n'allât me
proposer

proposer de renoncer au baptême ou au paradis. Ainsi ne sachant comme me tirer de ce mauvais pas: renoncer, lui dis-je, monsieur! quoi, faut-il renoncer à quelque chose? Vraiment, reprit-il, il le faut bien, & il le faut si nécessairement, qu'il faut commencer par-là. Je ne sais si vous pourrez vous y résoudre; mais je sais bien que la sagesse n'habite point dans un corps sujet au péché, comme elle n'entre point dans une ame prévenue d'erreur ou de malice. Les sages ne vous admettront jamais à leur compagnie, si vous ne renoncez dès-à-présent à une chose, qui ne peut compatir avec la sagesse. *Il faut*, ajouta-t-il tout bas, en se baissant à mon oreille, *il faut renoncer à tout commerce charnel avec les femmes.*

Je fis un grand éclat de rire à cette bizarre proposition. Vous m'avez, monsieur, m'écriai-je, vous m'avez quitté pour peu de chose. J'attendois que vous me proposeriez quelque étrange renonciation; mais puisque ce n'est qu'aux femmes que vous en voulez, l'affaire est faite dès long-tems: je suis assez chaste, Dieu merci. Cependant, monsieur, comme Salomon étoit plus sage, que je ne serai peut-être, & que toute sa sagesse ne put l'empêcher de se laisser corrompre, dites moi, s'il vous plaît,

Tome XXXIV.   B

quel expédient vous prenez, vous autres messieurs, pour vous passer de ce sexe-là ? & quel inconvénient il y auroit que dans le paradis des philosophes chaque Adam eût son Eve ?

Vous me demandez-là de grandes choses, répartit-il en consultant en lui-même, s'il devoit répondre à ma question. Pourtant, puisque je vois que vous vous détacherez des femmes sans peine, je vous dirai l'une des raisons qui ont obligé les sages d'exiger cette condition de leurs disciples ; & vous connoîtrez dès-là dans quelle ignorance vivent tous ceux qui ne sont pas de notre nombre.

Quand vous serez enrôlé parmi les enfans des philosophes & que vos yeux seront fortifiés par l'usage de la très-sainte médecine, vous découvrirez d'abord que les élémens sont habités par des créatures très-parfaites, dont le péché du malheureux Adam a ôté la connoissance & le commerce à sa trop malheureuse postérité. Cet espace immense qui est entre la terre & les cieux, a des habitans bien plus nobles que les oiseaux & les moucherons ; ces mers si vastes ont bien d'autres hôtes que les dauphins & les baleines; la profondeur de la terre n'est pas pour les taupes seules;& l'élément du feu, plus noble que les trois autres, n'a pas été fait pour demeurer inutile & vuide.

Second Entretien.

L'air est plein d'une innombrable multitude de peuples de figure humaine, un peu fiers en apparence, mais dociles en effet : grands amateurs des sciences, subtils, officieux aux sages, & ennemis des sots & des ignorans. Leurs femmes & leurs filles sont des beautés mâles, telles qu'on dépeint les Amazones. Comment, monsieur, m'écriai-je, est-ce que vous voulez me dire que ces Lutins-là sont mariés ?

Ne vous alarmez pas, mon fils, pour si peu de chose, répliqua-t-il. Croyez que tout ce que je vous dis est solide & vrai ; ce ne sont ici que les élémens de l'ancienne cabale, & il ne tiendra qu'à vous de le justifier par vos propres yeux ; mais recevez avec un esprit docile, la lumière que Dieu vous envoie par mon entremise. Oubliez tout ce que vous pouvez avoir ouï sur ces matières dans les écoles des ignorans, où vous auriez le déplaisir, quand vous seriez convaincu par l'expérience, d'être obligé d'avouer que vous vous êtes opiniâtré mal à-propos.

Ecoutez donc jusqu'à la fin, & sachez que les mers & les fleuves sont habités de même que l'air ; les anciens sages ont nommé ondiens ou nymphes cette espèce de peup¹. Ils sont peu mâles, & les femmes y sont en grand nombre ;

B ij

leur beauté est extrême, & les filles des hommes n'ont rien de comparable.

La terre est remplie presque jusqu'au centre de Gnomes, gens de petite stature, gardiens des trésors, des minières & des pierreries: ceux-ci sont ingénieux, amis de l'homme, & faciles à commander. Ils fournissent aux enfans des sages tout l'argent qui leur est nécessaire, & ne demandent guère, pour prix de leur service, que la gloire d'être commandés. Les Gnomides, leurs femmes, sont petites, mais fort agréables, & leur habit est fort curieux.

Quant aux Salamandres, habitans enflammés de la région du feu, ils servent aux philosophes; mais ils ne recherchent pas avec empressement leur compagnie; & leurs filles & leurs femmes se font voir rarement. Elles ont raison, interrompis-je, & je les tiens quittes de leur apparition. Pourquoi, dit le comte? Pourquoi, monsieur, repris-je? & qu'ai-je affaire de converser avec une si laide bête que la Salamandre mâle ou femelle? Vous avez tort, répliqua-t-il, c'est l'idée qu'en ont les peintres & les sculpteurs ignorans. Les femmes des Salamandres sont belles, & plus belles même que toutes les autres, puisqu'elles sont d'un élément plus pur. Je ne vous en parlois pas, &

je passois succinctement la description de ces peuples, parce que vous les verrez vous-même à loisir & facilement si vous en avez la curiosité. Vous verrez leurs habits, leurs vivres, leurs mœurs, leur police & leurs loix admirables. Vous serez charmé de la beauté de leur esprit encore plus que de celle de leurs corps ; mais vous ne pourrez vous empêcher de plaindre ces misérables, quand ils vous diront que leur ame est mortelle, & qu'ils n'ont point d'espérance en la jouissance éternelle de l'Être suprême, qu'ils connoissent & qu'ils adorent religieusement. Ils vous diront qu'étant composés des plus pures parties de l'élément qu'ils habitent, & n'ayant point en eux de qualités contraires, puisqu'ils ne sont faits que d'un élément : ils ne meurent qu'après plusieurs siécles. Mais qu'est-ce que ce tems, au prix de l'éternité ? Il faudra rentrer éternellement dans le néant. Cette pensée les afflige fort, & nous avons bien de la peine à les en consoler.

Nos pères, les philosophes parlant à Dieu face à face, se plaignirent à lui du malheur de ces peuples; & Dieu, de qui la miséricorde est sans bornes, leur révéla qu'il n'étoit pas possible de trouver du remède à ce mal. Il leur inspira que, de même que l'homme, par l'alliance qu'il a contractée avec Dieu, a été fait participant de la Divinité : les Sylphes, les Gnomes, les Nymphes & les Salamandres, par l'alliance qu'ils peuvent contracter avec l'homme, peuvent être faits participans de l'immortalité. Ainsi une nymphe ou une sylphide devient immortelle & capable de la béatitude à laquelle nous aspirons, quand elle est assez heureuse pour se marier à un sage ; & un gnome ou un sylphe cesse d'être mortel dès le moment qu'il épouse une de nos filles.

De-là nâquit l'erreur des premiers siècles de Tertullien, du martyr Justin, de Lactance, Cyprien, Clément d'Alexandrie, d'Athenagore, philosophe chrétien, & généralement de tous les écrivains de ce tems-là. Ils avoient appris que ces demi-hommes élémentaires avoient recherché le commerce des filles ; & ils ont imaginé de-là que la chûte des anges n'étoit venue que de l'amour dont ils s'étoient laissé toucher pour les femmes. Quelques gnomes desireux de devenir immortels, avoient voulu gagner les bonnes graces de nos filles, & leur avoient apporté des pierreries, dont ils sont gardiens naturels : & ces auteurs ont cru, s'appuyant sur le livre d'Enoch, mal entendu, que c'étoit les piéges que les anges amoureux avoient tendus à la chasteté de nos femmes. Au commencement, ces enfans du ciel engendrèrent les géans fameux, s'étant fait aimer aux filles des hommes ; & les mauvais cabalistes Joseph & Philon, comme tous les juifs sont ignorans, & après eux tous les auteurs que j'ai nommés tout-à-l'heure, ont dit, aussi bien qu'Origène & Macrobe, que c'étoit des Anges, & n'ont pas su que c'étoit les sylphes & les autres peuples des élémens, qui, sous le nom d'enfans d'Eloim, sont distingués des enfans des hommes. De même ce que le sage Augustin a eu la modestie de ne point décider, touchant les poursuites, que ceux qu'on appelloit faunes ou satyres, faisoient aux Africaines de son tems, est éclairci, par ce que je viens de dire, du desir qu'ont tous ces habitans des élémens de s'allier aux hommes, comme du seul moyen de parvenir à l'immortalité qu'ils n'ont pas.

Ah! nos sages n'ont garde d'imputer à l'amour des femmes la chûte des premiers anges, non plus que de soumettre assez les hommes à la puissance du démon, pour lui attribuer toutes les aventures des nymphes & des sylphes, dont les historiens sont remplis. Il n'y eut jamais rien de criminel en tout cela. C'étoit des sylphes qui cherchoient à devenir immortels. Leurs innocentes poursuites, bien loin de scandaliser les philosophes, nous ont paru si justes, que nous avons tous résolu d'un commun accord de renoncer entièrement aux femmes, & de ne nous adonner qu'à immortaliser les nymphes & les sylphides.

O Dieu! me récriai-je, qu'est-ce que j'entends? Jusqu'où va la f...... Oui, mon fils, interrompit le comte, admirez jusqu'où va la félicité philosophique. Pour des femmes, dont les foibles appas se passent en peu de jours, & sont suivis de rides horribles, les sages possèdent des beautés qui ne vieillissent jamais, & qu'ils ont la gloire de rendre immortelles. Jugez de l'amour & de la reconnoissance de ces maîtresses invisibles, & de quelle ardeur elles cherchent à plaire au philosophe charitable qui s'applique à les immortaliser.

Ah! monsieur, je renonce, m'écriai-je encore une fois. Oui, mon fils, poursuivit-il de rechef sans me donner le loisir d'achever, renoncez aux inutiles & fades plaisirs qu'on peut trouver avec les femmes ; la plus belle d'entr'elles est horrible auprès de la moindre sylphide : aucun dégoût ne suit jamais nos sages embrassemens. Misérables ignorans, que vous êtes à plaindre de ne pouvoir pas goûter les voluptés philosophiques!

Misérable comte de Gabalis, interrompis je d'un accent mêlé de colère & de compassion, me laisserez-vous dire enfin, que je renonce à cette sagesse insensée; que je trouve ridicule cette visionnaire philosophie; que je déteste ces abominables embrassemens qui vous mêlent à des fantômes; & que je tremble pour vous que quelqu'une de vos prétendues sylphides ne se hâte de vous emporter dans les enfers au milieu de vos transports, de peur qu'un aussi honnête homme que vous s'apperçoive à la fin de la folie de ce zèle chimérique, & ne fasse pénitence d'un crime si grand.

Oh, oh, répondit-il en reculant trois pas & me regardant d'un œil de colère, malheur à vous esprit indocile! Son action m'effraya, je l'avoue; mais ce fut bien pis, quand je vis que s'éloignant de moi, il tira de sa poche un papier, que j'entrevoyois de loin, qui étoit assez plein de caractères, que je ne pouvois bien discerner. Il lisoit attentivement, se chagrinoit & parloit bas. Je crus qu'il évoquoit quelques esprits pour ma ruine, & je me repentis un peu de mon zèle inconsidéré. Si j'échappe à cette aventure, disois-je, jamais cabaliste ne me sera rien. Je tenois les yeux sur lui comme sur un juge qui m'alloit condamner à mort, quand je vis que son visage redevint serein. Il vous est dur, me dit-il en riant & revenant à moi, il vous est dur de regimber contre l'aiguillon. Vous êtes un vaisseau d'élection. Le ciel vous a destiné pour être le plus grand cabaliste de votre siècle. Voici la figure de votre Nativité qui ne peut manquer. Si ce n'est pas maintenant, & par mon entremise, ce sera quand il plaira à votre saturne rétrograde.

Ah! si j'ai à devenir sage, lui dis-je, ce ne sera jamais que par l'entremise du grand Gabalis ; mais, à parler franchement, j'ai bien peur qu'il sera mal-aisé que vous pussiez me fléchir à la galanterie philosophique. Seroit-ce, reprit-il, que vous seriez assez mauvais physicien, pour n'être pas persuadé de l'existence de ces peuples? Je ne sais, repris-je, mais il me sembleroit toujours que ce ne seroit que lutins travestis. En croirez-vous toujours plus à votre nourrice, me dit-il, qu'à la raison naturelle, qu'à Platon, Pythagore, Celse, Psellius, Procle, Porphyre, Jamblique, Plotin, Trismegiste, Nollius, Dornée, Fludd, qu'au grand Philippe Aureolle, Théophraste Bombast, Paracelse de Honeinhem, qu'à tous nos compagnons?

Je vous en croirois, monsieur, répondis-je, autant & plus que tous ces gens-là. Mais, mon cher monsieur, ne pourriez-vous pas ménager avec vos compagnons, que je ne serai pas obligé de me fondre en tendresse avec ces demoiselles élémentaires ? Hélas ! reprit-il, vous

SECOND ENTRETIEN.

êtes libre sans doute, & on n'aime pas si on ne veut ; peu de sages ont pu se défendre de leurs charmes : mais il s'en est pourtant trouvé, qui se réservant tout entiers à de plus grandes choses, comme vous saurez avec le tems, n'ont pas voulu faire cet honneur aux nymphes. Je serai donc de ce nombre, repris-je ; aussi-bien ne saurois-je me résoudre à perdre le tems aux cérémonies que j'ai ouï dire à un prélat, qu'il faut pratiquer pour le commerce de ces génies. Ce prélat ne savoit ce qu'il disoit, dit le comte ; car vous verrez un jour que ce ne sont pas-là des génies ; & d'ailleurs jamais sage n'employa ni cérémonies, ni superstition pour la familiarité des génies, non plus que pour les peuples dont nous parlons.

Le cabaliste n'agit que par les principes de la nature : & si quelquefois on trouve dans nos livres des paroles étranges, des caractères & des suffumigations, ce n'est que pour cacher aux ignorans les principes physiques. Admirez la simplicité de la nature en toutes ses opérations merveilleuses ! & dans cette simplicité une harmonie & un concert si grand, si juste & si nécessaire, qu'il vous fera revenir malgré vous de vos foibles imaginations. Ce que je vais vous dire, nous l'apprenons à ceux de nos disciples que nous ne voulons pas laisser tout-à-fait entrer dans le sanctuaire de la nature ; & que nous ne voulons pourtant pas priver de la société des peuples élémentaires, pour la compassion que nous avons de ces mêmes peuples.

Les salamandres, comme vous l'avez déjà peut-être compris, sont composés des plus subtiles parties de la sphère du feu, conglobées & organisées par l'action du feu universel, dont je vous entretiendrai quelque jour, ainsi appellé parce qu'il est le principe de tous les mouvemens de la nature. Les sylphes de même sont composés des plus purs atomes de l'air, les nymphes des plus déliées parties de l'eau, & les gnomes des plus subtiles parties de la terre. Il y avoit beaucoup de proportion entre Adam & ces créatures si parfaites, parce qu'étant composé de ce qu'il y avoit de plus pur dans les quatre élémens, il renfermoit les perfections de ces quatre espèces de peuples, & étoit leur roi naturel. Mais dès-lors que son péché l'eût précipité dans les excrémens des élémens, comme vous verrez quelqu'autrefois, l'harmonie fut déconcertée, & il n'eut plus de proportion, étant impur & grossier, avec ces substances si pures & si subtiles. Quel remède à ce mal ? Comment remonter ce luth, & recouvrer cette souveraineté perdue ? O na-

SECOND ENTRETIEN.

ture ! pourquoi t'étudie-t-on si peu ? Ne comprenez-vous pas, mon fils, avec quelle simplicité la nature peut rendre à l'homme ces biens qu'il a perdus ?

Hélas ! monsieur, répliquai-je, je suis très-ignorant en toutes ces simplicités-là. Il est pourtant bien aisé d'y être savant, reprit-il.

Si on veut recouvrer l'empire sur les salamandres, il faut purifier & exalter l'élément du feu, qui est en nous, & relever le ton de cette corde relâchée. Il n'y a qu'à concentrer le feu du monde par des miroirs concaves, dans un globe de verre ; & c'est ici l'artifice que tous les anciens ont caché religieusement, & que le divin Théophraste a découvert. Il se forme dans ce globe une poudre solaire, laquelle s'étant purifiée d'elle-même du mêlange des autres élémens, & étant préparée selon l'art, devient en fort peu de tems souverainement propre à exalter le feu qui est en nous, & à nous faire devenir, par manière de dire, de nature ignée. Dès-lors les habitans de la sphère du feu deviennent nos inférieurs ; & ravis de voir rétablir notre mutuelle harmonie, & que nous nous soyons rapprochés d'eux, ils ont pour nous toute l'amitié qu'ils ont pour leurs semblables, tout le respect qu'ils doivent à l'image & au lieutenant de leur créateur, &

tous les soins dont les peut faire aviser le désir d'obtenir de nous l'immortalité qu'ils n'ont pas. Il est vrai que comme ils sont plus subtils que ceux des autres élémens, ils vivent très-longtems ; ainsi ils ne se pressent pas d'exiger des sages l'immortalité. Vous pourriez vous accommoder de quelqu'un de ceux-là, mon fils, si l'aversion que vous m'avez témoigné vous dure jusqu'à la fin : peut-être ne vous parleroit-il jamais de ce que vous craignez tant.

Il n'en seroit pas de même des sylphes, des gnomes & des nymphes. Comme ils vivent moins de tems, ils ont plutôt affaire de nous ; aussi leur familiarité est plus aisée à obtenir. Il n'y a qu'à fermer un verre plein d'air conglobé, d'eau ou de terre, & le laisser exposé au soleil un mois ; puis séparer les élémens selon la science ; ce qui sur-tout est très-facile en l'eau & en la terre. Il est merveilleux quel aimant c'est que chacun de ces élémens purifiés pour attirer nymphes, sylphes & gnomes. On n'en a pas pris si peu que rien tous les jours pendant quelques mois, que l'on voit dans les airs la république volante des sylphes, les nymphes venir en foule au rivage ; & les gardiens des trésors étaler leurs richesses. Ainsi, sans caractères, sans cérémonies, sans mots barbares, on devient absolu sur tous ces peuples : ils n'exigent aucun culte du sage, qu'ils savent bien être plus noble qu'eux. Ainsi la vénérable nature apprend à ses enfans à réparer les élémens par les élémens ; ainsi se rétablit l'harmonie ; ainsi l'homme recouvre son empire naturel, & peut tout dans les élémens, sans démons & sans art illicite : ainsi vous voyez, mon fils, que les sages sont plus innocens que vous ne pensez. Vous ne me dites rien ?

Je vous admire, monsieur, lui dis-je, & je commence à craindre que vous ne me fassiez devenir distillateur. Ah ! Dieu vous en garde, mon enfant, s'écria-t-il, ce n'est pas à ces bagatelles-là que votre nativité vous destine : je vous défends au contraire de vous y amuser ; je vous ai dit que les sages ne montrent ces choses qu'à ceux qu'ils ne veulent pas admettre dans leur troupe. Vous aurez tous ces avantages, & d'infiniment plus glorieux & plus agréables, par des procédés bien autrement philosophiques. Je ne vous ai écrit ces manières, que pour vous faire voir l'innocence de cette philosophie, & pour vous ôter vos terreurs paniques.

Graces à Dieu, monsieur, répondis-je, je n'ai plus tant de peur que j'en avois tantôt ; & quoique je ne me détermine pas encore à l'accommodement que vous me proposez avec les salamandres, je ne laisse pas d'avoir la curiosité d'apprendre comment vous avez découvert que ces nymphes & ces sylphes meurent. Vraiment, répartit-il, ils nous le disent, & nous les voyons mourir. Comment pouvez-vous les voir mourir, répliquai-je, puisque votre commerce les rend immortels ? Cela seroit bon, dit-il, si le nombre des sages égaloit le nombre de ces peuples ; outre qu'il y a plusieurs d'entr'eux qui aiment mieux mourir que risquer en devenant immortels d'être aussi malheureux qu'ils voient que les démons le sont. C'est le diable qui leur inspire ces sentimens, car il n'y a rien qu'il ne fasse pour empêcher ces pauvres créatures de devenir immortelles par notre alliance. De sorte que je regarde, & vous devez regarder, mon fils, comme tentation très-pernicieuse, & comme un mouvement très-peu charitable, cette aversion que vous y avez.

Au surplus, pour ce qui regarde la mort dont vous me parlez. Qui est-ce qui obligea l'oracle d'Apollon de dire que tous ceux qui parloient dans les oracles étoient mortels aussi bien que lui, comme Porphyre le rapporte ? Et que pensez-vous que voulût dire cette voix qui fut entendue dans tous les rivages d'Italie, &

qui fit tant de frayeur à tous ceux qui se trouvèrent sur la mer: *le grand pan est mort?* C'étoit les peuples de l'air, qui donnoient avis aux peuples des eaux que le premier & le plus âgé des sylphes venoit de mourir.

Lorsque cette voix fut entendue, lui dis-je, il me semble que le monde adoroit Pan & les nymphes. Ces messieurs, dont vous me prêchez le commerce, étoient donc des faux dieux des païens.

Il est vrai mon fils, répartit-il, les sages n'ont garde de croire que le démon ait jamais eu la puissance de se faire adorer. Il est trop malheureux & trop foible pour avoir jamais eu ce plaisir & cette autorité. Mais il a pu persuader ces hôtes des élémens, de se montrer aux hommes & de se faire dresser des temples; & par la domination naturelle que chacun d'eux a sur l'élément qu'il habite, ils troubloient l'air & la mer, ébranloient la terre, & dispensoient les feux du ciel à leur fantaisie: de sorte qu'ils n'avoient pas grande peine à être pris pour des divinités, tandis que le souverain Être négligea le salut des nations. Mais le diable n'a pas reçu de sa malice tout l'avantage qu'il en espéroit; car il est arrivé de-là que Pan, les nymphes & les autres peuples élémentaires, ayant trouvé moyen de changer ce commerce de culte en

Tome XXXIV. C

commerce d'amour; (car il vous souvient bien que chez les anciens, pan étoit le roi de ces dieux, qu'ils nommoient dieux incubes, & qui recherchoient fort le filles) plusieurs des païens sont échappés au démon, & ne brûleront pas dans les enfers.

Je ne vous entends pas, monsieur, repris-je. Vous n'avez garde de m'entendre, continua-t-il en riant & d'un ton moqueur, voici qui vous passe & qui passeroit aussi tous vos docteurs, qui ne savent ce que c'est que la belle physique. Voici le grand mystère de toute cette partie de philosophie qui regarde les élémens; & ce qui sûrement ôtera, si vous avez un peu d'amour pour vous-même, cette répugnance si peu philosophique, que vous me témoignez tout aujourd'hui.

Sachez donc, mon fils, & n'allez pas divulguer ce grand (1) arcane à quelque indigne ignorant. Sachez que comme les Sylphes acquièrent une ame immortelle, par l'alliance qu'ils contractent avec les hommes qui sont prédestinés; de même les hommes qui n'ont point de droit à la gloire éternelle, ces infortunés à qui l'immortalité n'est qu'un avantage funeste, pour lesquels le Messie n'a point été envoyé.....

―――――――――

(1) Terme de l'art, pour dire *Secret*.

SECOND ENTRETIEN.

Vous êtes donc janfénistes auffi, meffieurs les cabaliftes, interrompis-je ? Nous ne favons ce que c'eft, mon enfant, reprit-il brufquement, & nous dédaignons de nous informer en quoi confiftent les fectes différentes & les diverfes religions dont les ignorans s'infatuent. Nous nous en tenons à l'ancienne religion de nos pères les philofophes, de laquelle il faudra bien que je vous inftruife un jour. Mais pour reprendre notre propos, ces hommes de qui la trifte immortalité ne feroit qu'une éternelle infortune; ces malheureux enfans que le fouverain père a négligés, ont encore la reffource qu'ils peuvent devenir mortels en s'alliant avec les peuples élémentaires : de forte que vous voyez que les fages ne rifquent rien pour l'éternité; s'ils font prédeftinés, ils ont le plaifir de mener au ciel, en quittant la prifon de ce corps, la fylphide, ou la nymphe qu'ils ont immortalifée; & s'ils ne font pas prédeftinés, le commerce de la fylphide rend leur ame mortelle, & les délivre des horreurs de la feconde mort. Ainfi le démon fe vit échapper tous les païens qui s'allièrent aux nymphes. Ainfi les fages ou les amis des fages à qui Dieu nous infpire de communiquer quelqu'un des quatre fecrets élémentaires, que je vous ai appris à peu près, s'affranchiffent du péril d'être damnés.

C ij

Sans mentir, monsieur, m'écriai-je, n'osant le remettre en mauvaise humeur, & trouvant à propos de différer de lui dire à plein mes sentimens, jusqu'à ce qu'il m'eût découvert tous les secrets de sa cabale, que je jugeai bien, par cet échantillon, devoir être fort bizarres & récréatifs, sans mentir ! vous poussez bien avant la sagesse, & vous avez eu raison de dire que ceci passeroit tous nos docteurs : je crois même que ceci passeroit tous nos magistrats ; & que s'ils pouvoient découvrir qui sont ceux qui échappent au démon par ce moyen, comme l'ignorance est inique, ils prendroient les intérêts du diable contre ces fugitifs, & leur feroient mauvais parti.

Aussi est-ce pour cela, reprit le comte, que je vous ai recommandé & que je vous commande saintement le secret. Vos juges sont étranges ! ils condamnent une action très-innocente comme un crime très-noir. Quelle barbarie d'avoir fait brûler ces deux prêtres, que le prince de la Mirande dit avoir connus ; qui avoient eu chacun sa sylphide l'espace de quarante ans ! Quelle inhumanité d'avoir fait mourir Jeanne Verviller, qui avoit travaillé à immortaliser un gnome durant trente-six ans ! Et quelle ignorance à Bodin de la traiter de sorcière, de prendre sujet de son aventure, d'autoriser les chimères populaires touchant les prétendus sorciers, par un livre aussi impertinent que celui de sa république est raisonnable !

Mais il est tard, & je ne prends pas garde que vous n'avez pas encore mangé. C'est donc pour vous que vous parlez, monsieur, lui dis-je ; car pour moi je vous écouterai jusqu'à demain sans incommodité. Ah pour moi, reprit-il en riant & marchant vers la porte, il paroît bien que vous ne savez guère ce que c'est que philosophie. Les sages ne mangent que pour le plaisir & jamais pour la nécessité. J'avois une idée toute contraire de la sagesse, répliquai-je ; je croyois que le sage ne devoit manger que pour satisfaire à la nécessité. Vous vous abusiez, dit le comte ; combien pensez-vous que nos sages peuvent durer sans manger ? Que puis-je savoir, lui dis-je ? Moïse & Elie s'en passèrent quarante jours ; vos sages s'en passent, sans doute, quelques jours moins. Le bel effort que ce seroit, reprit-il ! Le plus savant homme qui fut jamais, le divin, le presqu'adorable Paracelse assure qu'il a vu beaucoup de sages avoir passé des vingt années sans manger quoi que ce soit. Lui-même, avant qu'être parvenu à la monarchie de la sagesse, dont nous lui avons justement déféré le sceptre, il voulut essayer de vivre plusieurs années en ne prenant qu'un demi-scrupule de quinte-essence solaire. Et si vous voulez avoir le plaisir de faire vivre quelqu'un sans manger, vous n'avez qu'à préférer la terre, comme j'ai dit qu'on peut la préparer pour la société des gnomes. Cette terre appliquée sur le nombril, & renouvellée quand elle est trop sèche, fait qu'on se passe de manger & de boire sans nulle peine, ainsi que le véridique Paracelse dit en avoir fait l'épreuve durant six mois.

Mais l'usage de la médecine catholique cabalistique nous affranchit bien mieux de toutes les nécessités importunes, auxquelles la nature assujettit les ignorans. Nous ne mangeons que quand il nous plaît ; & toute la superfluité des viandes s'évanouissant par la transpiration insensible, nous n'avons jamais honte d'être hommes. Il se tut alors, voyant que nous étions près de nos gens. Nous allâmes au village prendre un léger repas, suivant la coutume des héros de philosophie.

TROISIÈME ENTRETIEN.
Sur les Oracles.

APRÈS avoir dîné, nous retournâmes au labyrinthe. J'étois rêveur, & la pitié que j'avois de l'extravagance du comte, de laquelle je jugeois bien qu'il me seroit difficile de le guérir, m'empêchoit de me divertir de tout ce qu'il m'avoit dit, autant que j'aurois fait, si j'eusse espéré de le ramener au bon sens. Je cherchois dans l'antiquité quelque chose à lui opposer, où il ne pût répondre; car de lui alléguer les sentimens de l'église, il m'avoit déclaré qu'il ne s'en tenoit qu'à l'ancienne religion de ses pères les philosophes, & de vouloir convaincre un cabaliste par raison, l'entreprise étoit de longue haleine, outre que je n'avois garde de disputer contre un homme de qui je ne savois pas encore tous les principes.

Il me vint dans l'esprit que ce qu'il m'avoit dit des faux dieux, auxquels il avoit substitué les sylphes & les autres peuples élémentaires, pouvoit être réfuté par les oracles des païens, que l'écriture traite par-tout de diables & non pas de sylphes. Mais comme je ne savois pas si, dans les principes de sa cabale, le comte n'at-

C iv

tribueroit pas les réponses des oracles à quelque cause naturelle ; je crus qu'il seroit à propos de lui faire expliquer ce qu'il en pensoit.

Il me donna lieu de le mettre en matière, lorsqu'avant de s'engager dans le labyrinthe, il se tourna vers le jardin. Voilà qui est assez beau, dit-il, & ces statues font un assez bon effet. Le cardinal, répartis-je, qui les fit apporter ici, avoit une imagination peu digne de son grand génie. Il croyoit que la plûpart de ces figures rendoient autrefois des oracles ; & il les avoit achetées fort cher sur ce pied-là. C'est la maladie de bien des gens, reprit le comte. L'ignorance fait commettre tous les jours une manière d'idolâtrie très-criminelle, puisque l'on conserve avec tant de soin & qu'on tient si précieux les idoles dont l'on croit que le diable s'est autrefois servi pour se faire adorer. O Dieu, ne saura-t-on jamais dans ce monde que vous avez, dès la naissance des siècles, précipité vos ennemis sous l'escabelle de vos pieds, & que vous tenez les démons prisonniers sous la terre dans le tourbillon des ténèbres? Cette curiosité si peu louable d'assembler ainsi ces prétendus organes des démons, pourroit devenir innocente, mon fils, si l'on vouloit se laisser persuader qu'il n'a jamais été permis aux anges de ténèbres de parler dans les oracles.

TROISIÈME ENTRETIEN.

Je ne crois pas, interrompis-je, qu'il fut aifé d'établir cela parmi les curieux; mais il le feroit peut-être parmi les efprits forts; car il n'y a pas long-tems qu'il a été décidé dans une conférence faite exprès fur cette matière, par des efprits du premier ordre, que tous ces prétendus oracles n'étoient qu'une fupercherie de l'avarice des prêtres gentils, ou qu'un artifice de la politique des fouverains.

Etoient-ce, dit le comte, les Mahométans envoyés en ambaffade vers votre roi, qui tinrent cette conférence, & qui décidèrent ainfi cette queftion ? Non, monfieur, répondis-je. De quelle religion font donc ces meffieurs-là, répliqua-t-il, puifqu'ils ne comptent pour rien l'écriture divine, qui fait mention en tant de lieux de tant d'oracles différens, & principalement des Pythons, qui faifoient leur réfidence & qui rendoient leurs réponfes dans les parties deftinées à la multiplication de l'image de Dieu ? Je parlai, répliquai-je, de tous ces ventres difcoureurs, & je fis remarquer à la compagnie que le roi Saül les avoit bannis de fon royaume, où il en trouva pourtant encore un la veille de fa mort, duquel la voix eut l'admirable puiffance de reffufciter Samuël à fa prière & à fa ruine ; mais ces favans hommes ne laifsèrent pas de décider qu'il n'y eut jamais d'oracles.

Si l'écriture ne les touchoit pas, dit le comte, il falloit les convaincre par toute l'antiquité, dans laquelle il étoit facile de leur en faire voir mille preuves merveilleuses. Tant de vierges enceintes de la destinée des mortels, lesquelles enfantoient les bonnes & les mauvaises aventures de ceux qui les consultoient. Que n'alléguiez-vous Chrysostôme, Origène & Œcumenius, qui font mention de ces hommes divins, que les Grecs nommoient *engastimandres*, de qui le ventre prophétique articuloit des oracles si fameux ? Et si vos messieurs n'aiment pas l'écriture & les pères, il falloit mettre en avant ces filles miraculeuses, dont parle le grec Pausanias, qui se changeoient en colombes, & sous cette forme rendoient les oracles célèbres des *colombes dondonides* : ou bien vous pouviez dire à la gloire de votre nation, qu'il y eut jadis dans la Gaule des filles illustres, qui se métamorphosoient en toute figure, au gré de ceux qui les consultoient, & qui, outre les fameux oracles qu'elles rendoient, avoient un empire admirable sur les flots, & une autorité salutaire sur les plus incurables maladies. On eût traité toutes ces belles preuves d'apocriphes, lui dis-je. Est-ce que l'antiquité les rend suspectes, reprit-il? Vous n'aviez qu'à leur alléguer les oracles qui se rendent encore tous les jours. Et en quel endroit du monde, lui dis je? A Paris, répliqua-t-il: à Paris! m'écriai-je. Oui, à Paris, continua-t-il. Vous êtes maître en Israël & vous ne savez pas cela? Ne consulte t-on pas tous les jours les oracles aquatiques dans des verres d'eau, ou dans des bassins, & les oracles aëriens dans des miroirs & sur la main des vierges? Ne recouvre-t-on pas des chapelets perdus & des montres dérobées? N'apprend-on pas ainsi des nouvelles des pays lointains, & ne voit-on pas les absens? Hé, monsieur, que me contez-vous-là, lui dis-je? Je vous raconte, reprit-il, ce que je suis sûr qui arrive tous les jours, & dont il ne seroit pas difficile de trouver mille témoins oculaires. Je ne crois pas cela, monsieur, répartis-je. Les magistrats feroient quelqu'exemple d'une action si punissable, & on ne souffriroit pas que l'idolâtrie..... Ah que vous êtes prompt, interrompit le comte. Il n'y a pas tant de mal que vous pensez en tout cela; & la Providence ne permettra pas qu'on extirpe ce reste de philosophie, qui s'est sauvé du naufrage lamentable qu'a fait la vérité. S'il reste encore quelque vestige parmi le peuple de la redoutable puissance des noms divins, feriez-vous d'avis qu'on l'effaçât, & qu'on perdît le respect & la reconnoissance qu'on doit au grand nom *Agla*, qui opère toutes ces merveilles, lors même qu'il est invoqué par les ignorans & par les pécheurs, & qui feroit bien d'autres miracles dans une bouche cabalistique ? Si vous eussiez voulu convaincre vos messieurs de la vérité des oracles; vous n'aviez qu'à exalter votre imagination & votre foi : & vous tournant vers l'orient, crier à haute voix *AG*.... Monsieur, interrompis-je, je n'avois garde de faire cette espèce d'argument à d'aussi honnêtes gens que le sont ceux avec qui j'étois, ils m'eussent pris pour fanatique; car assurément ils n'ont point de foi en tout cela; & quand j'eusse su l'opération cabalistique dont vous me parlez, elle n'eût pas réussi par ma bouche : j'y ai encore moins de foi qu'eux. Bien, bien, dit le comte, si vous n'en avez pas, nous vous en ferons venir. Cependant si vous aviez cru que vos messieurs n'eussent pas donné créance à ce qu'ils peuvent voir tous les jours à Paris; vous pouviez leur citer une histoire d'assez fraîche date. L'oracle que Celius Rhodiginus dit qu'il a vu lui-même, rendu sur la fin du siècle passé par cet homme extraordinaire, qui parloit & prédisoit l'avenir par le même organe que l'Eurycles de Plutarque. Je n'eusse pas voulu, répondis-je, citer Rhodiginus; la citation eût été pédantesque, & puis on n'eût pas manqué de me dire que cet homme étoit sans doute un démoniaque.

On eût dit cela très-monacalement, répondit-il, Monsieur, interrompis-je, malgré l'aversion cabalistique que je vois que vous avez pour les moines, je ne puis nier que je ne sois pour eux en cette rencontre. Je crois qu'il n'y auroit pas tant de mal à nier tout-à-fait qu'il y ait jamais eu d'oracle, que de dire que ce n'étoit pas le démon qui parloit en eux. Car enfin les pères & les théologiens.... Car enfin, interrompit-il, les théologiens ne demeurent-ils pas d'accord que la savante Sambethé la plus ancienne des sibylles étoit fille de Noé ? Eh ! qu'importe, repris-je, Plutarque, repliqua-t-il, ne dit-il pas que la plus ancienne sibylle fut la première qui rendit des oracles à Delphes ? Cet esprit que Sambethé logeoit dans son sein n'étoit donc pas un diable, ni son Apollon un faux Dieu : puisque l'idolâtrie ne commença que long-tems après la division des langues : & il seroit peu vraisemblable d'attribuer au père de mensonge les livres sacrés des sibylles,

& toutes les preuves de la véritable religion que les pères en ont tirées. Et puis, mon enfant, continua-t-il en riant, il ne vous appartient pas de rompre le mariage qu'un grand cardinal a fait de David & de la sibylle, ni d'accuser ce savant personnage d'avoir mis en parallèle un grand prophête & une malheureuse énergumène. Car ou David fortifie le témoignage de la sibylle, ou la sibylle affoiblit l'autorité de David. Je vous prie, monsieur, interrompis-je, reprenez votre sérieux.

Je le veux bien, dit-il, à condition que vous ne m'accusiez pas de l'être trop. Le démon à votre avis, est-il jamais divisé de lui-même ? & est-il quelquefois contre ses intérêts ? Pourquoi non ? lui dis-je. Pourquoi non ? dit-il. Parce que celui que Tertullien a si heureusement & si magnifiquement appellé la raison de Dieu ne le trouve pas à propos. Satan ne s'est jamais divisé de lui-même. Il s'ensuit donc, ou que le démon n'a jamais parlé dans les oracles, ou qu'il n'y a jamais parlé contre ses intérêts. Il s'ensuit donc que si les oracles ont parlé contre les intérêts du démon, ce n'étoit pas le démon qui parloit dans les oracles. Mais Dieu n'a-t-il pas pû forcer le démon, lui dis-je, de rendre témoignage à la vérité &

de parler contre lui même ? Mais, reprit-il, si Dieu ne l'y a pas forcé ? Ah ! en ce cas-là, repliquai-je, vous aurez plus de raison que les moines.

Voyons-le donc, poursuivit-il, & pour procéder invinciblement & de bonne foi : je ne veux pas amener les témoignages des oracles que les pères de l'église rapport ; quoique je sois persuadé de la vénération que vous avez pour ces grands hommes. Leur religion & l'intérêt qu'ils avoient à l'affaire, pourroit les avoir prévenus, & leur amour pour la vérité pourroit avoir fait, que la voyant assez pauvre & assez nue dans leur siècle, ils auroient emprunté pour la parer, quelque habit & quelque ornement du mensonge même : ils étoient hommes & ils peuvent par conséquent, suivant la maxime du poëte de la synagogue avoir été témoins infidèles.

Je vais donc prendre un homme qui ne peut être suspect en cette cause : payen, & payen d'autre espèce que Lucrèce, ou Lucien ou les Epicuriens, un payen infatué qu'il est des dieux & des démons sans nombre, superstitieux outre mesure, grand magicien, ou soi disant tel, & par conséquent grand partisan des diables, c'est Porphyre. Voici mot pour mot quelques oracles qu'il rapporte.

ORACLE.

« Il y a au-dessus du feu céleste une flamme incorruptible, toujours étincellante, source de la vie, fontaine de tous les êtres, & principe de toutes choses. Cette flamme produit tout, & rien ne périt que ce qu'elle consume. Elle se fait connoître par elle-même ; ce feu ne peut être contenu en aucun lieu ; il est sans corps & sans matière, il environne les cieux, & il sort de lui une petite étincelle qui fait tout le feu du soleil, de la lune, & des étoiles. Voilà ce que je sais de Dieu : ne cherche pas à en savoir davantage, car cela passe ta portée, quelque sage que tu sois. Au reste, sache que l'homme injuste & méchant ne peut se cacher devant Dieu. Ni adresse ni excuse ne peuvent rien déguiser à ses yeux perçans. Tout est plein de Dieu, Dieu est partout. »

Vous voyez bien, mon fils, que cet oracle ne sent pas trop son démon. Du moins, répondis-je, le démon y sort assez de son caractère : en voici un autre, dit-il, qui prêche encore mieux.

ORACLE.

« Il y a en Dieu une immense profondeur de flamme : le cœur ne doit pourtant pas craindre de

TROISIÈME ENTRETIEN.

de toucher à ce feu adorable, ou d'en être touché; il ne sera point consumé par ce feu si doux, dont la chaleur tranquille & paisible fait la liaison, l'harmonie, & la durée du monde. Rien ne subsiste que par ce feu, qui est Dieu même. Personne ne l'a engendré, il est sans mère, il sait tout, & on ne lui peut rien apprendre : il est inébranlable dans ses desseins, & son nom est ineffable. Voilà ce que c'est que Dieu : car pour nous qui sommes ces messagers, *nous ne sommes qu'une petite partie de Dieu.* »

Hé bien ! que dites-vous de celui-là ? je dirois de tous les deux, repliquai-je, que Dieu peut forcer le père de mensonge à rendre témoignage à la vérité. En voici un autre, reprit le comte, qui va vous lever ce scrupule.

ORACLE.

« Hélas trépieds; pleurez, & faites l'oraison funèbre de votre Apollon. *Il est mortel, il va mourir, il s'éteint;* parce que la lumière de la flamme céleste le fait éteindre.

Vous voyez bien, mon enfant, que qui que ce puisse être qui parle dans ces oracles, & qui explique si bien aux payens l'essence, l'unité, l'immensité, l'éternité de Dieu; il

Tome XXXIV. D

avoue qu'il est mortel & qu'il n'est qu'une étincelle de Dieu. Ce n'est donc pas le démon qui parle, puisqu'il est immortel, & que Dieu ne le forceroit pas à dire qu'il ne l'est point. Il est arrêté que satan ne se divise point contre lui-même. Est-ce le moyen de se faire adorer que de dire qu'il n'y a qu'un Dieu ? Il dit qu'il est mortel ; depuis quand le diable est-il si humble que de s'ôter même ses qualités naturelles ? Vous voyez donc, mon fils, que si le principe de celui qui s'appelle par excellence le Dieu des sciences, subsiste, ce ne peut être le démon qui a parlé dans les oracles.

Mais si ce n'est pas le démon, lui dis-je, ou mentant de gaieté de cœur, quand il se dit mortel ; ou disant vrai par force, quand il parle de Dieu : à quoi donc votre cabale attribuera-t-elle tous les oracles que vous soutenez qui ont effectivement été rendus ? Sera-ce à l'exhalaison de la terre, comme Aristote, Cicéron & Plutarque ? Ah ! non pas cela, mon enfant, dit le comte. Graces à la sacrée cabale, je n'ai pas l'imagination blessée jusqu'à ce point là. Comment ! repliquai-je, tenez-vous cette opinion-là fort visionnaire ? ses partisans sont pourtant gens de bon sens. Ils ne le sont pas, mon fils, en ce point ici, continua-t-il, & il est impossible d'attribuer cette exhalaison tout ce qui s'est passé dans les oracles. Par exemple, cet homme, chez Tacite, qui apparoissoit en songe aux prêtres d'un temple d'Hercule en Arménie, & qui leur commandoit de lui tenir prêts des coureurs équipés pour la chasse. Jusques-là ce pourroit être l'exhalaison : mais quand ces coureurs revenoient le soir tous outrés, & les carquois vuides de flèches ; & que le lendemain on trouvoit autant de bêtes mortes dans la forêt qu'on avoit mis de flèches dans le carquois ; vous voyez bien que ce ne pouvoit pas être l'exhalaison qui faisoit cet effet. C'étoit encore moins le diable ; car ce seroit avoir une notion peu raisonnable & peu cabalistique, du malheur de l'ennemi de Dieu, de croire qu'il lui fut permis de se divertir à courir la biche & le lièvre.

A quoi donc la sacrée cabale, lui dis-je, attribue-t-elle tout cela ? Attendez, répondit-il ; avant que je vous découvre ce mystère, il faut que je guérisse bien votre esprit de la prévention, où vous pourriez être pour cette prétendue exhalaison ; car il me semble que vous avez cité avec emphase Aristote, Plutarque & Cicéron. Vous pouviez encore citer Jamblique, qui tout grand esprit qu'il étoit, fut quelque tems dans cette erreur, qu'il quitta pourtant bientôt, quand il eut examiné la chose de près, dans le livre des mystères.

Pierre d'Apone, Pomponace, Levinius, Sirenius, & Lucilius Vanino, sont ravis encore, d'avoir trouvé cette défaite dans quelques-uns des anciens. Tous ces prétendus esprits, qui quand ils parlent des choses divines, disent plutôt ce qu'ils desirent que ce qu'ils connoissent, ne veulent pas avouer rien de sur-humain dans les oracles, de peur de reconnoître quelque chose au-dessus de l'homme. Ils ont peur qu'on leur fasse une échelle pour monter jusqu'à Dieu, qu'ils craignent de connoître par les degrés des créatures spirituelles : & ils aiment mieux s'en fabriquer une pour descendre dans le néant. Au lieu de s'élever vers le ciel ils creusent la terre, & au lieu de chercher dans des êtres supérieurs à l'homme, la cause de ces transports qui l'élèvent au-dessus de lui-même, & le rendent une manière de divinité; ils attribuent foiblement à des exhalaisons impuissantes cette force de pénétrer dans l'avenir, de découvrir les choses cachées, & de s'élever jusqu'aux plus hauts secrets de l'essence divine.

Telle est la misére de l'homme, quand l'esprit de contradiction & l'humeur de penser autrement que les autres le possède ? Bien loin de parvenir à ses fins, il s'enveloppe, & s'entrave. Ces libertins ne veulent pas assujettir l'homme à des substances moins matérielles que lui, & ils l'assujettissent à une exhalaison: & sans considérer qu'il n'y a nul rapport entre cette chimérique fumée & l'ame de l'homme, entre cette vapeur & les choses futures, entre cette cause frivole, & ces effets miraculeux; il leur suffit d'être singuliers pour croire qu'ils sont raisonnables. C'est assez pour eux de nier les esprits & de faire les esprits.

La singularité vous déplaît donc fort, monsieur? interrompis-je. Ah! mon fils, me dit-il, c'est la peste du bon sens & la pierre d'achoppement des plus grands esprits. Aristote tout grand logicien qu'il est, n'a su éviter le piège, où la fantaisie de la singularité mène ceux qu'elle travaille aussi violemment que lui; il n'a su éviter, dis-je, de s'embarrasser & de se couper. Il dit dans le livre de la génération des animaux & dans ses morales, que l'esprit & l'entendement de l'homme lui vient de dehors & qu'il ne peut nous venir de notre père: & par la spiritualité des opérations de notre ame il conclud qu'elle est d'une autre nature que ce composé matériel qu'elle anime, & dont la grossièreté ne fait qu'offusquer les

D iij

spéculations bien loin de contribuer à leur production.

Aveugle Aristote, puisque selon vous, notre composé matériel ne peut être la source de nos pensées spirituelles, comment entendez-vous qu'une foible exhalaison puisse être la cause des pensées sublimes, & de l'essor que prennent les Pythiens qui rendent les oracles ? Vous voyez bien, mon enfant, que cet esprit fort se coupe, & que sa singularité le fait égarer. Vous raisonnez fort juste, monsieur, lui dis-je, ravi de voir en effet qu'il parloit de fort bon sens, & espérant que sa folie ne seroit pas un mal incurable, Dieu veuille que....

Plutarque si solide d'ailleurs, continua-t-il en m'interrompant, fait pitié dans son dialogue pourquoi les oracles ont cessé. Il se fait objecter des choses convaincantes qu'il ne résout point. Que ne répond-il donc à ce qu'on lui dit ; que si c'est l'exhalaison qui fait ce transport, tous ceux qui approchent du trépied fatidique seroient saisis de l'enthousiasme, & non pas une seule fille ; encore faut-il qu'elle soit vierge. Mais comment cette vapeur peut-elle articuler des voix par le ventre ? De plus cette exhalaison est une cause naturelle & nécessaire qui doit faire son effet régulièrement & toujours ; pourquoi cette fille n'est-elle agitée que quand on la consulte? Et ce qui presse le plus, pourquoi la terre a-t-elle cessé de pousser ainsi des vapeurs divines? Est-elle moins terre qu'elle n'étoit? reçoit-elle d'autres influences? a-t-elle d'autres mers & d'autres fleuves? Qui a donc ainsi bouché ses pores ou changé sa nature?

J'admire Pomponace, Lucile, & les autres libertins, d'avoir pris l'idée de Plutarque, & d'avoir abandonné la manière dont il s'explique. Il avoit parlé plus judicieusement que Cicéron & Aristote; comme il étoit homme de fort bon sens, & ne sachant que conclure de tous ces oracles, après une ennuyeuse irrésolution, il s'étoit fixé que cette exhalaison qu'il croyoit qui sortoit de la terre, étoit un esprit très-divin: ainsi il attribuoit à la Divinité ces mouvemens & ces lumières extraordinaires des prêtresses d'Apollon. *Cette vapeur divinatrice est*, dit-il, *une haleine, & un esprit très-divin & très-saint.*

Pomponace, Lucile, & les Athées modernes, ne s'accommodent pas de ces façons de parler qui supposent la divinité. Ces exhalaisons, disent-ils, étoient de la nature des vapeurs qui infectent les atrabilaires, lesquels parlent des langues qu'ils n'entendent pas.

Mais Fernel réfute assez bien ces impies, en prouvant que la bile, qui est une humeur peccante, ne peut caufer cette diverfité de langues, qui eft un des plus merveilleux effets de la confidération, & une expreffion artificielle de nos penfées. Il a pourtant décidé la chofe imparfaitement, quand il a foufcrit à Pfellus, & à tous ceux qui n'ont pas pénétré affez avant dans notre fainte philofophie, ne fachant où prendre les caufes de ces effets fi furprenans, il a fait comme les femmes & les moines, & les a attribués au démon. A qui donc faudra-t-il les attribuer, lui dis-je ? Il y a long-tems que j'attends ce fecret cabaliftique.

Plutarque même l'a très-bien marqué, me dit-il, & il eut bien fait de s'en tenir là. Cette manière irrégulière de s'expliquer par un organe indécent n'étant pas affez grave & affez digne de la majefté des dieux, dit ce payen, & ce que les oracles difoient furpaffant auffi les forces de l'ame de l'homme ; ceux-là ont rendu un grand fervice à la philofophie, qui ont établi des créatures mortelles entre les dieux & l'homme, auxquelles on peut rapporter tout ce qui furpaffe la foibleffe humaine, & qui n'approche pas de la grandeur Divine.

Cette opinion eft de toute l'ancienne philofophie. Les Platoniciens & les Pythagoriciens l'avoient prife des Egyptiens, & ceux-ci de Jofeph le Sauveur, & des Hébreux qui habitèrent en Egypte avant le paſſage de la mer rouge. Les Hébreux appelloient ces ſubſtances, qui ſont entre l'ange & l'homme, *ſadaim*; & les Grecs tranſpoſant les ſyllables, & n'ajoutant qu'une lettre, les ont appellés *daimonas*. Ces démons ſont chez les anciens philoſophes une gent aërienne, dominante ſur les élémens, mortelle, engendrante, méconnue dans ce ſiècle par ceux qui recherchent peu la vérité dans ſon ancienne demeure, c'eſt-à-dire dans la cabale & dans la théologie des Hébreux, leſquels avoient pardevers eux l'art particulier d'entretenir cette nation aërienne & de converſer avec tous ces habitans de l'air.

Vous voilà, je penſe, encore revenir à vos ſylphes, monſieur, interrompis-je. Oui, mon fils, continua-t-il. Le theraphim des Juifs n'étoit que la cérémonie qu'il falloit obſerver pour ce commerce; & ce juif Michas qui ſe plaint dans le livre des juges, qu'on lui a enlevé ſes dieux, ne pleure que la perte de la petite ſtatue dans laquelle les ſylphes l'entretenoient. Les dieux que Rachel déroba à ſon père étoient encore un theraphim. Michas ni Laban ne ſont pas repris d'idolâtrie, & Jacob n'eût eu garde de vivre quatorze ans avec un idolâtre, ni d'en épouſer la fille: ce n'étoit qu'un commerce de ſylphes; & nous ſavons par tradition que la synagogue tenoit ce commerce, & que l'idole de la femme de David n'étoit que le theraphim à la faveur duquel elle entretenoit les peuples élémentaires ; car vous jugez bien que le prophète du cœur de Dieu n'eût pas souffert l'idolâtrie dans sa maison.

Ces nations élémentaires, tant que Dieu négligea le salut du monde en punition du premier péché, prenoient plaisir à expliquer aux hommes dans les oracles ce qu'elles savoient de Dieu ; leur montrer à vivre moralement, leur donner des conseils très-sages & très-utiles, tels qu'on en voit grand nombre chez Plutarque & dans tous les historiens. Dès que Dieu prit pitié du monde, & voulut devenir lui-même son docteur, ces petits-maîtres se retirèrent. De-là vient le silence des oracles.

Il résulte donc de tout votre discours, monsieur, repartis-je, qu'il y a eu assurément des oracles, & que c'étoit les sylphes qui les rendoient, & qui les rendent même tous les jours dans des verres ou dans des miroirs. Les sylphes ou les salamandres, les gnomes ou les ondins, reprit le comte. Si cela est, monsieur, répliquai-je, tous vos peuples élémentaires sont bien malhonnêtes gens. Pourquoi donc, dit-il ? Hé peut-on rien voir de plus fripon, poursuivis-je, que toutes ces réponses à double sens qu'ils donnoient toujours. Toujours, reprit-il ? Ah ! non pas toujours. Cette sylphide qui apparut à ce Romain en Asie, & qui lui prédit qu'il y reviendroit un jour avec la dignité de pro-consul, parloit-elle bien obscurément ? Et Tacite ne dit-il pas que la chose arriva comme elle avoit été prédite ? Cette inscription & ces statues fameuses dans l'histoire d'Espagne, qui apprirent au malheureux roi Rodrigues que sa curiosité & son incontinence seroient punies par des hommes habillés & armés de même qu'elles l'étoient, & que ces hommes noirs s'empareroient de l'Espagne, & y régneroient long-tems : tout cela pouvoit-il être plus clair, & l'événement ne le justifia-t-il pas l'année même ? Les Mores ne vinrent-ils pas détrôner ce roi efféminé ? Vous en savez l'histoire ; & vous voyez bien que le diable, qui depuis le règne du Messie ne dispose pas des empires, n'a pas pu être auteur de cet oracle, & que ç'a été assurément quelque grand cabaliste qui l'avoit appris de quelque salamandre des plus savans ; car, comme les salamandres aiment fort la la chasteté, ils nous apprennent volontiers les malheurs qui doivent arriver au monde par le défaut de cette vertu.

Mais, monsieur, lui dis-je, trouvez-vous bien chaste & bien digne de la pudeur cabalistique, cet organe hétéroclite, dont ils se servoient pour prêcher leur morale ? Ah ! pour cette fois, dit le comte en riant, vous avez l'imagination blessée, & vous ne voyez pas la raison physique qui fait que le salamandre enflammé se plaît naturellement dans les lieux les plus ignées, & est attiré par...... J'entends, j'entends, interrompis-je, ce n'est pas la peine de vous expliquer plus au long.

Quant à l'obscurité de quelques oracles, poursuivit-il sérieusement, que vous appelez friponnerie, les ténèbres ne sont-elles pas l'habit ordinaire de la vérité ? Dieu ne se plaît-il pas à se cacher de leur voile sombre, & l'oracle continuel qu'il a laissé à ses enfans, la divine écriture n'est-elle pas enveloppée d'une adorable obscurité, qui confond & fait égarer les superbes, autant que sa lumière guide les humbles ?

Si vous n'avez que cette difficulté, mon fils, je ne vous conseille pas de différer d'entrer en commerce avec les peuples élémentaires. Vous les trouverez très-honnêtes gens savans, bienfaisans, craignant Dieu. Je suis d'avis que vous commenciez par les salamandres ; car vous avez un Mars au haut du ciel dans votre figure; ce qui veut dire qu'il y a bien du feu dans toutes vos actions : & pour le mariage, je suis d'avis que vous preniez une sylphide ; vous serez plus heureux avec elle qu'avec les autres : car vous avez Jupiter à la pointe de votre ascendant que Vénus regarde d'un sextil. Or, Jupiter préside à l'air & aux peuples de l'air. Toutefois il faut consulter votre cœur là-dessus; car comme vous verrez un jour, c'est par les astres intérieurs que le sage se gouverne, & les astres du ciel extérieur ne servent qu'à lui faire connoître plus sûrement les aspects des astres du ciel intérieur qui est en chaque créature. Ainsi, c'est à vous à me dire maintenant quelle est votre inclination, afin que nous procédions à votre alliance avec les peuples élémentaires qui vous plairont le mieux. Monsieur, répondis-je, cette affaire demande, à mon avis, un peu de consultation. Je vous estime de cette réponse, me dit-il mettant la main sur mon épaule. Consultez mûrement cette affaire, sur-tout avec celui qui se nomme par excellence l'ange du grand conseil : allez vous mettre en prière, & j'irai demain chez vous à deux heures après-midi.

Nous revînmes à Paris; je le remis durant le chemin sur le discours contre les athées & les libertins; je n'ai jamais ouï si bien raisonner, ni dire des choses si hautes & si subtiles pour l'existence de Dieu, & contre l'aveuglement de ceux qui passent leur vie sans se donner tout entiers à un culte sérieux & continuel, de celui de qui nous tenons, & qui nous conserve notre être. J'étois surpris du caractère de cet homme, & je ne pouvois comprendre comme il pouvoit être tout-à-la-fois si fort & si foible, si admirable & si ridicule.

QUATRIÈME ENTRETIEN.

Sur les Mariages des Enfans des Hommes avec les Peuples élémentaires.

J'ATTENDIS chez moi monsieur le comte de Gabalis, comme nous l'avions arrêté en nous quittant. Il vint à l'heure marquée, & m'abordant d'un air riant : Hé bien, mon fils, me dit-il, pour quelle espèce de peuples invisibles Dieu vous donne-t-il plus de penchant, & quelle alliance aimerez-vous mieux, celle des salamandres, ou des gnomes, des nymphes, ou des sylphides ? Je n'ai pas encore tout-à-fait résolu ce mariage, monsieur, répartis-je. A quoi tient-il donc, répartit-il ? Franchement, monsieur, lui dis-je, je ne puis guérir mon imagination ; elle me représente toujours

QUATRIÈME ENTRETIEN. 63

ces prétendus hôtes des élémens comme des tiercelets de diables. O Seigneur ! s'écria-t-il, diffipez, ô Dieu de lumière ! les ténèbres que l'ignorance & la perverse éducation ont répandu dans l'esprit de cet élu, que vous m'avez fait connoître que vous destinez à de si grandes choses. Et vous, mon fils, ne fermez pas le passage à la vérité qui veut entrer chez vous : soyez docile. Mais non, je vous dispense de l'être; car aussi-bien est-il injurieux à la vérité de lui préparer les voies : elle fait forcer les portes de fer, & entrer où elle veut, malgré toute la résistance du mensonge. Que pouvez-vous avoir à lui opposer ? Est-ce que Dieu n'a pu créer ces substances dans les élémens telles que je les ai dépeintes ?

Je n'ai pas examiné, lui dis-je, s'il y a de l'impossibilité dans la chose même; si un seul élément peut fournir du sang, de la chair, & des os : s'il y peut avoir un tempérament sans mélange, & des actions sans contrariété : mais supposé que Dieu ait pu le faire, quelle preuve solide y a-t-il qu'il l'a fait ?

Voulez-vous en être convaincu tout à l'heure, reprit-il, sans tant de façon. Je m'en vais faire venir les sylphes de Cardan ; vous entendrez de leur propre bouche ce qu'ils sont, & ce que je vous en ai appris. Non pas cela, monsieur, s'il vous plaît, m'écriai-je brusquement ; différez, je vous en conjure, cette espèce de preuve, jusqu'à ce que je sois persuadé que ces gens-là ne sont pas ennemis de Dieu : car jusques-là j'aimerois mieux mourir que de faire ce tort à ma conscience de....

Voilà, voilà l'ignorance, & la fausse piété de ces tems malheureux, interrompit le comte d'un ton colère. Que n'efface-t-on donc du calendrier des saints les plus grands des anachorètes ? Et que ne brûle-t-on ses statues ? C'est grand dommage qu'on n'insulte à ses cendres vénérables ! & qu'on ne les jette au vent, comme on feroit celles des malheureux qui sont accusés d'avoir eu commerce avec les démons. S'est-il avisé d'exorciser les sylphes ? & ne les a-t-il pas traités en hommes ? Qu'avez-vous à dire à cela, monsieur le scrupuleux, vous & tous vos docteurs misérables ? Le sylphe qui discourut de sa nature à ce patriarche, à votre avis étoit-ce un tiercelet de démon ? Est-ce avec un lutin que cet homme incomparable conféra de l'Evangile ? Et l'accuserez-vous d'avoir profané les mystères adorables en s'en entretenant avec un phantôme ennemi de Dieu. Athanase & Jérôme sont donc bien indignes du grand nom qu'ils ont parmi vos savans, d'avoir écrit avec tant d'éloquence

l'éloge

QUATRIÈME ENTRETIEN.

l'éloge d'un homme qui traitoit les diables si humainement. S'ils prenoient ce sylphe pour un diable, il falloit ou cacher l'aventure, ou retrancher la prédication en esprit, ou cette apostrophe si pathétique que l'anachorete plus zélé & plus crédule que vous, fait à la ville d'Alexandrie : & s'ils l'ont pris pour une créature ayant part, comme il l'assuroit, à la rédemption aussi bien que nous; & si cette apparition est à leur avis une grace extraordinaire que Dieu faisoit au saint dont ils écrivent la vie; êtes-vous raisonnable d'être plus savant qu'Athanase & Jérôme, & plus saint que le divin Antoine? Qu'eussiez-vous dit à cet homme admirable, si vous aviez été du nombre des dix mille solitaires, à qui il raconta la conversation qu'il venoit d'avoir avec le sylphe ? Plus sage, & plus éclairé que tous ces anges terrestres, vous eussiez sans doute remontré au saint abbé, que toute son aventure n'étoit qu'une pure illusion, & vous eussiez dissuadé son disciple Athanase de faire savoir à toute la terre une histoire si peu conforme à la religion, à la philosophie, & au sens commun. N'est-il pas vrai ?

Il est vrai, lui dis-je, que j'eusse été d'avis, ou de n'en rien dire du tout, ou d'en dire davantage ; Athanase & Jérôme n'avoient

Tome XXXIV.　　　　　　　　　E

garde, reprit-il, d'en dire davantage ; car ils n'en favoient que cela, & quand ils auroient tout fu, ce qui ne peut être, fi on n'eſt des nôtres, ils n'euſſent pas divulgué témérairement les ſecrets de la ſageſſe.

Mais pourquoi ? repartis-je, ce ſylphe ne propoſa-t-il pas à ſaint Antoine ce que vous me propoſez aujourd'hui ? Quoi, dit le comte en riant, le mariage ? Ha ! ç'eût été bien à propos. Il eſt vrai, repris-je, qu'apparemment le bon homme n'eût pas accepté le parti. Non, ſûrement, dit le comte, car ç'eût été tenter Dieu de ſe marier à cet âge-là, & de lui demander des enfans. Comment, repris-je, eſt-ce qu'on ſe marie à ces ſylphes pour en avoir des enfans ? Pourquoi donc, dit-il ? eſt-ce qu'il eſt jamais permis de ſe marier pour une autre fin ? Je ne penſois pas, répondis-je, qu'on prétendît lignée, & je croyois ſeulement que tout cela n'aboutiſſoit qu'à immortaliſer les ſylphides.

Ah ! vous avez tort, pourſuit-il ; la charité des philoſophes fait qu'ils ſe propoſent pour fin l'immortalité des ſylphides : mais la nature fait qu'ils déſirent de les voir fécondes. Vous verrez quand vous voudrez dans les airs ces familles philoſophiques. Heureux le monde, s'il n'avoit que de ces familles, & s'il n'y

QUATRIÈME ENTRETIEN.

avoit pas des enfans de péché. Qu'appellez-vous enfans de péché, monsieur, interrompis-je ? Ce sont, mon fils, continua-t-il, ce sont tous les enfans qui conçus par la voie ordinaire ; enfans conçus par la volonté de la chair, non pas par la volonté de Dieu ; enfans de colère & de malédiction ; en un mot enfans de l'homme & de la femme. Vous avez envie de m'interrompre ; je vois bien ce que vous voudriez me dire. Oui, mon enfant, sachez que ce ne fut jamais la volonté du Seigneur que l'homme & la femme eussent des enfans comme ils en ont. Le dessein du très-sage ouvrier étoit bien plus noble ; il vouloit bien autrement peupler le monde qu'il ne l'est. Si le misérable Adam n'eût pas désobéi grossièrement à l'ordre qu'il avoit de Dieu de ne toucher point à Eve, & qu'il se fût contenté de tout le reste des fruits du jardin de volupté, de toutes les beautés des nymphes & des sylphides ; le monde n'eût pas eu la honte de se voir rempli d'hommes si imparfaits, qu'ils peuvent passer pour des monstres auprès des enfans des philosophes.

Quoi, monsieur, lui dis-je, vous croyez, à ce que je vois, que le crime d'Adam est autre chose qu'avoir mangé la pomme ? Quoi,

E ij

mon fils, reprit le comte, êtes-vous du nombre de ceux qui ont la simplicité de prendre l'histoire de la pomme à la lettre ? Ah ! sachez que la langue sainte use de ces innocentes métaphores pour éloigner de nous les idées peu honnêtes d'une action qui a causé tous les malheurs du genre humain. Ainsi quand Salomon disoit, je veux monter sur la palme, & j'en veux cueillir les fruits ; il avoit un autre appétit que de manger des dattes. Cette langue que les anges consacrent, & dont ils se servent pour chanter des hymnes au Dieu vivant, n'a point de terme qui exprime ce qu'elle nomme figurément, l'appellant pomme ou datte. Mais le sage démêle aisément ces chastes figures. Quand il voit que le goût & la bouche d'Eve ne sont point punis, & qu'elle accouche avec douleur, il connoît que ce n'est pas le goût qui est criminel : & découvrant quel fut le premier péché par le soin que prirent les premiers pécheurs de cacher avec des feuilles certains endroits de leur corps, il conclut que Dieu ne vouloit pas que les hommes fussent multipliés par cette lâche voie. O Adam ! tu ne devois engendrer que des hommes semblables à toi, ou n'engendrer que des héros ou des géans.

Eh! quel expédient avoit-il, interrompis-je, pour l'une ou pour l'autre de ces générations merveilleuses ? Obéir à Dieu, repliqua-t-il, ne toucher qu'aux nymphes, aux gnomes, aux sylphides, ou aux salamandres. Ainsi il n'eût vu naître que des héros, & l'Univers eût été peuplé de gens tous merveilleux, & remplis de force & de sagesse. Dieu a voulu faire conjecturer la différence qu'il y eût eu entre ce monde innocent & le monde coupable que nous voyons, en permettant de tems en tems qu'on vît des enfans nés de la force qu'il l'avoit projetté. On a donc vu quelquefois, monsieur, lui dis-je, de ces enfans des élémens ! Et un licentié de Sorbonne, qui me citoit l'autre jour St. Augustin, St. Jérôme, & Grégoire de Nazianze, s'est donc mépris, en croyant qu'il ne peut naître aucun fruit de ces amours des esprits pour nos femmes, ou du commerce que peuvent avoir les hommes avec certains démons qu'il nommoit hyphialets.

Lactance a mieux raisonné, reprit le comte, & le solide Thomas d'Aquin a savamment résolu, que non-seulement ces commerces peuvent être féconds : mais que les enfans qui en naissent sont d'une nature bien plus généreuse & plus héroïque. Vous lirez en effet quand il vous plaira les hauts faits de ces hommes puissans & fameux, que Moïse dit qui sont nés de la sorte ; nous en avons les histoires par devers nous dans le livre des guerres du Seigneur, cité au vingt-troisième chapitre des Nombres. Cependant jugez de ce que le monde feroit, si tous ces habitans ressembloient à Zoroastre.

Zoroastre, lui dis-je, qu'on dit qui est l'auteur de la Nécromance ? C'est lui-même, dit le comte, de qui les ignorans ont écrit cette calomnie. Il avoit l'honneur d'être fils du salamandre Oromasis, & de Vesta femme de Noé. Il vécut douze cens ans le plus sage monarque du monde, & qui fut enlevé par son père Oromasis dans la région des salamandres. Je ne doute pas, lui dis-je, que Zoroastre ne soit avec le salamandre Oromasis dans la région du feu : mais je ne voudrois pas faire à Noé l'outrage que vous lui faites.

L'outrage n'est pas si grand que vous pourriez croire, reprit le comte ; tous ces patriarches-là tenoient à grand honneur d'être les pères putatifs des enfans que les enfans de Dieu vouloient avoir de leurs femmes : mais ceci est encore trop fort pour vous, revenons à Oromasis ; il fut aimé de Vesta femme de Noé. Cette Vesta étant morte, fut le génie tutelaire de Rome ; & le feu sacré qu'elle vouloit que des vierges conservassent avec tant de soin, étoit en l'honneur du salamandre son amant. Outre Zoroastre il nâquit de leur amour une fille d'une beauté rare, & d'une sagesse extrème; c'étoit la divine Egérie, de qui Numa Pompilius reçut toutes ses loix. Elle obligea Numa qu'elle aimoit, de faire bâtir un temple à Vesta sa mère, où on entretiendroit le feu sacré en l'honneur de son père Oromasis. Voilà la vérité de la fable, que les poëtes & les historiens Romains ont contée de cette nymphe Egérie. Guillaume Postel, le moins ignorant de tous ceux qui ont étudié la cabale dans les livres ordinaires, a su que Vesta étoit femme de Noé: mais il a ignoré qu'Egerie fut fille de cette Vesta; & n'ayant pas lu les livres secrets de l'ancienne cabale, dont le prince de la Mirande acheta si chèrement un exemplaire, il a confondu les choses, & a cru seulement qu'Egerie étoit le bon génie de la femme de Noé. Nous apprenons dans ces livres, qu'Egerie fut conçue sur l'eau lorsque Noé erroit sur les flots vengeurs qui inondoient l'Univers: les femmes étoient alors réduites à ce petit nombre qui se sauvèrent dans l'arche cabalistique, que ce second père du monde avoit bâtie; ce grand homme gémissant de voir le châtiment épouvantable dont le Seigneur punissoit les crimes causés par l'amour qu'Adam avoit eu pour son Eve ; voyant qu'Adam avoit perdu sa postérité en préférant Eve aux filles des élémens, & en l'ôtant à celui des salamandres, ou des sylphes qui eût su se faire aimer à elle. Noé, dis-je, devenu sage par l'exemple funeste d'Adam, consentit que Vesta sa femme se donnât au salamandre Orontasis, prince des substances ignées ; & persuada ses trois enfans de céder aussi leur trois femmes aux princes des trois autres élémens. L'Univers fut en peu de tems repeuplé d'hommes héroïques, si savans, si beaux, si admirables, que leur postérité éblouïe de leurs vertus les a pris pour des divinités. Un des enfans de Noé, rebelle au conseil de son père, ne put résister aux attraits de sa femme, non plus qu'Adam aux charmes de son Eve : mais comme le péché d'Adam avoit noirci toutes les ames de ses descendans, le peu de complaisance que Cham eut pour les sylphes, marqua toute sa noire postérité. De-là vient, disent nos cabalistiques, le teint horrible des Ethiopiens, & de tous ces peuples hideux à qui il est commandé d'habiter sous la Zone-Torride, en punition de l'ardeur profane de leur père.

Voilà des traits bien particuliers, monsieur, dis-je admirant l'égarement de cet homme, & votre cabale est d'un merveilleux usage pour

Quatrième Entretien.

éclaircir l'antiquité. Merveilleux, reprit-il gravement, & sans elle, écriture, histoire, fable & nature sont obscurs & inintelligibles. Vous croyez, par exemple, que l'injure que Cham fit à son père soit telle qu'il semble à la lettre; vraiment c'est bien autre chose. Noé sorti de l'arche, & voyant que Vesta sa femme ne faisoit qu'embellir par le commerce qu'elle avoit avec son amant Oromasis, redevint passionné pour elle. Cham craignant que son père n'allât encore peupler la terre d'enfans aussi noirs que ses Ethiopiens, prit son tems un jour que le bon vieillard étoit plein de vin, & le châtra sans miséricorde.... Vous riez ?

Je ris du zèle indiscret de Cham, lui dis-je. Il faut plutôt admirer, reprit le comte, l'honnêteté du salamandre Oromasis, que la jalousie n'empêcha pas d'avoir pitié de la disgrace de son rival. Il apprit à son fils Zoroastre, autrement nommé Japhet, le nom du Dieu tout-puissant qui exprime son éternelle fécondité: Japhet prononça six fois, alternativement avec son frère Sem, marchant à reculons vers le patriarche, le nom redoutable *Jabamiah*; & ils restituèrent le vieillard en son entier. Cette histoire mal entendue a fait dire aux Grecs, que le plus vieux des dieux avoit été châtré par un de ses enfans; mais voilà la vérité de la chose : d'où vous pouvez voir combien la morale des peuples du feu est plus humaine que la nôtre, & même plus que celle des peuples de l'air ou de l'eau ; car la jalousie de ceux-ci est cruelle, comme le divin Paracelse nous l'a fait voir dans une aventure qu'il raconte, & qui a été vue de toute la ville de Stauffenberg. Un philosophe avec qui une nymphe étoit entrée en commerce d'immortalité, fut assez malhonnête homme pour aimer une femme : comme il dînoit avec sa nouvelle maîtresse & quelques-uns de ses amis, on vit en l'air la plus belle cuisse du monde ; l'amante invisible voulut bien la faire voir aux amis de son infidèle, afin qu'ils jugeassent du tort qu'il avoit de lui préférer une femme. Après quoi la nymphe indignée le fit mourir sur l'heure.

Ha ! monsieur, m'écriai-je, cela pourroit bien me dégoûter de ces amantes si délicates. Je confesse, reprit-il, que leur délicatesse est un peu violente. Mais si on a vu parmi nos femmes des amantes irritées faire mourir leurs amans parjures, il ne faut pas s'étonner que ces amantes, si belles & si fidèles, s'emportent quand on les trahit, d'autant plus qu'elles n'exigent des hommes que de s'abstenir des femmes, dont elles ne peuvent souffrir les défauts, & qu'elles nous permettent d'en aimer autant qu'il nous plaît. Elles préfèrent l'intérêt & l'immortalité de leurs compagnes à leur satisfaction particulière; & elles sont bien aises que les sages donnent à leur république autant d'enfans immortels qu'ils en peuvent donner.

Mais enfin, monsieur, repris-je, d'où vient qu'il y a si peu d'exemples de tout ce que vous me dites? Il y en a grand nombre, mon enfant, poursuivit-il; mais on n'y fait pas réflexion, ou on n'y ajoute point de foi, ou enfin on les explique mal, faute de connoître nos principes. On attribue aux démons tout ce qu'on devroit attribuer aux peuples des élémens. Un petit gnome se fait aimer à la célèbre Magdeleine de la Croix, abbesse d'un monastère à Cordoue en Espagne; elle le rend heureux dès l'âge de douze ans, & ils continuent leur commerce l'espace de trente. Un directeur ignorant persuade Magdeleine que son amant est un lutin, & l'oblige de demander l'absolution au pape Paul III. Cependant il est impossible que ce fût un démon; car toute l'Europe a su, & Cassiodorus Remus a voulu apprendre à la postérité le miracle qui se faisoit tous les jours en faveur de la sainte fille, ce qui apparemment ne fût pas arrivé, si son commerce avec le gnome eût été si diabolique que le vénérable dictateur l'imaginoit. Ce docteur-là eût dit hardiment, si je ne me trompe, que le sylphe qui s'immortalisoit avec la jeune Gertrude, religieuse du monastère de Nazareth, au diocèse de Cologne, étoit quelque diable. Assurément, lui dis-je, & je le crois aussi. Ha! mon fils, poursuivit le comte en riant, si cela est, le diable n'est guère malheureux de pouvoir entretenir commerce de galanterie avec une fille de treize ans, & lui écrire ces billets doux qui furent trouvés dans sa cassette.

Croyez, mon enfant, croyez que le démon a, dans la région de la mort, des occupations plus tristes & plus conformes à la haine qu'a pour lui le dieu de pureté; mais c'est ainsi qu'on se ferme volontairement les yeux. On trouve, par exemple, dans Tite-Live, que Romulus étoit fils de Mars; les esprits forts disent, c'est une fable; les théologiens, il étoit fils d'un diable incube: les plaisans, mademoiselle Sylvie avoit perdu ses gants, & elle en voulut couvrir la honte, en disant qu'un Dieu les lui avoit volés. Nous qui connoissons la nature, & que Dieu a appellé de ces ténèbres à son admirable lumière, nous savons que ce Mars prétendu étoit un Salamandre, qui, épris de la jeune Sylvie, la fit mère du grand Romulus, ce héros qui, après avoir fondé sa superbe ville, fut enlevé par son père dans un char enflammé, comme Zoroastre le fut par Oromasis.

Un autre Salamandre fut père de Servius Tullius; Tite-Live dit que ce fut le dieu du feu, trompé par la ressemblance, & les ignorans en ont fait le même jugement que du père de Romulus. Le fameux Hercule, l'invincible Alexandre, étoient fils du plus grand des sylphes. Les historiens ne connoissant pas cela, ont dit que Jupiter en étoit le père : ils disoient vrai; car, comme vous avez appris, ces sylphes, nymphes & salamandres, s'étoient érigés en divinités. Les historiens, qui les croyoient tels, appelloient enfans des dieux tous ceux qui en naissent.

Tel fut le divin Platon, le plus divin Apollonius Thianeus, Hercule, Achille, Sarpedon, le pieux Ænée, & le fameux Melchisedech; car savez-vous qui fut le père de Melchisedech? Non vraiment, lui dis-je; car saint Paul ne le savoit pas. Dites donc qu'il ne le disoit pas, reprit le comte, & qu'il ne lui étoit pas permis de révéler les mystères cabalistiques. Il savoit bien que le père de Melchisedech étoit sylphe; & que ce roi de Salem fut conçu dans l'arche par la femme de Sem. La manière de sacrifier de ce pontife étoit la même que sa cousine

Egerie apprit au roi Numa, aussi bien que l'adoration d'une souveraine divinité sans image & sans statue ; à cause de quoi les Romains, devenus idolâtres quelque tems après, brûlèrent les saints livres de Numa qu'Egerie avoit dictés. Le premier Dieu des Romains étoit le vrai Dieu ; leur sacrifice étoit le véritable ; ils offroient du pain & du vin au souverain maître du monde ; mais tout cela se pervertit ensuite. Dieu ne laissa pas pourtant, en reconnoissance de ce premier culte, de donner à cette ville, qui avoit reconnu sa souveraineté, l'empire de l'univers. Le même sacrifice que Melchisedech……

Monsieur, interrompis-je, je vous prie laissons-là Melchisedech, la sylphe qui l'engendra, sa cousine Egerie, & le sacrifice du pain & du vin: Ces preuves me paroissent un peu éloignées, & vous m'obligeriez bien de me conter des nouvelles plus fraîches ; car j'ai ouï-dire à un docteur, à qui on demandoit ce qu'étoient devenus les compagnons de cette espèce de satyre qui apparut à saint Antoine, & que vous avez nommé sylphe, que tous ces gens-là sont morts présentement. Ainsi les peuples élémentaires pourroient bien être péris, puisque vous les avouez mortels, & que nous n'en n'avons nulles nouvelles.

QUATRIÈME ENTRETIEN.

Je prie Dieu, répartit le comte avec émotion, je prie Dieu, qui n'ignore rien, de vouloir ignorer cet ignorant, qui décide si fortement ce qu'il ignore : Dieu le confonde & tous ses semblables. D'où a-t-il appris que les élémens sont déserts & que tous ces peuples merveilleux sont anéantis ? s'il vouloit se donner la peine de lire un peu les histoires, & n'attribuer pas un diable, comme font les bonnes femmes, tout ce qui passe la chimérique théorie qu'il s'est fait de la nature, il trouveroit en tous tems & en tous lieux des preuves de ce que je vous ai dit.

Que diroit votre docteur à cette histoire authentique arrivée depuis peu en Espagne ? Une belle sylphide se fit aimer à un Espagnol, vécut trois ans avec lui, en eut trois beaux enfans, & puis mourut. Dira-t-on que c'étoit un diable ? La savante réponse ! selon quelle physique le diable peut-il s'organiser un corps de femme, concevoir, enfanter, allaiter ? Quelle preuve y a-t-il dans l'écriture de cet extravagant pouvoir que vos théologiens sont obligés en cette rencontre de donner au démon ? Et quelle raison vraisemblable leur peut fournir leur foible physique. Le jésuite Delrio, comme il est de bonne foi, raconte naïvement plusieurs de ces aventures, & sans s'embarrasser de raisons physiques, se tire d'affaire, en disant que ces sylphides étoient des démons, tant il est vrai que nos plus grands docteurs n'en savent pas plus bien souvent que les simples femmes ; tant il est vrai que Dieu aime à se retirer dans son trône nubileux, & qu'épaississant les ténèbres qui environnent sa majesté redoutable, il habite une lumière inaccessible, & ne laisse voir ses vérités qu'aux humbles de cœur. Apprenez à être humble, mon fils, si vous voulez pénétrer ces ténèbres sacrés qui environnent la vérité. Apprenez des sages à ne donner aux démons aucune puissance dans la nature, depuis que la pierre fatale les a renfermés dans le puits de l'abîme. Apprenez des philosophes à chercher toujours les causes naturelles dans tous les événemens extraordinaires; & quand les causes naturelles manquent, recourez à Dieu & à ses saints anges, & jamais aux démons, qui ne peuvent plus rien que souffrir ; autrement vous blasphémeriez souvent sans y penser ; vous attribueriez au diable l'honneur des plus merveilleux ouvrages de la nature.

Quand on vous diroit, par exemple, que le divin Apollonius Thianeus fut conçu sans l'opération d'aucun homme, & qu'un des plus hauts Salamandres descendit pour s'immortaliser avec la mère ; vous diriez que ce Salamandre étoit un démon, & vous donneriez la gloire au diable, de la génération d'un des plus grands hommes qui soient sortis de nos mariages philosophiques.

Mais, monsieur, interrompis-je, cet Apollonius est réputé parmi nous pour un grand sorcier, & c'est tout le bien qu'on en dit. Voilà, reprit le comte, un des plus admirables effets de l'ignorance & de la mauvaise éducation. Parce qu'on entend faire à sa nourrice des contes de sorciers, tout ce qui se fait d'extraordinaire ne peut avoir que le diable pour auteur. Les plus grands docteurs ont beau faire, ils n'en seront pas crus s'ils ne parlent comme nos nourrices. Apollonius n'est pas né d'un homme ; il entend les langages des oiseaux ; il est vu en même jour en divers endroits du monde ; il disparoît devant l'empereur Domitien, qui veut le faire maltraiter ; il ressuscite une fille par la vertu de l'onomance ; il dit à Ephèse, en une assemblée de toute l'Asie, qu'à cette même heure on tue le tyran à Rome. Il est question de juger cet homme, la nourrice dit, c'est un sorcier ; saint Jérôme & saint Justin le martyr, dit que ce n'est qu'un grand philosophe. Jérôme, Justin & nos cabalistes seront des visionnaires, & la femmelette l'emportera.

Ha! que l'ignorant périsse dans son ignorance: mais vous, mon enfant, sauvez-vous du naufrage.

Quand vous lirez que le célèbre Merlin nâquit, sans l'opération d'aucun homme, d'une religieuse, fille du roi de la Grande-Bretagne, & qu'il prédisoit l'avenir plus clairement qu'une tyrésie; ne dites pas avec le peuple qu'il étoit fils d'un démon incube, puisqu'il n'y en eut jamais, ni qu'il prophétisoit par l'art des démons, puisque le démon est la plus ignorante de toutes les créatures, suivant la sainte cabale. Dites avec les sages, que la princesse angloise fut consolée dans sa solitude par un sylphe qui eut pitié d'elle, qu'il prit soin de la divertir, & qu'il sut lui plaire, & que Merlin leur fils fut élevé par le sylphe en toutes les sciences, & apprit de lui à faire toutes les merveilles que l'histoire d'Angleterre en raconte.

Ne faites pas non plus l'outrage aux comtes de Clèves, de dire que le diable est leur père, & ayez meilleure opinion du sylphe, que l'histoire dit qui vint à Clèves sur un navire miraculeux traîné par un cygne, qui y étoit attaché avec une chaîne d'argent. Ce sylphe, après avoir eu plusieurs enfans de l'héritière de Clèves, repartit un jour en plein midi, à la vue de tout le monde, sur son navire aërien. Qu'a-t-il fait à vos docteurs, qui les oblige à l'ériger en démon ?

Mais ménagerez vous assez peu l'honneur de la maison de Lusignan, & donnerez-vous à vos comtes de Poitiers une généalogie diabolique ? Que direz-vous de leur mère célèbre ? Je crois, monsieur, interrompis-je, que vous m'allez faire les contes de Melusine. Ha ! si vous me niez l'histoire de Melusine, reprit-il, je vous donne gagné ; mais si vous la niez, il faudra brûler les livres du grand Paracelse, qui maintient en cinq ou six endroits différens, qu'il n'y a rien de plus certain que cette Melusine étoit une nymphe ; & il faudra démentir vos historiens, qui disent que, depuis sa mort, ou pour mieux dire, depuis qu'elle disparut aux yeux de son mari, elle n'a jamais manqué (toutes les fois que ses descendans étoient menacés de quelque disgrace, ou que quelque roi de France devoit mourir extraordinairement) de paroître en deuil sur la grande tour du château de Lusignan, qu'elle avoit fait bâtir. Vous aurez une querelle avec tous ceux qui descendent de cette nymphe, ou qui sont alliés de sa maison, si vous vous obstinez à soutenir que ce fut un diable.

Pensez-vous, monsieur, lui dis-je, que ces seigneurs aiment mieux être originaires des sylphes? Ils l'aimeroient mieux, sans doute, répliqua-t-il, s'ils savoient ce que je vous apprends, & ils tiendroient à grand honneur ces naissances extraordinaires. Ils connoîtroient, s'ils avoient quelque lumière de cabale, que cette sorte de génération étant plus conforme à la manière dont Dieu entendoit au commencement que le monde se multipliât, les enfans qui en naissent sont plus heureux, plus vaillans, plus sages, plus renommés & plus bénis de Dieu. N'est-il pas plus glorieux pour ces hommes illustres de descendre de ces créatures si parfaites, si sages & si puissantes, que de quelque sale lutin, ou quelque infâme asmodée?

Monsieur, lui dis-je, nos théologiens n'ont garde de dire que le diable soit père de tous ces hommes qui naissent sans qu'on sache qui les met au monde. Ils reconnoissent que le diable est un esprit, & qu'ainsi il ne peut engendrer. Grégoire de Nice, reprit le comte, ne dit pas cela ; car il tient que les démons multiplient entr'eux comme les hommes. Nous ne sommes pas de son avis, répliquai-je. Mais il arrive, disent nos docteurs, que····· Ha! ne dites pas, interrompit le comte, ne dites pas ce qu'ils disent, ou vous diriez comme eux une sottise très-sale & très-malhonnête. Quelle abominable

QUATRIÈME ENTRETIEN.

défaite ont-ils trouvé-là ? Il est étonnant comme ils ont tous unanimement embrassé cette ordure, & comme ils ont pris plaisir de poster des farfadets aux embûches, pour profiter de l'oisive brutalité des solitaires, & en mettre promptement au monde ces hommes miraculeux, dont ils noircissent l'illustre mémoire par une si vilaine origine. Appellent-ils cela philosopher ? Est-il digne de Dieu de dire qu'il ait cette complaisance pour le démon de favoriser ces abominations, de leur accorder la grace de la fécondité qu'il a refusée à de grands saints, & de récompenser ces saletés en créant pour ces embrions d'iniquité, des ames plus héroïques, que pour ceux qui ont été formés dans la chasteté d'un mariage légitime ? Est-il digne de la religion de dire comme font ces docteurs, que le démon peut, par ce détestable artifice, rendre enceinte une vierge durant le sommeil, sans préjudice de sa virginité ? Ce qui est aussi absurde que l'histoire que Thomas d'Aquin, d'ailleurs auteur très-solide, & qui savoit un peu de cabale, s'oublie assez lui-même pour conter dans son sixième *quodlibet* d'une fille couchée avec son père, à qui il fait arriver même aventure que quelques rabins hérétiques disent qui avint à la fille de Jérémie, à laquelle ils font concevoir ce grand cabaliste Bensyrah.

en entrant dans le bain après le prophète. Je jurerois que cette impertinence a été imaginée par quelque....

Si j'ofois, monsieur, interrompre votre déclamation, lui dis-je, je vous avouerois pour vous appaifer, qu'il feroit à fouhaiter que nos docteurs euffent imaginé quelque folution, dont les oreilles pures comme les vôtres s'offenfaffent moins. Ou bien ils devoient nier tout-à-fait les faits fur lefquels la queftion eft fondée.

Bon expédient, reprit-il ! Eh ! le moyen de nier les chofes conftantes ? Mettez-vous à la place d'un théologien à fourrure d'hermine, & fuppofez que l'heureux Danhuzerus vient à vous comme à l'oracle de fa religion....

En cet endroit un laquais vint me dire qu'un jeune feigneur venoit me voir. Je ne veux pas qu'il me voye, dit le comte. Je vous demande pardon, monfieur, lui dis-je, vous jugez bien au nom de ce feigneur, que je ne puis pas faire dire qu'on ne me voit point : prenez donc la peine d'entrer dans ce cabinet. Ce n'eft pas la peine, dit-il, je vais me rendre invifible. Ah ! monfieur, m'écriai-je, trêve de diablerie, s'il vous plaît, je n'entends pas raillerie là-deffus. Quelle ignorance, dit le comte en riant, & hauffant les épaules, de ne favoir pas que pour être invifible il ne faut que mettre devant soi le contraire de la lumière! Il passa dans mon cabinet, & le jeune seigneur entra presque en même tems dans ma chambre : je lui demande pardon si je ne lui parlai pas de mon aventure.

CINQUIÈME ENTRETIEN.
SUITE DU PRÉCÉDENT.

LE grand seigneur étant sorti, je trouvai, en venant de le conduire, le comte de Gabalis dans ma chambre. C'est grand dommage, me dit-il, que ce seigneur qui vient de vous quitter, sera un jour un des soixante-douze princes du sanhedrin de la loi nouvelle; car sans cela, il seroit un grand sujet pour la sainte cabale : il a l'esprit profond, net, vaste, sublime & hardi ; voilà la figure de geomance que je viens de jetter pour lui durant que vous parliez ensemble. Je n'y ai jamais vu des points plus heureux, & qui marquassent une ame si belle : voyez cette *mère* (a), quelle magnanimité elle lui donne ; cette *fille* (b) lui procurera la pourpre : je lui veux du mal, & à la for-

_____

(a b) Termes de geomance.

E iv

tune, de ce qu'elles ôtent à la philosophie un sujet qui peut-être vous surpasseroit. Mais où en étions-nous quand il est venu ?

Vous me parliez, monsieur, lui dis-je, d'un bienheureux que je n'ai jamais vu dans le calendrier Romain ; il me semble que vous l'avez nommé *Danhuzerus*. Ah ! je m'en souviens, reprit-il ; je vous disois de vous mettre en la place d'un de vos docteurs, & de supposer que l'heureux Danhuzerus vient vous découvrir sa conscience, & vous dit : Monsieur, je viens de de-là les monts, au bruit de votre science ; j'ai un petit scrupule qui me fait peine. Il y a dans une montagne d'Italie une nymphe qui tient là sa cour ; mille nymphes la servent, presqu'aussi belles qu'elle : des hommes très-bien faits, très-savans & très-honnêtes gens, viennent là de toute la terre habitable ; ils aiment ces nymphes, & en sont aimés ; ils y mènent la plus douce vie du monde ; ils ont de très-beaux enfans de ce qu'ils aiment ; ils adorent le Dieu vivant ; ils ne nuisent à personne ; ils espèrent l'immortalité. Je me promenois un jour dans cette montagne ; je plus à la nymphe reine ; elle se rend visible, me montre sa charmante cour. Les sages qui s'apperçoivent qu'elle m'aime, me respectent presque comme leur prince ; ils

CINQUIÈME ENTRETIEN.

m'exhortent à me laisser toucher aux soupirs & à la beauté de la nymphe; elle me conte son martyre, n'oublie rien pour toucher mon cœur, & me remontre enfin qu'elle mourra, si je ne veux l'aimer, & que si je l'aime, elle me sera redevable de son immortalité. Les raisonnemens de ces savans hommes ont convaincu mon esprit, & les attraits de la nymphe m'ont gagné le cœur; je l'aime, j'en ai des enfans de grande espérance : mais au milieu de ma félicité, je suis troublé quelquefois par le ressouvenir que l'église Romaine n'approuve peut-être pas tout cela. Je viens à vous, monsieur, pour vous consulter; qu'est-ce que cette nymphe, ces sages, ces enfans, & en quel état est ma conscience ? Ça, monsieur le docteur, que répondriez-vous au seigneur Danhuzerus ?

Je lui dirois, répondis-je : avec tout le respect que je vous dois, Seigneur Danhuzerus, vous êtes un peu fanatique, ou bien votre vision est un enchantement; vos enfans & votre maîtresse sont des lutins; vos sages sont des fous, & je tiens votre conscience très-cautérisée.

Avec cette réponse, mon fils, vous pourriez mériter le bonnet de docteur; mais vous ne mériteriez pas d'être reçu parmi nous, reprit le comte avec un grand soupir. Voilà la barbare disposition où sont tous les docteurs d'aujourd'hui. Un pauvre sylphe n'oseroit se montrer qu'il ne soit pris d'abord pour un lutin ; une nymphe ne peut travailler à devenir immortelle sans passer pour un fantôme impur ; & un salamandre n'oseroit apparoître, de peur d'être pris pour un diable ; & les pures flammes qui le composent, pour le feu d'enfer qui l'accompagne par-tout : ils ont beau, pour dissiper ces soupçons si injurieux, faire le signe de la croix quand ils apparoissent, fléchir le genou devant les noms divins, & même les prononcer avec révérence. Toutes ces précautions sont vaines. Ils ne peuvent obtenir qu'on ne les répute pas ennemis du Dieu qu'ils adorent plus religieusement que ceux qui les fuient.

Tout de bon, monsieur, lui dis-je, vous croyez que ces sylphes sont gens fort dévots ? Très-dévots, répondit-il, & très-zélés pour la divinité. Les discours très-excellens qu'ils nous font de l'essence divine, & leurs prières admirables, nous édifient grandement. Ont-ils des prières aussi, lui dis-je ? j'en voudrois bien une de leur façon. Il est aisé de vous satisfaire, répartit-il ; & afin de ne point vous en rapporter de suspecte, & que vous me puissiez

Cinquième Entretien.

soupçonner d'avoir fabriquée, écoutez celle que le salamandre qui répondit dans le temple de Delphes, voulut bien apprendre aux Payens, & que Porphyre rapporte ; elle contient une sublime théologie, & vous verrez par-là qu'il ne tenoit pas à ces sages créatures que le monde n'adorât le vrai Dieu.

Oraison des Salamandres.

« Immortel, éternel, ineffable & sacré Père
» de toutes choses, qui est porté sur le char-
» riot roulant sans cesse des mondes qui tour-
» nent toujours. Dominateur des campagnes
» Ethériennes, où est élevé le trône de ta
» puissance, du haut duquel tes yeux redou-
» tables découvrent tout, & tes belles &
» saintes oreilles écoutent tout, exauce tes
» enfans que tu as aimés dès la naissance des
» siècles ; car ta dorée & grande & éternelle
» majesté resplendit au-dessus du monde &
» du ciel des étoiles ; tu es élevé sur elles,
» ô feu étincelant. Là tu t'allumes & t'entre-
» tiens toi-même par ta propre splendeur ; &
» il sort de ton essence des ruisseaux intarissables
» de lumiere qui nourissent ton esprit infini.
» Cet esprit infini produit toutes choses, &
» fait ce trésor inépuisable de matiere, qui ne

» peut manquer à la génération qui l'environne
» toujours à cause des formes sans nombre
» dont elle est enceinte, & dont tu l'as remplie
» au commencement. De cet esprit tirent aussi
» leur origine ces rois très-saints qui sont
» debout autour de ton trône, & qui com-
» posent ta cour, ô Père universel! ô unique!
» ô Père des bienheureux mortels, & immor-
» tels! tu as créé en particulier des puissances
» qui sont merveilleusement semblables à ton
» éternelle pensée & à ton essence adorable.
» Tu les a établies supérieures aux anges qui
» annoncent au monde tes volontés. Enfin tu
» nous a créé une troisième sorte de souve-
» rains dans les élémens. Notre continuel
» exercice est de te louer, & d'adorer tes
» desirs. Nous brûlons du desir de te posséder.
» O père! ô mère, la plus tendre des mères!
» ô l'exemplaire admirable des sentimens &
» de la tendresse des mères! ô fils, la fleur de
» tous les fils! ô forme de toutes les formes!
» ame, esprit, harmonie, & nombre de toutes
» choses. »

Que dites-vous de cette oraison des Salamandres? N'est-elle pas bien savante, bien
elevée, & bien devote? Et de plus bien obscure,
répondis-je, je l'avois ouie paraphraser à un
prédicateur, qui prouvoit par là que le diable

Cinquième Entretien.

entr'autres vices qu'il a, est sur-tout grand hypocrite. Hé bien, s'écria le comte, quelle ressource avez-vous donc pauvres peuples élémentaires? Vous dites des merveilles de la nature de Dieu, du Père, du Fils, du Saint-Esprit, des intelligences assistantes, des anges, des cieux. Vous faites des prières admirables, & les enseignez aux hommes; &, après tout, vous n'êtes que lutins hypocrites!

Monsieur, interrompis-je, vous ne me faites pas plaisir d'apostropher ainsi ces gens-là. Hé bien, mon fils, reprit-il, ne craignez pas que je les appelle : mais que votre foiblesse vous empêche du moins de vous étonner à l'avenir de ce que vous ne voyez pas autant d'exemples que vous en voudriez de leur alliance avec les hommes. Hélas! où est la femme, à qui vos docteurs n'ont pas gâté l'imagination, qui ne regarde pas avec horreur ce commerce, & qui ne tremblât pas à l'aspect d'un Sylphe? Où est l'homme qui ne fuit pas de les voir, s'il se pique un peu d'être homme de bien? Trouvons-nous que très-rarement un honnête homme, qui veuille de leur familiarité? Et n'y a-t-il que des débauchés, ou des avares, ou des ambitieux, ou des fripons, qui cherchent cet honneur, qu'ils n'auront pourtant jamais (*vive*

Dieu), parce que la crainte du Seigneur eſt le commencement de la ſageſſe.

Que deviennent donc, lui dis-je, tous ces peuples volans ; maintenant que les gens de bien ſont ſi préoccupés contr'eux ? Ha ! le bras de Dieu, dit-il, n'eſt point raccourci, & le démon ne retire pas tout l'avantage qu'il eſpéroit de l'ignorance, & de l'erreur qu'il a répandues à leur préjudice ; car outre que les philoſophes qui ſont en grand nombre y remédient le plus qu'ils peuvent en renonçant tout-à-fait aux femmes, Dieu a permis à tous ces peuples d'uſer de tous les innocens artifices dont ils peuvent s'aviſer pour converſer avec les hommes à leur inſçu. Que me dites-vous là, monſieur ? m'écriai-je. Je vous dis vrai, pourſuivit-il. Croyez-vous qu'un chien puiſſe avoir des enfans d'une femme ? Non, répondis-je. Et un ſinge, ajouta-t-il. Non plus, repliquai-je. Et un ours ? continua-t-il. Ni chien, ni ours, ni ſinge, lui dis-je, cela eſt impoſſible ſans doute ; contre la nature, contre la raiſon & le ſens commun. Fort bien, dit le comte, mais les rois des Goths ne ſont-ils pas nés d'un ours & d'une princeſſe Suédoiſe ? Il eſt vrai, répartis-je, que l'hiſtoire le dit. Et les Peguſiens & Syoniens des Indes, répliqua-t-il, ne ſont-ils pas nés d'un chien & d'une femme ? J'ai encore lu cela, lui dis-je. Et cette femme Portugaise, continua-t-il, qui étant exposée en une île déserte, eut des enfans d'un grand singe ? Nos théologiens, lui dis-je, répondent à cela, monsieur, que le diable prenant la figure de ces bêtes..... Vous m'allez encore alléguer, interrompit le comte, les sales imaginations de vos auteurs. Comprenez donc, une fois pour toutes, que les sylphes voyant qu'on les prend pour des démons, quand ils apparoissent en forme humaine ; pour diminuer cette aversion qu'on a d'eux, prennent la figure de ces animaux, & s'accommodent ainsi à la bizarre foiblesse des femmes, qui auroient horreur d'un beau sylphe, & qui n'en ont pas tant pour un chien, ou pour un singe. Je pourrois vous conter plusieurs historiettes de ces petits chiens de Bologne avec certaines pucelles de par le monde : mais j'ai à vous apprendre un plus grand secret.

Sachez, mon fils, que tel croit être fils d'un homme, qui est fils d'un sylphe. Tel croit être avec sa femme, qui, sans y penser, immortalise une nymphe. Telle femme pense embrasser son mari, qui tient entre ses bras un salamandre ; & telle fille jureroit à son réveil qu'elle est vierge, qui a eu durant son sommeil un honneur dont elle ne se doute pas. Ainsi le démon, & les ignorans font également abufés.

Quoi! le démon, lui dis-je, ne fauroit-il réveiller cette fille endormie, pour empêcher ce falamandre de devenir immortel ? Il le pourroit, répliqua le comte, fi les fages n'y mettoient ordre ; mais nous apprenons à tous ces peuples les moyens de lier le démon & de s'oppofer à leur effort. Ne vous difois-je pas l'autre jour que les fylphes & les autres feigneurs des élémens font trop heureux que nous voulions leur montrer la cabale. Sans nous le diable, leur grand ennemi, les inquiéteroit fort, & ils auroient de la peine à s'immortalifer à l'infu des filles.

Je ne puis, répartis-je, admirer affez la profonde ignorance où nous vivons. On croit que les puiffances de l'air aident quelquefois les amoureux à parvenir à ce qu'ils defirent. La chofe va donc tout autrement; les puiffances de l'air ont befoin que les hommes les fervent en leurs amours. Vous l'avez dit, mon fils, pourfuivit le comte, le fage donne fecours à ces pauvres peuples, fans lui trop malheureux & trop foibles pour pouvoir réfifter au diable; mais auffi quand un fylphe a appris de nous à prononcer cabaliftiquement le nom puiffant *Nehmahmihah*, & à le combiner dans les formes

avec

CINQUIÈME ENTRETIEN.

avec le nom délicieux *Eliael*, toutes puissances des ténèbres prennent la fuite, & le sylphe jouit paisiblement de ce qu'il aime.

Ainsi fut immortalisé ce sylphe ingénieux qui prit la figure de l'amant d'une demoiselle de Seville : l'histoire en est connue. La jeune Espagnole étoit belle, mais aussi cruelle que belle. Un cavalier castillan qui l'aimoit inutilement, prit la résolution de partir un matin sans rien dire, & d'aller voyager jusqu'à ce qu'il fût guéri de son inutile passion. Un sylphe trouvant la belle à son gré, fut d'avis de prendre ce tems, & s'armant de tout ce qu'un des nôtres lui apprit pour se défendre des traverses que le diable, envieux de son bonheur, eût pu lui susciter, il va voir la demoiselle sous la forme de l'amant éloigné, il se plaint, il soupire, il est rebuté. Il presse, il sollicite, il persévère ; après plusieurs mois il touche, il se fait aimer, il persuade, & enfin il est heureux. Il naît de leur amour un fils dont la naissance est secrète & ignorée des parens par l'adresse de l'amant aërien. L'amour continue, & il est béni d'une deuxième grossesse. Cependant le cavalier guéri par l'absence revient à Seville & impatient de revoir son inhumaine, va au plus vîte lui dire qu'enfin il est en état de ne plus lui déplaire, & qu'il vient lui annoncer qu'il ne l'aime plus.

Tome XXXIV. G

Imaginez, s'il vous plaît, l'étonnement de la fille ; sa réponse, ses pleurs, ses reproches, & tout leur dialogue surprenant. Elle lui soutient qu'elle l'a rendu heureux ; il le nie ; que leur enfant commun est en tel lieu, qu'il est père d'un autre qu'elle porte. Il s'obstine à désavouer. Elle se désole & s'arrache les cheveux ; les parens accourent à ses cris ; l'amante désespérée continue ses plaintes & ses invectives ; on vérifie que le gentilhomme étoit absent depuis deux ans : on cherche le premier enfant, on le trouve, & le second nâquit en son terme.

Et l'amant aërien, interrompis-je, quel personnage jouoit-il durant tout cela ? Je vois bien, répondit le comte, que vous trouvez mauvais qu'il ait abandonné sa maîtresse à la rigueur des parens, ou à la fureur des inquisiteurs : mais il avoit eu raison de se plaindre d'elle. Elle n'étoit pas assez dévote ; car quand ces messieurs se sont immortalisés, ils travaillent sérieusement & vivent fort saintement pour ne point perdre le droit qu'ils viennent d'acquérir à la possession du souverain bien. Ainsi ils veulent que la personne à laquelle ils se sont alliés, vive avec une innocence exemplaire, comme on voit dans cette fameuse aventure d'un jeune seigneur de Baviere.

Il étoit inconsolable de la mort de sa femme

qu'il aimoit passionnément. Une sylphide fut conseillée par un de nos sages de prendre la figure de cette femme; elle le crut, & s'alla présenter au jeune homme affligé, disant que Dieu l'avoit ressuscitée pour le consoler de son extrême affliction. Ils vécurent ensemble plusieurs années; & firent de très beaux enfans. Mais le jeune seigneur n'étoit pas assez homme de bien pour retenir la sage sylphide; il juroit & disoit des paroles mal-honnêtes. Elle l'avertit souvent; mais voyant que ses remontrances étoient inutiles, elle disparut un jour, & ne lui laissa que ses jupes, & le repentir de n'avoir pas voulu suivre ses saints conseils. Ainsi vous voyez, mon fils, que les sylphes ont quelquefois raison de disparoître; & vous voyez que le diable ne peut empêcher, non plus que les fantasques caprices de vos théologiens, que les peuples des élémens ne travaillent avec succès à leur immortalité quand ils sont secourus par quelqu'un de nos sages.

Mais en bonne-foi, monsieur, repris-je, êtes-vous persuadé que le démon soit si grand ennemi de ces suborneurs de demoiselles? Ennemi mortel, dit le comte, sur-tout des nymphes, des sylphes & des salamandres: Car, pour les gnomes, il ne les hait pas si fort; parce que, comme je crois vous avoir appris, ces gnomes effrayés des hurlemens des diables qu'ils entendent dans le centre de la terre, aiment mieux demeurer mortels que courir risque d'être ainsi tourmentés, s'ils acquéroient l'immortalité. De-là vient que ces gnomes & les démons leurs voisins ont assez de commerce. Ceux-ci persuadent aux gnomes, naturellement très-amis de l'homme, que c'est lui rendre un fort grand service, & le délivrer d'un grand péril que de l'obliger de renoncer à son immortalité. Ils s'engagent pour cela de fournir à celui à qui ils peuvent persuader cette renonciation, tout l'argent qu'il demande; de détourner les dangers qui pourroient menacer sa vie durant certain tems, ou telle autre condition qu'il plaît à celui qui fait ce malheureux pacte; ainsi le diable, le méchant qu'il est, par l'entremise de ce gnome, fait devenir mortelle l'ame de cet homme, & la prive du droit de la vie éternelle.

Comment, monsieur, m'écriai-je, ces pactes à votre avis, desquels les démonographes racontent tant d'exemples, ne se font point avec le démon ? Non sûrement, reprit le comte. Le prince du monde n'a-t-il pas été chassé dehors? n'est-il pas renfermé? n'est-il pas lié? n'est-il pas la terre maudite & damnée, qui est restée au fond de l'ouvrage du suprême & archetype distillateur? Peut-il monter dans la région de la lumière, & y répandre ses ténèbres concentrées? Il ne peut rien contre l'homme. Il ne peut qu'inspirer aux gnomes, qui sont ses voisins, de venir faire ces propositions à ceux d'entre les hommes, qu'il craint le plus qui soient sauvés, afin que leur ame meure avec le corps.

Et selon vous, ajoutai-je, ces ames meurent? Elles meurent, mon enfant, répondit-il. Et ceux qui font ces pactes-là ne sont point damnés, poursuivis-je? Ils ne le peuvent être, dit-il, car leur ame meurt avec leur corps. Ils sont donc quittes à bon marché, repris-je, & ils sont bien légèrement punis d'avoir fait un crime si énorme que de renoncer à leur baptême & à la mort du Seigneur.

Appellez vous, repartit le comte, être légèrement puni, que de rentrer dans les noirs abymes du néant? Sachez que c'est une plus grande peine que d'être damné, qu'il y a encore un reste de miséricorde dans la justice que Dieu exerce contre les pécheurs dans l'enfer; que c'est une grande grace de ne les point consumer par le feu qui les brûle. Le néant est un plus grand mal que l'enfer; c'est ce que les sages prêchent aux gnomes, quand ils les assemblent, pour leur faire entendre quel tort ils se font de préférer la mort à l'immortalité, & le néant à l'espérance de l'éternité bienheureuse, qu'ils seroient en droit de posséder, s'ils s'allioient aux hommes sans exiger d'eux ces renonciations criminelles. Quelques-uns nous croient, & nous les marions à nos filles. Vous évangélisez donc les peuples souterrains, monsieur, lui dis-je ? Pourquoi non, reprit-il ? Nous sommes leurs docteurs aussi-bien que des peuples du feu, de l'air & de l'eau ; & la charité philosophique se répand indifféremment sur tous ces enfans de Dieu. Comme ils sont plus subtils & plus éclairés que le commun des hommes, ils sont plus dociles & plus capables de discipline, & ils écoutent les vérités divines avec un respect qui nous ravit.

Il doit être en effet ravissant, m'écriai-je en riant, de voir un cabaliste en chaire prôner à ces messieurs-là. Vous en aurez le plaisir, mon fils, quand vous voudrez, dit le comte ; & si vous le désirez, je les assemblerai dès ce soir, & je leur prêcherai sur le minuit. Sur le minuit, me récriai-je ! j'ai ouï dire que c'est-là l'heure du sabat. Le comte se prit à rire. Vous me faites souvenir-là, dit-il, de toutes les folies que les démonographes racontent sur ce chapitre, de leur imaginaire sabat. Je voudrois bien pour la rareté du fait que vous le crussiez aussi. Ah! pour les contes du sabat, repris-je, je vous assure que je n'en crois pas un.

Vous faites bien, mon fils, dit-il, car encore une fois, le diable n'a pas la puissance de se jouer ainsi du genre humain, ni de pactiser avec les hommes, moins encore de se faire adorer, comme le croient les inquisiteurs : ce qui a donné lieu à ce bruit populaire, c'est que les sages, comme je viens de vous dire, assemblent les habitans des élémens pour leur prêcher leurs mystères & leur morale ; & comme il arrive ordinairement que quelque gnome revient de son erreur grossière, comprend les horreurs du néant, & consent qu'on l'immortalise, on lui donne une fille, on le marie ; la nôce se célèbre avec toute la réjouissance que demande la conquête qu'on vient de faire. Ce sont-là les danses & ces cris de joie qu'Aristote dit qu'on entendoit dans certaines îles, où pourtant on ne voyoit personne. Le grand Orphée fut le premier qui convoqua ces peuples souterrains : à sa première semonce, Sabatius, le plus ancien gnome, fut immortalisé ; & c'est de ce Sabatius qu'a pris son nom cette assemblée, dans laquelle les sages lui ont adressé la parole tant qu'il a vécu, comme il paroît dans les hymnes du divin Orphée. Les ignorans ont confondu ces choses, & ont pris occasion de faire là-dessus mille contes impertinens, & de décrier une assemblée que nous ne convoquons qu'à la gloire du souverain Être.

Je n'eusse jamais imaginé, lui dis-je, que le sabat fût une assemblée de dévotion. C'en est pourtant une, répartit-il, très-sainte & très-cabalistique ; ce que le monde ne se persuaderoit pas facilement. Mais tel est l'aveuglement déplorable de ce siècle injuste : on s'entête d'un bruit populaire, & on ne veut point être détrompé. Les sages ont beau dire, les sots en sont plutôt crus. Un philosophe a beau montrer à l'œil la fausseté des chimères que l'on s'est forgées, & donner des preuves manifestes du contraire : quelqu'expérience & quelque solide raisonnement qu'il ait employé, s'il vient un homme à chaperon qui s'inscrive en faux, l'expérience & la démonstration n'ont plus de force, & il n'est plus au pouvoir de la vérité de rétablir son empire. On en croit plus à ce chaperon qu'à ses propres yeux. Il y a eu dans votre France une preuve mémorable de cet entêtement populaire.

Le fameux cabaliste Zedechias se mit dans l'esprit, sous le règne de votre Pepin, de convaincre le monde que les élémens sont habités par tous ces peuples dont je vous ai décrit la

CINQUIÈME ENTRETIEN. 105

nature. L'expédient dont il s'avisa fut de conseiller aux sylphes de se montrer en l'air à tout le monde; ils le firent avec magnificence. On voyoit dans les airs ces créatures en forme humaine, tantôt rangées en bataille, marchant en bon ordre, ou se tenant sous les armes, ou campées sous des pavillons superbes; tantôt sur des navires aériens d'une structure admirable, dont la flotte volante voguoit au gré des zéphirs. Qu'arriva-t-il? Pensez-vous que ce siècle ignorant s'avisât de raisonner sur la nature de ces spectacles merveilleux? Le peuple crut d'abord que c'étoit des sorciers qui s'étoient emparé de l'air pour y exciter des orages, & pour faire grêler sur les moissons. Les savans théologiens & les jurisconsultes furent bientôt de l'avis du peuple: les Empereurs le crurent aussi; & cette ridicule chimère alla si avant, que le sage Charlemagne, & après lui, Louis-le-Débonnaire, imposèrent des grièves peines à tous ces prétendus tyrans de l'air. Voyez cela dans le premier chapitre des capitulaires de ces deux empereurs.

Les sylphes voyant le peuple, les pédans, & les têtes couronnées même s'alarmer ainsi contr'eux, résolurent pour faire perdre cette mauvaise opinion qu'on avoit de leur flotte innocente, d'enlever des hommes de toutes parts, de leur faire voir leurs belles femmes, leur république & leur gouvernement, & puis les remettre à terre en divers endroits du monde. Ils le firent comme ils l'avoient projetté. Le peuple qui voyoit descendre ces hommes, y accouroit de toutes parts, prévenu que c'étoit des sorciers qui se détachoient de leurs compagnons pour venir jetter des venins sur les fruits & dans les fontaines; suivant la fureur qu'inspirent de telles imaginations, il entraînoit ces innocens au supplice. Il est incroyable quel grand nombre il en fit périr par l'eau & par le feu dans tout ce royaume.

Il arriva qu'un jour, entr'autres, on vit à Lyon descendre de ces navires aériens trois hommes & une femme; toute la ville s'assemble à l'entour, crie qu'ils sont magiciens, & que Grimoald, duc de Benevent, ennemi de Charlemagne, les envoie pour perdre les moissons des François. Les quatre innocens ont beau dire pour leur justification qu'ils sont du pays même, qu'ils ont été enlevés depuis peu par des hommes miraculeux qui leur ont fait voir des merveilles inouies, & les ont priés d'en faire le récit; le peuple entêté n'écoute point leur défense; & il alloit le jetter dans le feu, quand le bonhomme Agobard, évêque de

Cinquième Entretien.

Lyon, qui avoit acquis beaucoup d'autorité étant moine dans cette ville, accourut au bruit, & ayant ouï l'accusation du peuple & la défense des accusés, prononça gravement que l'une & l'autre étoient fausses; qu'il n'étoit pas vrai que ces hommes fussent descendus de l'air, & que ce qu'ils disoient y avoir vu étoit impossible.

Le peuple crut plus à ce que disoit son bon père Agobard qu'à ses propres yeux, s'appaisa, donna la liberté aux quatre ambassadeurs des sylphes, & reçut avec admiration le livre qu'Agobard écrivit pour confirmer la sentence qu'il avoit donnée ; ainsi le témoignage de ces quatre témoins fut rendu vain.

Cependant comme ils échappèrent au supplice, ils furent libres de raconter ce qu'ils avoient vu ; ce qui ne fut pas tout-à-fait sans fruit ; car s'il vous en souvient bien, le siècle de Charlemagne fut fécond en hommes héroïques; ce qui marque que la femme qui avoit été chez les sylphes, trouva créance parmi les dames de ce tems là, & que par la grace de Dieu beaucoup de sylphes s'immortalisèrent. Plusieurs sylphides aussi devinrent immortelles par le récit que ces trois hommes firent de leur beauté ; ce qui obligea les gens de ce tems-là de s'appliquer un peu à la philosophie; & de-là sont venues toutes ces histoires des fées que vous trouvez dans les légendes amoureuses du siècle de Charlemagne & des suivans. Toutes ces fées prétendues n'étoient que sylphides & nymphes. Avez-vous lu ces histoires des héros & des fées ? Non, monsieur, lui dis-je.

J'en suis fâché, reprit-il, car elles vous eussent donné quelque idée de l'état auquel les sages ont résolu de réduire un jour le monde. Ces hommes héroïques, ces amours des nymphes, ces voyages au paradis terrestre, ces palais & ces bois enchantés, & tout ce qu'on y voit des charmantes aventures, ce n'est qu'une petite idée de la vie que mènent les sages, & de ce que le monde sera quand ils y feront régner la sagesse. On n'y verra que des héros, le moindre de nos enfans sera de la force de Zoroastre, Apollonius, ou Melchisedech ; & la plupart seront aussi accomplis que les enfans qu'Adam eût eu d'Eve s'il n'eût point péché avec elle.

Ne m'avez-vous pas dit, monsieur, interrompis-je, que Dieu ne vouloit pas qu'Adam & Eve eussent des enfans, qu'Adam ne devoit toucher qu'aux sylphides, & qu'Eve ne devoit penser qu'à quelqu'un des sylphes ou des salamandres ? Il est vrai, dit le comte, ils ne devoient pas faire des enfans par la voie qu'ils en firent. Votre cabale, monsieur, continuai-je,

CINQUIÈME ENTRETIEN. 109

donne donc quelque invention à l'homme & à la femme de faire des enfans autrement qu'à la méthode ordinaire ? Assurément, reprit-il. Eh, monsieur ! poursuivis-je, apprenez-la-moi donc, je vous en prie. Vous ne le saurez pas d'aujourd'hui, s'il vous plaît, me dit-il en riant. Je veux venger les peuples des élémens, de ce que vous avez eu tant de peine à vous détromper de leur prétendue diablerie. Je ne doute pas que vous ne soyez maintenant revenu de vos terreurs paniques. Je vous laisse donc pour vous donner le loisir de méditer & délibérer devant Dieu, à quelle espèce de substances élémentaires il sera plus à propos pour sa gloire, & la vôtre, de faire part de votre immortalité.

Je m'en vais cependant me recueillir un peu, pour le discours que vous m'avez donné envie de faire cette nuit aux gnomes. Allez-vous, lui dis-je, leur expliquer quelque chapitre d'Averroës ? Je crois, dit le comte, qu'il y pourra bien entrer quelque chose de cela ; car j'ai dessein de leur prêcher l'excellence de l'homme, pour les porter à en rechercher l'alliance. Et Averroës après Aristote, a tenu deux choses qu'il sera bon que j'éclaircisse ; l'une sur la nature de l'entendement, & l'autre sur le souverain bien. Il dit qu'il n'y a qu'un seul entendement créé, qui est l'image de l'increé, & que cet unique entendement suffit pour tous les hommes ; cela demande explication. Et pour le souverain bien, Averroës dit, qu'il consiste dans la conversation des anges ; ce qui n'est pas assez cabalistique ; car l'homme dès cette vie, peut, & est créé pour jouir de Dieu ; comme vous entendrez un jour & comme vous éprouverez quand vous serez au rang des sages.

Ainsi finit l'entretien du comte de Gabalis. Il revint le lendemain, & m'apporta le discours qu'il avoit fait aux peuples souterrains ; il est merveilleux ! Je le donnerois avec la suite des entretiens qu'une vicomtesse & moi avons eus avec ce grand homme, si j'étois sûr que tous mes lecteurs eussent l'esprit droit, & ne trouvassent pas mauvais que je me divertisse aux dépens des fous. Si je vois qu'on veuille laisser faire à mon livre le bien qu'il est capable de produire, & qu'on ne me fasse pas l'injustice de me soupçonner de vouloir donner crédit aux sciences secrètes, sous le prétexte de les tourner en ridicule ; je continuerai à me réjouir de monsieur le comte, & je pourrai donner bientôt un autre tome.

F I N.

LETTRE

A MONSEIGNEUR ********.

MONSEIGNEUR,

Vous m'avez toujours paru si ardent pour vos amis, que j'ai cru que vous me pardonneriez la liberté que je prends en faveur du meilleur des miens, de vous supplier d'avoir pour lui la complaisance de vous faire lire son livre. Je ne prétends pas vous engager par-là à aucune des suites que mon ami l'auteur s'en promet peut-être; car messieurs les auteurs sont sujets à se faire des espérances. Je lui ai même assez dit, que vous vous faites un grand point d'honneur de ne dire jamais que ce que vous pensez; & qu'il ne s'attende pas que vous alliez vous défaire d'une qualité si rare & si nouvelle à la cour, pour dire que son livre est bon, si vous le trouvez méchant; mais ce que je désirerois de vous, monseigneur, & de quoi je vous prie très-humblement, c'est que vous ayez la bonté de décider un différent que nous avons eu ensemble. Il ne falloit pas tant étudier, monseigneur, & devenir un prodige de science, si vous ne vouliez pas être exposé à être consulté préférablement aux docteurs. Voici donc la dispute que j'ai avec mon ami.

J'ai voulu l'obliger à changer entièrement la forme de son ouvrage. Ce tour plaisant qu'il lui a donné ne me semble pas propre à son sujet. La cabale, lui ai-je dit, est une science sérieuse, que beaucoup de mes amis étudient sérieusement : il falloit la réfuter de même. Comme toutes ses erreurs sont sur les choses divines, outre la difficulté qu'il y a de faire rire un honnête homme sur quelque sujet que ce soit : il est de plus très-dangereux de railler en celui-ci, & il est fort à craindre que la dévotion ne semble y être intéressée. Il faut faire parler un cabaliste comme un saint, ou il joue très-mal son rôle ; & s'il parle en saint, il impose aux esprits foibles par cette sainteté apparente, & il persuade plus ses visions que toute la plaisanterie qu'on peut en faire, ne les réfute.

Mon ami répond à cela, avec cette présomption qu'ont les auteurs, quand ils défendent leurs livres ; que si la cabale est une science sérieuse, c'est qu'il n'y a que des mélancoliques qui s'y adonnent ; qu'ayant voulu d'abord essayer sur ce sujet le style dogmatique, il s'étoit trouvé si ridicule lui-même de traiter sérieusement des sottises, qu'il avoit jugé plus à propos de tourner ce ridicule contre le seigneur

LETTRE.

gneur comte de Gabalis. La cabale, dit il, est du nombre de ces chimères, qu'on autorise quand on les combat gravement, & qu'on ne doit entreprendre de détruire qu'en se jouant. Comme il sait assez bien les pères, il m'a allégué là-dessus Tertullien. Vous qui les savez mieux que lui & moi, jugez, monseigneur, s'il l'a cité à faux. *Multa sunt risu digna revinci, ne gravitate adorentur.* Il dit que Tertullien dit ce beau mot contre les Valentiniens, qui étoient une manière de cabalistes très-visionnaires.

Quant à la dévotion qui est presque toujours de la partie en tout cet ouvrage, c'est une nécessité inévitable, dit-il, qu'un cabaliste parle de Dieu : mais ce qu'il y a d'heureux en ce sujet-ci, c'est qu'il est d'une nécessité encore plus inévitable pour conserver le caractère cabalistique de ne parler de Dieu qu'avec un respect extrême ; ainsi la religion n'en peut recevoir aucune atteinte ; & les esprits foibles le seront plus que le seigneur de Gabalis, s'ils se laissent enchanter par cette dévotion extravagante ; ou si les railleries qu'on en fait, ne lèvent pas le charme.

Par ces raisons & par plusieurs autres que je ne vous rapporterai pas, monseigneur, parce que j'ai envie que vous soyez de mon avis : mon ami prétend qu'il a dû écrire contre la

Tome XXXIV. H

cabale en folâtrant. Mettez-nous d'accord s'il vous plaît. Je maintiens qu'il seroit bon de procéder contre les cabalistes & contre toutes les sciences secrètes par de sérieux & vigoureux argumens. Il dit que la vérité est gaie de sa nature, & qu'elle a bien plus de puissance quand elle rit : parce qu'un ancien, que vous connoissez sans doute, dit en quelque lieu, dont vous ne manquerez pas de vous souvenir avec cette mémoire si belle que Dieu vous a donnée ; *convenit veritati ridere quia lætans.*

Il ajoute que les sciences secrètes sont dangereuses si on ne les traite pas avec le tour qu'il faut pour en inspirer le mépris, pour en éventer le ridicule mystère, & pour détourner le monde de perdre le tems à leur recherche ; en lui en apprenant le plus fin, & lui en faisant voir l'extravagance. Prononcez, monseigneur, voilà nos raisons. Je recevrai votre décision avec ce respect que vous savez qui accompagne toujours l'ardeur avec laquelle je suis,

MONSEIGNEUR,

Votre très-humble & très obéissant serviteur.

RÉPONSE

*A la Lettre de Monsieur * * * * * * * *.*

MONSIEUR,

J'ai lu le comte de Gabalis, & je vous tiendrai compte de l'amitié que vous m'avez faite de me l'envoyer. Personne ne l'avoit encore vu ici ; j'ai été bien aise de le lire des premiers, pour en faire une nouvelle à mes amis ; ils me savent bon gré que je le leur aye communiqué. Quoique nous l'ayons lu & relu ensemble, ils ne sont pas contens ; c'est-à-dire, que vous m'en envoyiez encore une douzaine d'exemplaires ; ces messieurs en veulent faire une pièce de cabinet. Au reste vous me faites honneur d'un savoir que je n'ai pas ; si j'ai lu quelques livres, ç'a été pour voir les différentes opinions qu'ont les hommes, & non pour en garder quelqu'une ; car je ne tiens guère qu'à ce sentiment, qu'à un petit nombre de vérités près, toutes choses sont problématiques. Ainsi je suis peu propre à décider sur le différend que vous avez avec votre ami l'auteur. Cependant j'ai si peur que vous ne m'alliez faire la guerre, si je vous refuse de dire ce que je pense du livre, que j'aime mieux vivre en sureté, au hasard qu'il m'en coûte un jugement bon ou mauvais. Si je le fais bien, ce sera miracle; car vous savez : *Omnis homo mendax*; s'il est mauvais, vous serez cause que je l'aurai fait, & je me réserve de le désavouer quand il me plaira. En tout cas, il sera fait à l'ami, & je n'y épargnerai ni bon sens, ni paroles avec ce que je vous rapporterai que j'ai oui dire à d'autres. Quand j'invitai la première fois mes amis à la lecture du comte de Gabalis, ils me dirent d'abord, bagatelle, bagatelle de votre roman : laissez cela à vos laquais; lisons quelque livre nouveau qui soit bien écrit. Lisez, messieurs, leur dis-je, en montrant le titre ; *le comte de Gabalis, ou entretiens sur les sciences secrètes*. Ah vraiment ! repartirent-ils, voilà qui ne parle plus roman. C'est ici quelqu'un de nos distillateurs qui a déchargé son imagination, dit le marquis, que vous connoissez tant : il est sérieux, sans doute, dit un autre ; mais n'importe le livre n'est pas gros. Je n'avois garde de m'y tromper, je leur promis qu'il les divertiroit. En effet, ils rirent plusieurs fois durant le premier entretien. Celui qui lisoit alloit passer au second, quand le marquis, qui est, ne lui en déplaise, un grand faiseur de réflexions, le pria d'arrêter pour parler de ce qu'on venoit d'entendre. Il crut avoir compris le dessein de l'auteur. Assurément, dit-il, voici un homme qui joue les cabalistes; il aura su qu'il y a un grand nombre de grands seigneurs & d'autres personnes de tous états, entêtés de secrets, les uns d'une manière & les autres d'une autre : peut-être aussi a-t-il eu la même maladie : au moins je ne crois pas mal conjecturer, qu'il va faire découdre bien des mystères au comte de Gabalis; & de la manière qu'il a commencé de raconter, nous verrons une comédie qui ne sera pas le pire. Je me récriai sur le mot de comédie, & je dis au marquis, que je connoissois l'auteur : j'entends, me repartit-il, que l'auteur veut mettre en étalage les mystères de la cabale, & tourner en ridicules ceux qui ont la folie des secrets; pour cela il a pris le style des entretiens, & il me semble que le comte de Gabalis commence de jouer merveilleusement bien son rôle. Pour moi, je le reconnois pour un véritable cabaliste, & il me fait penser que si j'étois venu au monde quelques années plus tôt, & que j'eusse su par mes lettres me concilier l'amitié de ce bon cabaliste Suisse Paracelse, comme les cabalistes sont tous gens généreux; celui-ci n'auroit pas manqué de me venir voir en Bourgogne, & selon toutes les apparences, il m'auroit salué gravement en langue françoise & en accent étranger, à-peu-près dans les termes du comte de Gabalis. La nouveauté du compliment m'auroit peut être surpris, mais pour peu que j'eusse marqué de disposition à l'entendre, il m'auroit promis merveilles. Nous verrons, poursuivit le marquis, ce que l'auteur apprendra de son comte, mais je n'espère pas d'être fort savant à la fin du livre. Tous les diseurs de secrets sont comme lui magnifiques en paroles, & après avoir demandé mille fois, discrétion & fidélité pour ce qu'ils ont à dire, on n'apprend à la fin que des secrets vuides, seulement propos à repaître des imaginations vigoureuses & spacieuses; fou qui s'y laisse prendre & plus fou qui dépense son bien à chercher ce qu'il ne trouvera jamais. Il manquoit à Moliere une comédie de cabalistes, & je souhaite, poursuivit-il en s'adressant à moi, que votre ami l'auteur se soit aussi bien connu en caractères, il pourra beaucoup contribuer à abréger le catalogue des fous; mais encore, monsieur, me dit-il, peut-on apprendre le nom de l'auteur, nous pourrions peut-être mieux juger du livre ? Les autres se joignirent à monsieur le marquis, ils me firent tous la même demande. Je m'en défendis jusqu'à ce qu'ils eussent vu tous les entretiens, & je leur demandai à mon tour un jugement désintéressé pour mon aîné. On reprit le livre, & on ne discontinua guère qu'on ne l'eût tout lu. Ils en étoient charmés, & le marquis ne manqua pas de s'écrier que ses conjectures se trouvoient véritables : il soutint de plus, que c'étoit là le tour qu'il falloit prendre pour jouer les cabalistes, de faire venir sur la scène un de l'espèce qui démêle bien ses imaginations ; la catastrophe est que tous ceux qui ressemblent à cet homme sont ridicules comme lui. Cependant un de ces messieurs fut de votre sentiment pour le style sérieux, il porta à peu-près vos raisons. Pour moi, je suis pour l'auteur, & je tiens qu'un homme d'esprit qui parlera sérieusement des chimères d'un visionnaire, imposera toujours à beaucoup de gens en faveur des chimères : & loin qu'il puisse les ruiner par une manière grave, plus les raisons qu'il portera seront subtiles & fortes, plus elles serviront à faire croire que celui qu'il combat avoit des raisons aussi & qu'elles sont bonnes, puisqu'un homme d'esprit les entreprend de toute sa force. Vous le savez, il est peu de gens d'esprit, & de ceux-là, il n'en est presque point, qui dans la contestation de deux personnes, veuillent se donner la peine d'examiner sérieusement qui des deux a raison : outre que l'on a un peu

H iv

chant horrible à favoriser le parti de ceux qui nous fournissent des doutes sur la religion & sur les autres vérités qui nous intéressent beaucoup ; au moins, je ne doute pas que le comte de Gabalis n'eût persuadé beaucoup de gens, si l'auteur lui eût répondu, comme il le pouvoit à toutes ces imaginations fantastiques ; au lieu qu'il n'y aura que des gens faits comme lui, qui croiront à ces peuples élémentaires & qui leur attribueront tous ces effets qu'il rapporte. Vous auriez ri, si vous aviez entendu l'impertinence qu'un médecin me dit l'autre jour, sur ce que le comte de Gabalis dit, que Dieu vouloit bien autrement peupler le monde qu'il ne l'est. Je lui passerois volontiers, me dit ce docteur d'un ton grave, qu'Eve & toute autre femme auroit pu faire des enfans sans que les hommes les eussent touchées ; car je conçois facilement que puisque *fit generatio per ovum*, comme nous le voyons dans toutes les femmes que nous disséquons, on pourroit composer un breuvage pour faire prendre à la femme, qui feroit descendre l'œuf dans la matrice & l'y conserveroit tout de même que la fem.... Je l'y empêchois d'expliquer plus avant sa sottise, & je vous réponds, qu'il ne la débita pas impunément. Vous auriez pitié, peut-être des gens, qui comme ce médecin, cher-

cheroient des raisons pour justifier des chimères ; mais moi, je crois qu'on ne sauroit assez les mortifier. Ce sont ordinairement gens pleins d'orgueil, qui se piquent de rendre raison de toutes choses & qui appuyeront même, pour faire valoir leur esprit, les opinions les plus absurdes. Il est vrai qu'ils sont déjà bien punis, de ne se repaître que de chimères, mais il y a toujours de la charité de leur faire bien sentir le ridicule de leurs visions. Il faut que je vous confesse que je ne saurois, sans éclater de rire, ou me mettre furieusement en colère, entendre des personnes qui cherchent à se confirmer & à s'assurer dans les sentimens du comte de Gabalis ; si je dissimule, c'est pour les pousser à bout, & pour voir jusqu'où va l'étendue de leur imagination. Je n'en ai pas trouvé qui prît pour vérités tout ce qu'on lit dans les entretiens ; les uns en vouloient seulement aux sylphes & croyoient véritable leur commerce avec les hommes ; les autres souhaitoient avoir de la poudre solaire de Paracelse ; d'autres plus timides en demeuroient seulement au doute, si les oracles & les exemples de l'écriture qui sont rapportés étoient bien expliqués par le comte de Gabalis. Le médecin ne me parut pas donner dans ces visions. Mais quand je lui entendis dire sa sottise, il me souvint de ce qui m'arriva en une rencontre que j'allai mener un de mes amis de province voir les fous des petites maisons, vous savez que les provinciaux font curieux de voir tout. Un homme d'assez bonne mine nous vint recevoir à l'entrée ; quand il eut appris pourquoi nous venions, il nous voulut mener par tous les endroits, & à chacun il nous faisoit l'histoire de la folie de chaque fou : il continua ainsi avec toutes les apparences qu'il étoit dans son bon sens. A la dernière chambre qui nous restoit à voir : Messieurs, voilà, nous dit-il, un fou qui croit être Jésus-Christ, il faut qu'il soit bien fou pour le croire, car moi qui suis le père Eternel, je n'ai point de fils comme lui. Ah, ma foi ! me dit alors le provincial, cet homme a aussi sa folie ; j'en dis de même au médecin ; vous condamnez un tel & un tel de folie, mais au bout je vois la vôtre. Mais vous, monsieur, que penserez-vous de ceux qui attendent avec impatience le second volume des Entretiens ? Plusieurs qui ne savent pas les liaisons que j'ai avec l'abbé de Villars, ni qu'il soit auteur du livre, m'ont assuré, qu'on verroit bientôt paroître la suite du comte de Gabalis, & un de nos conseillers après m'avoir dit qu'on parloit de censurer les entretiens & de les défendre, ajouta en bon politique que si cela étoit, l'auteur ne balanceroit plus à publier tous ses secrets. A votre avis, le conseiller n'avoit-il pas aussi sa folie d'attendre de nouveaux secrets ? Je ne lui répondis rien, mais je lui ai souhaité depuis que quelque Italien lui vînt escroquer sa bourse en lui promettant des secrets. Ce n'est pas que je ne croye que le comte de Gabalis aura mille fois plus de vogue si on le défend que si on lui laissoit son sort ; mes baisemains à monsieur l'Abbé. Adieu, je suis,

MONSIEUR,

Votre très-humble & très-obéissant serviteur.

LE SYLPHE
AMOUREUX.

LE SYLPHE
AMOUREUX.

La marquise d'Autricourt est certainement une des plus aimables personnes de l'Univers; elle a de beaux yeux, un teint de blonde, avec des cheveux bruns qui en redoublent l'éclat; sa bouche est charmante, vermeille & petite, de jolies dents, une gorge parfaite, ses mains aussi belles que sa gorge. Elle n'est pas fort grande, mais sa taille est aisée, & les graces sont répandues sur toute sa personne; elle danse à merveille, elle chante parfaitement, & elle sait la musique comme ceux qui l'ont faite; mais tous ces biens, quelques précieux qu'ils soient, ne sont rien en comparaison des charmes de son esprit & des qualités de son cœur. Ceux qui la voyent le plus familièrement, n'ont jamais pu trouver un défaut dans son humeur; elle sait tout ce qu'on peut savoir de solide & d'agréable; elle écrit mieux que personne en profe & en vers, & avec une facilité furprenante ; elle eft bonne amie, fa converfation eft délicieufe, & il n'y a que fes amans qui puiffent juftement fe plaindre d'elle. L'amour eft une paffion qu'elle méprife, & quoiqu'elle en parle & qu'elle écrive avec des graces infinies, elle n'en fait qu'un jeu d'efprit où fon cœur ne prend point de part. Je ne fais fi ce portrait ne vous paroîtra point celui d'une héroïne de roman, mais j'ofe vous affurer qu'elle n'eft point flattée, & que ce n'eft qu'en peintre fincère que je vous donne les charmes de la marquife d'Autricourt.

Elle revint à Paris il y a deux ans, après un affez long & ennuyeux féjour en province où fes affaires la retenoient. Après la mort de fon époux, elle retrouva tous fes anciens amis, & fon mérite lui en acquit bientôt un grand nombre de nouveaux. Mademoifelle de Fontenay, plus favorifée qu'aucune autre, demeuroit avec elle ; cette demoifelle eft chérie des mufes, & le plaifir de faire enfemble de jolis vers & d'agréables ouvrages en profe, faifoit fouvent fon amufement & celui de madame d'Autricourt. Un foir qu'elles avoient lu enfemble le comte de Gabalis, après avoir eu une converfation fort vive fur les fujets dont il traite, mademoifelle de Fontenay fe retira dans

fon

LE SYLPHE AMOUREUX.

son appartement; la marquise se coucha & s'endormit d'un sommeil fort tranquille : il y avoit peu de tems qu'elle en goûtoit les douceurs, quand elle fut éveillée par du bruit qu'elle entendit dans sa chambre; elle ouvrit promptement son rideau : & à la clarté d'une bougie qu'elle avoit accoutumé de laisser allumée toutes les nuits près de son lit, elle apperçut remuer ses rideaux, & une petite clef dorée qui paroissoit suspendue au ciel de son lit, avec une espèce de tissu d'or & bleu. La marquise qui se croyoit encore endormie, prend tout ce qu'elle voit pour l'effet d'un songe, & faisant ses efforts pour se réveiller, elle se lève, va chercher la lumière, la met sur un guéridon à côté de son lit : elle voit encore ses rideaux agités, & la petite clef suspendue. Elle est naturellement peu crédule sur les apparitions, & point du tout peureuse; cependant sa bravoure l'abandonna, elle pâlit & courut chercher mademoiselle de Fontenay, qu'elle fit venir passer le reste de la nuit avec elle ; elle lui conta son aventure, qu'elle eût prise à son tour pour un songe, si les marques de frayeur qu'elle apperçut sur le visage de la marquise ne l'eussent persuadée que c'étoit quelque chose d'extraordinaire. Vous verrez, dit-elle à madame d'Autricourt en riant, que

Tome XXXIV. I

c'est un sylphe qui vient éprouver si votre cœur si peu touché pour tous les hommes, le pourroit être pour un habitant des airs. On dit qu'ils aiment si fidellement, reprit la marquise qui commençoit d'être rassurée par la présence de son amie, que je les estime déjà beaucoup plus que tous les amans du monde; & de plus, ajouta-t-elle en souriant, comme ils n'ont de défaut en amour que de vouloir une fidélité trop exacte, il me semble que je serois assez leur fait; car vous savez que par le traitement que je fais à ceux qui disent avoir de l'amour pour moi, je ne leur donnerois pas grands sujets de jalousie. A peine la marquise eut-elle achevé ces paroles, qu'elle entendit frapper trois fois sur une urne de porcelaine qui étoit sur une petite table à l'autre bout de la chambre. Ceci passe la raillerie, reprit l'épouvantée Fontenay en s'enfonçant dans le lit, je n'aime que le commerce des vivans, & je vous supplie, madame, de vouloir bien appeller quelqu'un à notre secours. Cela me paroît fort inutile, reprit la marquise, puisqu'on ne nous fait point de mal, & de plus nos gens nous croiroient folles, il vaut mieux attendre le jour, les nuits sont courtes en ce tems-ci. Elle me paroîtra pourtant fort longue, reprit l'effrayée Fontenay, & vous trouverez bon que

LE SYLPHE AMOUREUX.

demain je n'aye pas l'honneur de vous tenir compagnie. Nous verrons, répondit la marquise, peut-être demain trouverons-nous quelque raison naturelle de tout ceci, qui nous rassurera absolument. La marquise ne le pensoit pas trop, mais l'extrême frayeur de son amie lui faisoit chercher des raisons pour la modérer. Le jour parut enfin & dissipa toute leur crainte; elles se levèrent, & voulant regarder s'il n'étoit arrivé aucun accident à cette urne sur laquelle on avoit frappé, elles l'apportèrent près de la fenêtre, en ôtèrent le couvercle, & mademoiselle de Fontenay ayant vu briller quelque chose dans le fond, elle y porta la main, & la marquise & elle ne furent pas peu surprises de voir que c'étoit une table de bracelets entourée de diamans brillans; sur cette table qui étoit d'or émaillée de bleu, elles lurent ces paroles :

 Quel autre amant dans l'univers
  A l'honneur de porter vos fers,
  A plus que moi droit de prétendre ?
J'aurai toujours pour vous l'ardeur d'un Salamandre,
  Et la fidélité des habitans des airs.

Et même les trésors *des gnomes*, dit mademoiselle de Fontenay, après avoir remarqué la beauté des diamans : ceci continua-t-elle en riant, devient plus galant que capable de faire peur. Je n'y comprends plus rien, dit la marquise; il ne vint qui que ce soit hier ici, vous savez que nous ne voulûmes voir personne pour achever la lecture du comte de Gabalis que l'on nous pressoit de rendre, & hier au soir je changeai cette urne de place, & certainement il n'y avoit rien dedans. Je n'éclaircirai pas vos doutes, reprit mademoiselle de Fontenay, car je ne comprends rien à cette aventure: mais je vais tâcher de réparer la mauvaise nuit qu'elle m'a fait passer. La marquise passa avec son amie dans sa chambre, & s'étant mise au lit avec elle, elles reposèrent tranquillement jusqu'à midi. Il faut avouer, dit mademoiselle de Fontenay à la marquise, dès qu'elle fut éveillée, qu'il y a bien des commodités à n'être pas si belle que vous: nul amant céleste ni terrestre ne vient troubler mon repos. Il faut absolument, reprit la marquise en riant de la pensée de son amie, éclaircir l'aventure de la nuit passée, le présent que l'on m'a fait malgré moi est trop considérable pour ne le pas rendre; si ce n'étoit qu'une bagatelle, je la garderois sans conséquence. Peut-être, dit mademoiselle de Fontenay, ces diamans ne sont-ils pas si beaux qu'ils me l'ont paru d'abord, revoyons-les au grand jour; elles se levèrent & passèrent dans l'appartement de la marquise : elles reprirent la table de bracelets où elles l'avoient laissée, les diamans leur parurent également beaux ; mais au lieu des vers qu'elles y avoient lu le matin, elles virent sur de l'or émaillé de bleu un petit amour à demi caché dans un nuage, avec ces mots autour : *Je n'ose*. Qu'en dites-vous, madame la marquise, s'écria mademoiselle de Fontenay ; sommes-nous folles ? n'avons-nous pas lu ce matin des vers sur cette table de bracelets ? c'est la même que nous avons trouvée dans l'urne, & elle a changé de décoration tandis que nous avons dormi. En vérité, reprit la marquise, il y a quelque chose de fort surprenant à tout cela, n'en parlons point, je vous prie, que nous ne soyons mieux éclaircies de tout ce qui s'est passé. La journée s'écoula sans que l'on entendît parler de l'invisible amant de la marquise ; elle eut toute l'après-dînée du monde, & sur le soir elle monta en carrosse avec mademoiselle de Fontenay pour aller à la promenade. Comme elles avoient envie de s'entretenir de leur aventure, elles choisirent au lieu des tuileries, un jardin solitaire, mais fort agréable, qu'une espèce de philosophe fait cultiver avec soin dans un des fauxbourgs de Paris. Il les reçut avec politesse, & peu après

I iij

il y vint quelques hommes de la cour, avec qui la marquife ne put fe difpenfer de lier converfation, parce qu'ils étoient de fa connoiffance. Le maître du jardin leur fit voir des oifeaux affez rares, dont il fait fon amufement, des vers à foie, & un grand nombre de papillons, dont les aîles étoient fi merveilleufement mêlées de diverfes couleurs, que le plus habile peintre du monde auroit eu bien de la peine à furpaffer ces petits chefs-d'œuvre de la nature. Toute la compagnie les admira, & la marquife en fut fi charmée, qu'elle dit à demi bas à fa chère Fontenay en fouriant : fi notre fylphe veut m'apparoître fans me faire peur, je fuis d'avis qu'il prenne cette figure. Mademoifelle de Fontenay alloit lui répondre, quand elle apperçut que le jeune comte de Ponteuil écoutoit leur converfation. Vous êtes trop curieux, monfieur le comte, lui dit mademoifelle de Fontenay, de vouloir écouter ainfi les fecrets des dames. J'en ai été affez puni, par le mauvais fuccès de ma curiofité ; car je n'ai rien entendu du tout. Peu après le comte de Ponteuil fe retira avec fes amis, & la marquife ayant encore fait quelques tours de jardin avec mademoifelle de Fontenay, s'en retourna chez elle ; la nuit fe paffa tranquillement ; la marquife fit coucher fon amie avec elle, & rien ne troubla leur repos: il étoit déjà plus d'onze heures quand elles entendirent tomber quelque chose sur le parquet assez près du lit, & la marquise ouvrant son rideau, elle vit que c'étoit la même petite clef dorée attachée à un tissu or & bleu qu'elle avoit vue la nuit précédente; elle la montra à mademoiselle de Fontenay & s'étant levées, elles la ramassèrent, sans savoir à quel usage elle pouvoit servir: elles la regardèrent avec attention. Notre amant, dit en riant l'enjouée Fontenay à la marquise, a sans doute passé la nuit à aller chercher cette jolie clef à Londres, c'est pourquoi il nous a laissé si bien dormir cette nuit. Il est vrai, reprit la marquise, qu'elle est faite précisément comme les clefs d'Angleterre; mais il faut, continua-t-elle en badinant, que mon amant ait passé la nuit à quelqu'autre chose qu'à faire ce voyage, car c'est assurément la même clef que je vis hier. N'êtes-vous point déjà inquiète de ses occupations, reprit l'agréable mademoiselle de Fontenay? & ne craignez-vous point qu'il ne doive à quelqu'autre les douceurs de l'immortalité? la marquise rit de la plaisanterie de son amie, & la pria d'imaginer à quel usage cette clef pourroit être mise; elles y rêvèrent vainement, & la marquise la voulant enfermer dans un bureau de marqueterie qu'elle avoit acheté chez Dotel depuis huit jours, elle trouva dans le premier tiroir qu'elle ouvrit ce que mademoiselle de Fontenay & elle avoient cherché inutilement : c'étoit une petite cassette de la Chine parfaitement belle ; elle se douta que la clef y devoit être bonne, & elle ne se trompa pas, elle trouva la cassette remplie de bouteilles de cristal de roche, garnies d'or, séparées les unes des autres par des compartimens de velours bleu, l'odeur des essences dont ces fioles étoient pleines, leur fit juger qu'elles étoient des meilleures d'Italie ; elles en prirent une, & trouvèrent qu'elle portoit un petit écriteau, sur lequel au lieu d'avoir en écrit, comme de coutume, jasmin ou fleur d'orange, il y avoit ces mots en lettres d'or : *recette immanquable contre l'infidélité.* O! vraiment, dit mademoiselle de Fontenay en riant, ce présent est encore bien plus précieux qu'il ne nous l'avoit paru d'abord ; votre amant aërien veut apparemment nous faire part des secrets merveilleux que possédent les peuples célestes que les hommes ne connoissent point. Voyons, reprit la marquise en prenant la seconde bouteille, à quoi sera bonne celle-ci ; elles y lurent : *Préservatif contre l'indiscrétion des amans.* On trouvera bien le débit de ce secret là, dit l'enjouée Fontenay, & je vous prie de me le donner pour faire promptement ma fortune. J'y consens, dit la marquise en badinant aussi, & d'autant plus facilement que je compte qu'il me sera toujours inutile. Encore ne faut-il jurer de rien, reprit mademoiselle de Fontenay, si ce n'est que vous comptez extrêmement sur la loyauté des sylphes. Mais voyons la troisième bouteille, continua-t-elle en la prenant entre ses mains, elle y lut ces paroles: *Philtre pour conserver ou faire naître l'amour dans le mariage.* O! pour celui-là, reprit la marquise, c'est en vérité dommage que la fiole soit si petite, car on ne manqueroit pas de gens à qui en distribuer. Et de celle-ci qu'en direz-vous, reprit mademoiselle de Fontenay, qui lisoit l'écriteau de la bouteille: *Essence de vrai pavot de Cythère, pour endormir les jaloux.* Celui-là n'est point trop indifférent, reprit mademoiselle de Fontenay, & je connois des gens qui ne seroient pas fâchés d'en emprunter quelques prises. Voyons ce que celle-ci contient, dit la marquise, & elle lut: *Spécifique pour ranimer une passion que le tems commence à éteindre.* Voilà, reprit mademoiselle de Fontenay, le secret dont nous nous déferons le moins bien; quand une passion commence à s'éteindre, je crois qu'on n'a pas grande envie de la rallumer. Voyons si celle-ci contiendra quelque chose de plus utile, dit la marquise en prenant la dernière fiole ; elle y lut ces mots : *Secret trouvé par Bacchus pour assoupir les maux de l'absence*. Ce devroit donc être du vin de champagne, dit mademoiselle de Fontenay en riant : mais sachons ce que renferme une boëte que je vois qui occupe le milieu de la cassette ; c'est une fort belle boëte à mouche, dit la marquise en la regardant ; elle l'ouvrit, & y trouva un billet dans lequel étoient ces vers.

Entre tant de rares secrets,
Je n'en ai mis aucun de ceux par qui les belles
Peuvent conserver leurs attraits;
Vous en avez, Iris, comme les immortelles,
Qui ne s'effaceront jamais.

Quel que soit cet amant invisible, dit la marquise, quand elle eut achevé de lire ces vers, il faut convenir qu'il a bien de l'esprit & de l'imagination à tout ce qu'il fait, & de la magnificence, reprit mademoiselle de Fontenay. Je veux absolument éclaircir cette aventure, dit la marquise ; & je vais si bien serrer la clef de ce bureau, qu'il ne sera pas possible à l'avenir d'y mettre quelque chose sans ma permission, à moins qu'effectivement quelque puissance supérieure ne s'en mêle; il faut de plus examiner tous mes gens, pour juger s'ils n'ont point d'intelligence avec ceux qui me font toutes ces galanteries. Je m'y appliquerai avec soin, reprit mademoiselle de Fontenay, mais ne perdez pas votre clef de vue. La marquise la serra avec soin : ce soir-là elle & mademoiselle de Fontenay allèrent à la comédie, & de-là faire un tour aux Tuileries; le comte de Ponteuil & quelques autres les joignirent : leur conversation fut agréable, & elles restèrent fort tard. Dès qu'elles eurent soupé, leurs gens étant sortis de la chambre, pour ce soir, dit la marquise nous serons à couvert des présens; je tiens encore la clef de mon bureau dans ma poche, & il est impossible qu'on y ait rien mis. Voyons, dit mademoiselle de Fontenay en prenant la clef & ouvrant un des tiroirs; mais à peine l'eut-elle ouvert, que quelque chose en sortant avec précipitation lui toucha le visage, & éteignit la lumière : elle fit un grand cri. La marquise s'approcha d'elle tenant une autre bougie allumée, & elles virent que ce désordre avoit été causé par une centaine de papillons qui étoient sortis du tiroir, & qui volant tout-à-la-fois à la lueur de la bougie, l'avoient éteinte avec beaucoup de facilité : ces petits animaux continuoient de voler par la chambre & autour d'elles : hé, bon Dieu ! s'écria la marquise, qu'est-ce que ceci ? Je meurs de frayeur, reprit l'épouvantée Fontenay. Hé ! ne vous souvenez-vous pas que vous vous avisâtes de souhaiter avant-hier dans ce maudit jardin où nous étions, que votre sylphe vous apparût sous la figure de ces papillons que nous trouvâmes si jolis ? Mais j'ai bien affaire, moi qui n'ai aucune part ni à l'amour, ni à votre curiosité, d'essuyer toutes ces frayeurs-là ? En vérité, dit la marquise, je suis si effrayée moi-même que je ne sais que vous dire ; appellons quelqu'un : elles appellèrent les femmes de la marquise, qui parurent fort étonnées de voir ce grand nombre de papillons qui voloient par la chambre & autour des bougies, dont ils éteignoient quelqu'une de tems en tems, parce qu'ils passoient plusieurs à la fois dans la flamme. La marquise prit le parti d'aller coucher dans la chambre de mademoiselle de Fontenay, & elle fit laisser toutes les fenêtres de la sienne ouvertes, pour faire, comme l'on dit, un pont d'or à l'ennemi qui se retire. La marquise & son amie ne dormirent pas tranquillement ; il n'y eut sortes de raisonnemens qu'elles ne firent sur cette dernière aventure, qui leur paroissoit la plus surprenante de toutes ; car, quelqu'intelligence qu'il y eût entre quelqu'un de ses domestiques, & un amant qui les auroit séduits, aucun d'eux n'auroit pu savoir ce que la marquise n'avoit dit qu'à son amie en badinant chez celui qui leur faisoit voir ces papillons & ces vers à soie. Enfin le jour parut, & la marquise qui ne pouvoit dormir, proposa à son amie d'aller prendre un peu le frais sur un petit balcon qui donne sur le jardin; elles se levèrent; & la marquise en prenant sa robe de chambre, en vit sortir un papillon qui redoubla sa frayeur, & qui s'envola rapidement par la porte du balcon que mademoiselle de Fontenay venoit d'ouvrir : elle n'osoit presque plus toucher à sa robe de chambre, mais mademoiselle de Fontenay la rassura un peu, & lui aidant à la mettre sur elle, il tomba un billet d'une des manches; elles y trouvèrent ces vers, quand elles eurent repris assez d'assurance pour l'ouvrir & pour le lire.

  Iris, pourquoi me voulez-vous
  Sous une forme si légère ?
  Je vous obéis pour vous plaire ;
Mais ce déguisement ne me peut être doux,
Même en daignant me voir, que vous m'êtes cruelle !
  Mais mon sort seroit trop heureux,
Si vous me permettiez de paroître à vos yeux,
  Comme un amant tendre & fidèle.

Je n'ose plus former aucun souhait, dit la marquise ; & quand même mon cœur le désireroit, je sens bien que je n'ai pas assez de force d'esprit pour soutenir des choses surnaturelles. J'avois cru, ou du moins soupçonné jusqu'à présent, reprit la belle Fontenay, que quelqu'une de vos femmes, d'intelligence avec un amant caché, pouvoit être la cause secrète de tout ceci ; mais l'aventure des papillons me dérange de cette opinion : car qui pourroit avoir deviné une chose que vous n'avez dite qu'à moi ? Et comment avoir mis ces papillons dans ce bureau, dont nous gardions la clef si soigneusement ? Je suis si étonnée, reprit la marquise, que je ne puis seulement raisonner sur ce dernier événement ; & pour voir si cet amant invisible ne nous abandonnera point, je veux dès aujourd'hui aller coucher à ma maison de Suréne : l'aimable de Fontenay approuva ce dessein ; & se trouvant trop éveillées pour pouvoir se rendormir sur le champ, elles appellèrent les gens de la marquise, & voulant éviter la chaleur pour le petit voyage, elles partirent sur les six heures du matin : comme le tems étoit admirable, elles ordonnèrent au cocher d'aller fort doucement, & elles envoyèrent devant un valet-de-chambre de la marquise, pour trouver un lit prêt, & à dîner en y arrivant : quand elles furent au bord de l'eau, elles descendirent.

Mademoiselle de Fontenay, naturellement peureuse, ne pouvant se résoudre à passer le bac en carrosse, la marquise descendit aussi par compagnie; à peine le maître du bac eut-il apperçu la marquise, qu'il connoissoit fort, parce qu'il la passoit souvent pour aller à sa maison de campagne, que s'approchant d'elle, & lui présentant un billet : Tenez, madame, lui dit-il, voilà une lettre que l'on m'a chargé de vous rendre dès que vous seriez arrivée ici. Et qui ? dit la marquise fort surprise ; car je n'ai dit à personne que je devois venir : il y a pourtant plus de deux heures qu'un grand homme à cheval me l'a apportée, & je l'aurois donnée à votre valet-de-chambre quand je l'ai passé, si l'on ne m'eût bien recommandé de ne la donner qu'à vous-même. Comment cette lettre est ici, s'écria mademoiselle de Fontenay, avant que le valet-de-chambre de madame la marquise soit passé ? Plus d'une bonne heure auparavant, reprit le batelier. Voyons donc, dit madame d'Autricourt, en prenant la lettre, ce que c'est encore que ceci ; elle souriot, & mademoiselle de Fontenay & elle y lurent ces paroles :

À LA BELLE MARQUISE D'AUTRICOURT.

Si ce n'est que pour fuir mes soins & mon amour que vous allez à la campagne : que ce voyage est inutile ! En quel lieu de l'univers n'irois-je pas pour vous suivre ? & quel climat est inaccessible à l'amour ?

Oh ! pour le coup, s'écria mademoiselle de Fontenay, après avoir achevé de lire, le diable s'en mêle ; il est impossible qu'un voyage qui n'est proposé que depuis quelques heures soit déjà su, & que le billet ait été apporté le moment d'après que nous l'avons résolu ; car l'heure où le batelier dit qu'il l'a reçu, & celle où vous l'avez proposé, est à-peu-près la même. Elles firent mille questions au batelier, sur l'heure, sur cet homme, sur son cheval, & elles n'en furent pas plus savantes : enfin, elles remontèrent en carrosse & arrivèrent à la maison de la marquise. Dès qu'elles furent descendues, un valet-de-chambre qui étoit dans la cour dit à la marquise : Il étoit inutile, madame, que je fisse tant de diligence ; car la concierge étoit avertie il y avoit plus de deux heures. Et par qui, dit la marquise ? Par un jeune homme fort bien fait, dit la concierge qui étoit présente, qui m'est venu dire que je fisse votre lit tout prêt, parce que vous vous coucheriez en arrivant, n'ayant point dormi cette nuit. La marquise & mademoiselle de Fontenay se regardèrent, ne voulant rien dire

devant

devant leurs gens. Et qu'est devenu cet homme ? dit l'étonnée mademoiselle de Fontenay. Je ne sais, dit la concierge; car il a poussé son cheval à toute bride, & je l'ai perdu de vue en un moment. La marquise & son amie ayant l'esprit rempli de leur aventure, en vraies héroïnes de roman, ne firent qu'un léger repas; elles se couchèrent ensuite; & comme elles étoient lasses d'avoir veillé & d'avoir fait ce petit voyage si matin, elles s'endormirent profondément : à peine furent-elles éveillées, qu'on vint avertir la marquise qu'un laquais de la comtesse de Rosieres arrivoit de Paris pour lui apporter une lettre. La marquise le fit entrer promptement; elle demanda au laquais ce qu'il y avoit de si pressé : je ne sais, madame, lui dit-il; mais ayant été chez vous ce matin à onze heures, croyant vous trouver au lit, on m'a dit que vous étiez partie de bon matin pour Surêne, & madame la comtesse à qui j'ai porté cette réponse, m'a ordonné de partir sur le champ pour vous apporter cette lettre. Madame la marquise d'Autricourt la lut, & y trouva que la comtesse de Rosieres la prioit de se rendre chez elle le lendemain pour une affaire pressée qu'elle ne lui expliquoit point. La marquise dit au laquais qu'elle alloit faire réponse; elle montra cette lettre à sa chère Fontenay, & elles ne purent deviner quelle pouvoit être cette affaire si preſſée. Il n'importe, dit madame d'Autricourt, quoi que ce puiſſe être, il eſt de mon devoir de me rendre demain chez madame de Roſieres, comme elle le déſire. La comteſſe de Roſieres étoit tante de madame d'Autricourt; elle l'avoit élevée, parce qu'elle avoit perdu madame ſa mère preſqu'en naiſſant, & la marquiſe conſervoit de grands égards pour elle: elle renvoya donc ſon laquais dès ce jour même, avec une réponſe conforme à ce que ſa tante ſouhaitoit. Hé bien! lui dit mademoiſelle de Fontenay dès que ce garçon fut parti, votre amant aërien a mis apparemment madame votre tante dans ſon parti; car vous voyez, vous n'êtes qu'à peine arrivée, qu'il trouve le ſecret de preſſer votre départ. La marquiſe rit de l'imagination de ſon amie. Elles raiſonnèrent long-tems ſur leur aventure, & ayant ſoupé d'aſſez bonne heure, comme la chaleur étoit paſſée, & le tems fort propre pour la promenade, elles ſe rendirent dans le jardin, paſſèrent dans un petit bois en étoile, qui ſe terminoit & n'étoit fermé que d'une eſpèce de haie vive, très-facile d'y entrer ſans paſſer par le jardin de la marquiſe. Il n'y avoit qu'un moment qu'elle s'y promenoit avec ſa chère compagne, quand elles entendirent des haut-bois qui jouèrent des endroits choisis de quelques opéra de Lully. Voici assurément, dit mademoiselle de Fontenay à la marquise, un divertissement que votre amant vous envoye. Je ne crois pas, dit madame d'Autricourt, il y a d'autres amans à Surêne, qui veulent peut-être ce soir donner une sérénade, & ces haut-bois apparemment la répètent. Cela n'a point l'air d'une répétition, dit mademoiselle de Fontenay, & ces gens-là sont concertés à merveille, & de plus, ils sont précisément chez vous. Il faut donc s'éclaircir, reprit madame d'Autricourt. Elles s'approchèrent du lieu où étoit la symphonie ; aussi-tôt qu'elles furent près de ceux qui la composoient, quittant leurs haut-bois, ils formèrent un concert de flûtes douces, qui fut si charmant, qu'il eut le pouvoir de suspendre la curiosité de la marquise & de son amie ; elles s'assirent sur des siéges de gazon pour l'écouter avec plus d'attention. Cet aimable concert ayant duré assez long-tems, une fort belle voix chanta ces paroles:

Devrois-je me cacher encore ?
Amour cruel, quel destin rigoureux !
Viens secourir un amant malheureux ;
Puisque les beaux yeux que j'adore
Ont enfin vu briller mes feux,
Devrois-je me cacher encore ?

Oh! pour le coup, dit mademoiselle de Fontenay en riant, madame la marquise, vous ne pouvez vous dispenser d'accepter la sérénade: en vérité, dit-elle, au moins c'est malgré moi. Elle se leva aussi-tôt pour aller faire des questions aux musiciens; & elle n'en put apprendre autre chose, sinon qu'un jeune homme les étoit venu chercher, les avoit amenés dans un carrosse qui les attendoit encore à deux pas de-là, & que cet homme qui les avoit escortés à cheval, les avoit fort bien payés, & qu'il s'en étoit allé dès qu'il les avoit mis en place dans ce petit bois, leur ordonnant de jouer dès qu'ils verroient deux dames s'y promener; & si vous ne fussiez pas venues, dit l'un des musiciens, nous avions ordre d'avancer dans le jardin, & de jouer sous vos fenêtres. Mais ces paroles que vous venez de chanter, où les avez-vous prises, leur dit madame d'Autricourt? Ce même homme nous les a données par écrit, reprit le musicien, & comme elles sont faites sur un air d'opéra que tout le monde sait, je n'ai eu la peine que de les apprendre par cœur. La marquise jugeant bien qu'elle ne pouvoit pas être instruite par des gens qui ignoroient eux-mêmes ce qu'elle vouloit savoir, se retira avec sa chère Fontenay. Après avoir encore écouté quelques tems cette agréable symphonie, elles se couchèrent, & la nuit ne fut troublée par aucun nouvel événement ; elles dînèrent le lendemain de fort bonne heure, & elles montèrent aussi-tôt en carrosse pour retourner à Paris. Mademoiselle de Fontenay se fit descendre chez une de ses amies, & madame d'Autricourt se rendit chez madame sa tante, comme elle lui avoit promis ; sur le soir elle fut reprendre mademoiselle de Fontenay où elle l'avoit laissée, & elles s'en retournèrent ensemble. Hé bien ! dit l'inquiète Fontenay à la marquise avec un empressement qui est inséparable de la véritable amitié, avez-vous appris de madame votre tante quelque chose qui puisse vous faire plaisir ? Ce seroit certainement une proposition agréable pour une autre, reprit la marquise ; mais elle n'est pas de mon goût ; c'est, en un mot, une proposition de mariage. De mariage ? s'écria mademoiselle de Fontenay, voici bien pis que notre amant invisible ! Et le nom de ce nouvel adorateur, dites-le moi promptement, je vous prie. C'est le comte de Ponteuil, reprit la marquise, & rien n'est plus surprenant que ce jeune homme que je vois assez souvent, me fasse faire des propositions de mariage, sans m'avoir jamais donné nulle marque de l'estime particulière qu'il semble avoir pour moi. L'affaire me paroît avantageuse, repris mademoiselle de Fontenay; monsieur de Ponteuil est jeune, beau, bien fait, maître de son bien, & on prétend qu'il a vingt mille livres de rente, & l'état de vos affaires que feu monsieur votre époux a fort dérangées, doit, ce me semble, vous faire écouter cette proposition favorablement. C'est l'avis de ma tante, dit la marquise; mais je suis blessée, je vous l'avoue, que le comte de Ponteuil ne m'ait pas cru digne de ses soins, car il est né galant; je l'ai vu amoureux d'une femme de ma connoissance, il y a deux ou trois ans, il n'oublioit rien de tout ce qu'un amant tendre & délicat doit essayer pour plaire, & sa conduite à mon égard me persuade qu'il croit qu'on doit agir fort cavalièrement avec une personne dont on veut faire sa femme.

Voici bien de la délicatesse mal-à-propos, dit mademoiselle de Fontenay en riant: monsieur de Ponteuil vous aime apparemment, puisqu'il désire de vous épouser; il a cru que dans un dessein aussi solide que le sien, on ne devoit point employer la bagatelle. Mais peut-être, continua-t-elle, que c'est le sylphe amoureux qui lui dispute votre cœur & votre tendresse. Certainement, dit la marquise en badinant aussi, je voudrois que mon invisible amant eût la figure de M. de Ponteuil, ou que M. de

Ponteuil eût l'amour & la délicatesse de l'esprit aërien. Il a l'un & l'autre, dit le jeune comte de Ponteuil lui-même sortant d'un cabinet & se jettant aux pieds de la marquise, & une passion encore plus ardente & plus fidelle que vous ne pouvez vous l'imaginer. La marquise fut fort surprise de voir le comte qu'elle n'attendoit pas, & de comprendre par ses paroles qu'il avoit écouté sa conversation. Mais, monsieur le comte, lui dit-elle, qui vous a permis de venir ici, sans m'en faire avertir ? & qui vous a fait entrer dans le cabinet dont vous sortez ? C'est le sylphe votre amant, reprit-il en souriant ; il m'a rendu invisible & m'a cédé tous ses droits sur votre cœur ; & pour que vous ne doutiez pas que je vienne de sa part, voilà ce qu'il m'a donné pour vous montrer. Il présenta alors à la marquise cette table de bracelets qu'elle & mademoiselle de Fontenay avoient trouvé dans l'urne, & sur laquelle il y avoit des vers, & qu'on avoit changé contre un autre pendant qu'elles étoient endormies. J'ouvre enfin les yeux, dit agréablement la marquise à son jeune amant, je connois le sylphe, & je ne suis point fâchée qu'il vous ait ainsi cédé ses prétentions ; mais comme toutes les choses qui se sont passées avoient assez l'air d'aventures surnaturelles, je vous prie de m'avouer de bonne foi comment vous avez pu faire, & qui vous a aidé à me tromper? Le peu de disposition, reprit monsieur de Ponteuil, que je vous ai vu à recevoir les soins de tous ceux qui ont osé vous adorer, me fit imaginer de vous rendre les miens, d'une manière si singulière, qu'il ne fut pas en votre pouvoir de les refuser ; je vous entendis parler du comte de Gabalis, & ce fut moi qui vous fit prêter ce livre par mademoiselle de Tilly; elle le mit exprès sur sa table, vous ne manquâtes pas de l'ouvrir, & de lui emprunter avec empressement ; je séduisis un de vos gens, je suis contraint de vous l'avouer, mais je me flatte d'obtenir son pardon : il couche au-dessus de votre chambre ; nous fîmes percer le plafond qui n'est pas fort épais, & ayant attaché aux rideaux du lit des nonpareilles de la même couleur que l'étoffe pour qu'elles fussent moins remarquées, il fut facile d'agiter les rideaux, & de passer sa petite clef qui vous effraya si fort, & nous eûmes soin de détacher ces nonpareilles dès que vous fûtes passée dans la chambre de mademoiselle de Fontenay : pour la table de bracelets, on l'avoit mise dès le soir où vous la trouvâtes, & l'on frappa trois fois sur cette urne de porcelaine par le moyen d'un fil d'archal que nous avions paſſé par le plafond; pour les papillons, ayant entendu ce que vous diſiez à mademoiſelle de Fontenay chez le philoſophe, où vous aviez choiſi votre promenade, j'en fis mon profit pour continuer de vous allarmer, & cet homme étant aſſez de mes amis, j'en obtins une centaine de papillons que j'enfermai ſans peine dans votre bureau, parce que j'en ai une clef; il y en avoit deux quand vous l'achetâtes, j'eus la précaution de m'en aſſurer d'une: celui qui porta votre bureau chez vous, n'eut pas grande peine à ſe réſoudre de me donner une clef que je lui demandai avec les circonſtances qui perſuadent ces ſortes de gens; vous ne fîtes heureuſement nulle attention à la perte de cette double clef que vous n'aviez guères remarquée; & les papillons enfermés depuis deux heures dans ce tiroir voyant tout d'un coup la lumière, jouèrent leur rôle comme ſi on leur avoit appris; le hazard en fit attacher un à votre robe de chambre, qui vous fit grande peur; le lendemain & dès que votre voyage de Surêne fut réſolu, votre valet de chambre, qui étoit de mon intelligence, m'en étant venu avertir avant que de prendre le chemin de Surêne, je fis monter à cheval un homme à moi, qui fut à toute bride porter mon billet au maître du bac & avertir votre concierge ; votre valet de chambre vint exprès plus lentement pour lui donner tout le tems qu'il lui falloit pour la prévenir. Pour la symphonie d'hier, elle n'eut rien d'extraordinaire, je ne cherchai seulement qu'à vous amuser, & je ne saurois me savoir mauvais gré de vous avoir marqué mon empressement, sans m'être attiré votre colère. La marquise répondit à son amant avec beaucoup de politesse ; elle pardonna, à sa prière, au domestique qu'il avoit gagné. Mademoiselle de Fontenay se mêla dans la conversation, qui fut fort agréable ; le comte de Ponteüil la remercia du soin qu'elle avoit pris de si bien défendre auprès de la marquise son prétendu manque de délicatesse. On vint avertir que le soupé étoit servi ; monsieur de Ponteüil voulut se retirer, mais l'aimable de Fontenay qui crut remarquer que la marquise ne seroit pas fâchée qu'il demeurât, lui dit en riant, que c'étoit elle qui le prioit à souper, & qu'il lui sembloit qu'il devoit commencer à se familiariser dans la maison. Le comte demeura avec joie ; il continua de rendre ses soins à la marquise, & quelques jours après, leurs articles ayant été signés chez la comtesse de

Rosières, ils furent, avec peu de personnes, célébrer cette heureux hymenée à la maison de campagne de la marquise : la joie y fut beaucoup plus grande que la magnificence, & l'amour fit les honneurs de la fête, comme il faisoit la félicité de ces jeunes époux.

Fin du Sylphe amoureux.

LES ONDINS,
CONTE MORAL.
PAR MADAME ROBERT.

LES ONDINS,
CONTE MORAL.

PREMIERE PARTIE.

CHAPITRE PREMIER.
INTRODUCTION.

Naissance de Tramarine.

La Lydie, qui contient une partie de l'Afrique, fut autrefois gouvernée par Ophtes, prince belliqueux. Plusieurs guerres lui furent suscitées par différens petits souverains, jaloux de l'étendue de ses états. Ce monarque les combattit tous, remporta successivement sur eux des victoires complettes, & les rendit enfin tributaires de son royaume. Après avoir pacifié les troubles que ces princes excitoient depuis nombre d'années ; ce monarque ne songea plus qu'à faire jouir ses peuples d'une paix qui devoit ramener l'abondance & la tranquillité dans son royaume ; mais pour la cimenter de plus en plus, ses ministres lui proposèrent une alliance avec le roi de Galata, en épousant la princesse Cliceria, fille de ce monarque. Ophtes se prêta volontiers à leurs vues ; il fut charmé de la beauté de Cliceria dont on lui fit voir le portrait : des ambassadeurs furent envoyés au roi de Galata, ils étoient chargés de proposer le mariage de la princesse avec le roi de Lydie : des propositions aussi avantageuses furent acceptées avec joie ; on se hâta d'en signer les articles de part & d'autre, & ce mariage ne fut différé que le tems qu'il falloit pour en faire les préparatifs, avec la pompe & la magnificence qu'il convient d'employer dans ces sortes de fêtes.

La princesse Cliceria entroit à peine dans sa quinzième année ; elle étoit douée d'un esprit supérieur à toutes les femmes, & d'une beauté ravissante ; elle fut reçue du roi, son époux, avec toute la somptuosité & la galanterie qu'on peut attendre d'un grand monarque, sur-tout lorsque l'amour se trouve joint aux raisons de l'état. Pendant plus d'un mois les jours furent marqués par de nouvelles fêtes. Le roi, quoique
déjà

déja d'un certain âge, se plaisoit beaucoup aux divertissemens de sa cour; d'ailleurs il vouloit, par cette complaisance, faire connoître à la reine, ainsi qu'aux princes & princesses qui l'avoient accompagnée, la satisfaction qu'il avoit de les voir embellir sa cour; les courtisans, à leur tour, pour marquer leur zèle & leur attachement au roi & à leur souveraine, s'empressèrent à imaginer de nouveaux divertissemens qui pussent l'amuser & lui plaire.

Plusieurs années se passèrent ainsi dans les plaisirs, sans qu'ils fussent troublés que par l'inquiétude que le roi fit paroître de n'avoir point de successeur. Le desir d'en obtenir fit enfin succéder les vœux & les sacrifices aux ris & aux jeux; le roi & la reine en firent offrir dans tous les temples, où ils assistèrent l'un & l'autre avec une piété digne d'exemple.

Des vœux que le cœur avoit formés ne pouvoient manquer de fléchir les dieux; ils furent enfin exaucés; la reine déclara qu'elle étoit enceinte. On ne peut exprimer la joie que cette nouvelle répandit dans tous les cœurs; le roi ordonna des prières en actions de graces; les peuples coururent en foule aux temples pour prier les dieux de leur accorder un prince qui les gouvernât avec autant de sagesse, de raison, de justice & de douceur, que celui

Tome XXXIV. L

qui régnoit sur eux ; qu'il fût en même-tems l'héritier de ses vertus, de sa clémence & de tous ses talens, comme il devoit l'être de ses états. Les dieux furent sourds à leurs prières ; la reine mit au monde une princesse ; l'on fit néanmoins beaucoup de réjouissances à la naissance de cette princesse, qui fut nommée Tramarine.

Ophtes, curieux d'apprendre la destinée d'un enfant si long-tems desiré, ordonna à son premier ministre d'aller consulter l'oracle de Vénus. Il le chargea en même-tems de riches présens qui devoient servir à orner le temple de la déesse. Lorsque la pythie se fut mise sur le trépied, elle parut d'abord agitée par l'esprit divin qui la remplissoit ; ses cheveux se hérissèrent, tout l'antre retentit d'un bruit semblable à celui du tonnerre. Alors se fit entendre une voix qui paroissoit sortir du fond de sa poitrine, qui prononça que cet enfant, en prenant une forme divine, ne reverroit son père qu'après sa ruine.

Cette réponse à laquelle il auroit fallu un second oracle pour l'expliquer, affligea sensiblement le ministre, qui revint à la cour avec un visage consterné, n'osant annoncer au roi la réponse que la déesse avoit prononcée par la bouche de la pythie. D'abord il chercha quelque phrase qui pût éclaircir la réponse de l'oracle, & y donner un sens plus favorable. Mais le roi jugeant, par son air triste, que les prédictions n'étoient pas favorables à la princesse, lui ordonna si positivement de ne lui rien cacher, sous peine de la vie, que le ministre se vit dans la nécessité d'obéir. C'est avec bien de la douleur, seigneur, lui dit-il, que je me vois contraint d'annoncer à votre majesté les funestes décrets que l'oracle a prononcés sur la destinée de la princesse Tramarine. Je voulois épargner à votre majesté la douleur de l'entendre ; la voici :

Cet enfant, en prenant une forme divine,
Ne reverra son père qu'après sa ruine.

Mais, seigneur, ajouta le ministre, votre majesté n'ignore pas que les dieux ne s'expliquent jamais qu'avec beaucoup d'obscurité : sans doute, ce n'est que pour tromper la curiosité des foibles mortels qui veulent pénétrer trop avant dans l'avenir, dont eux seuls sont les dépositaires. Il est de la prudence & de la sagesse de se soumettre à leurs décrets, sans chercher à en pénétrer le sens, qu'ils nous cachent toujours par des réponses ambiguës, auxquelles il est facile de donner plusieurs interprétations. Pardonnez, seigneur, à mon zèle la hardieſſe de mes réflexions, mais j'obéis aux ordres de votre majeſté en ne lui diſſimulant aucune de mes penſées.

Il eſt vrai que ces réflexions étoient d'un homme ſage & prudent. Son ame s'y déployoit, & l'on y liſoit l'intérêt qu'il prenoit à la tranquillité & au repos de ſon maître. Mais, que ne peut l'opinion & le préjugé? Ni le roi, ni la reine ne voulurent profiter des ſages avis de leur miniſtre. La réponſe de l'oracle fut examinée en plein conſeil; on en tira pluſieurs conſéquences ſiniſtres qui augmentèrent la douleur que le roi avoit de ne pouvoir deviner le ſens de cette prédiction; on fut long-tems à ſe déterminer ſur le parti qu'on devoit prendre; mais une ſeconde groſſéſſe de la reine décida le ſort de la princeſſe, en l'envoyant dans le royaume de Caſtora, gouverné alors par la reine Pentaphile, ſœur du roi de Lydie.

Cette princeſſe étoit une amazone qui ne devoit ſon royaume qu'à ſa valeur, elle en avoit banni tous les hommes. On prétend que la haine que cette princeſſe avoit conçue pour les hommes, venoit du ſouvenir amer d'avoir été cruellement trompée par un prince dans lequel elle avoit mis toute ſa confiance. Il eſt vrai qu'il arrive ſouvent que le choix qu'on fait d'un favori dans la jeuneſſe, n'eſt preſque jamais éclairé par la raison. Ce n'eſt ni le plus zèlé, ni le plus eſtimable qui obtient la préférence, parce que l'on ne réfléchit point ſur le prix de la vertu ; le clinquant ſéduit, un étourdi ſe préſente avec le brillant de la vivacité & des ſaillies ; on ſe livre à lui ſans réſerve, & ſans ſe donner le tems de l'examiner ; on ne diſtingue point en lui la réalité d'avec l'apparence ; on eſt preſque toujours la dupe d'un dehors impoſant, & malheureuſement ces hommes ne font ſervir les dons qu'ils ont de plaire qu'au triomphe de leur indiſcrétion & de leur perfidie. Il eſt à préſumer que ce furent des raiſons à-peu-près ſemblables, qui déterminèrent la reine de Caſtora à bannir tous les hommes de ſes t ats.

Comme c'étoit la meilleure princeſſe du monde, l'amour qu'elle avoit pour ſes ſujets & le déſir de les rendre parfaitement heureux, lui firent convoquer une aſſemblée générale de toute la nobleſſe, je veux dire en femmes, car pour les hommes ils en furent exclus. Ce fut dans cette aſſemblée que pluſieurs queſtions furent agitées ſur les avantages qu'on pouvoit retirer de la ſociété, en les comparant aux maux qui réſultoient tous les jours de cette même ſociété. Après bien des ſéances où chacune dit ſon avis, que je ne rapporterai point, parce que je n'ai pas été appellé à ce conseil, que d'ailleurs je craindrois de m'attirer la censure des deux sexes, en composant un discours qui seroit sans doute trop simple pour l'importance des matières qui doivent y avoir été proposées; je me bornerai donc à dire qu'il fut enfin décidé, à la pluralité des voix, que la reine établiroit une loi expresse par laquelle il seroit défendu à tous les hommes, de quelque qualité ou condition qu'ils puissent être, de rester plus de vingt-quatre heures dans toute l'étendue de ses états, sous peine d'être sacrifiés à la déesse Pallas, protectrice de ce royaume.

On a peine à se persuader que les jeunes femmes ayent eu la liberté d'opiner dans cette assemblée, où il paroît qu'il entra beaucoup de partialité ; il est presque probable que les vieilles douairières s'emparèrent seules des voix délibératives, ce qui parut aux hommes une chose criante. Car enfin, disoient-ils, ne doit-on pas craindre que, par l'observation d'une loi aussi rigoureuse, ce royaume ne se trouve dépeuplé en très-peu d'années ? Cependant tout ce peuple d'Amazones s'y soumit sans marquer aucune résistance. Mais la déesse Pallas, contente du sacrifice qu'elles venoient de lui faire, voulut les récompenser en leur donnant une marque éclatante de sa puissante protection; &, pour perpétuer ce peuple d'héroïnes en leur procurant les moyens de se multiplier, la déesse fit paroître tout-à-coup au milieu du royaume une fontaine, que quelques savans mythologistes prirent d'abord pour celle où se plongea le beau Narcisse, lorsqu'il devint amoureux de sa propre figure. Cette fontaine fut pendant un tems la matière de bien des réflexions, & devint la source de plusieurs disputes : chacun voulut en découvrir l'origine, quoiqu'ils en ignorassent entièrement la propriété. Cette découverte ne fut due qu'au hasard : voici ce qui la produisit.

Plusieurs jeunes personnes attachées au service de la reine, tombèrent dans une maladie de langueur : tout l'art de la médecine fut épuisé à leur procurer des soulagemens; mais cette maladie, à laquelle on ne connoissoit rien, sembloit empirer tous les jours; ce qui détermina les médecins, inspirés sans doute par la déesse, d'ordonner les eaux à la nouvelle fontaine, espérant que la dissipation d'un assez long voyage pourroit contribuer au rétablissement de leur santé. Ce voyage réussit parfaitement au gré de leurs désirs; les jeunes personnes, de retour à la cour, reprirent leur embonpoint & leur gaieté naturelle, & même quelque chose de plus, ce qui mit d'abord la fontaine en grande réputation. Toutes les Amazones, celles du premier ordre comme les autres, firent tous les jours de nouvelles parties de s'y aller baigner pour se rendre le teint plus frais; mais qu'on juge de la surprise de la reine, lorsqu'au bout des neuf mois chacune de ces jeunes personnes mit au monde une fille. Un événement si singulier fit connoître la vertu des eaux de cette fontaine, & un pareil prodige augmenta le respect & l'admiration des grands & des peuples pour la déesse.

La reine, pour marquer sa reconnoissance à la déesse Pallas de la nouvelle faveur qu'elle venoit de lui accorder, ordonna qu'il fût bâti un temple vis à-vis de la fontaine miraculeuse. Quelques critiques trouveront peut-être ridicule que des femmes entreprennent de bâtir un temple : je réponds à cela qu'une femme qui reçoit une éducation pareille à celle que l'on donne aux hommes, peut tout entreprendre. N'est-ce pas des hirondelles que nous tenons l'art de bâtir? Quoi qu'il en soit, ce temple fut achevé en peu de tems; il fut soutenu par vingt-quatre colonnes de marbre blanc; au milieu s'élève un piedestal de douze coudées de haut sur huit de face, représentant les attributs de la déesse, dont la statue d'or &

enrichie des plus beaux diamans est posée au milieu; autour du temple est un cloître qui distribue plusieurs appartemens destinés à loger les filles consacrées au culte de la déesse Pallas. La reine nomma d'abord cinquante jeunes personnes qui furent choisies dans les plus nobles familles, lesquelles devoient, pendant dix années, n'être occupées qu'à chanter les louanges de la déesse. Au bout de ce tems il leur étoit permis de sortir pour passer dans les troupes: tous les enfans qui devoient naître de ces prêtresses étoient élevés dans le temple, leur naissance leur donnant à tous, les droits & les privilèges de leurs mères.

Penthaphile, dont les vastes vues s'étendoient jusqu'aux tems les plus reculés, se crut obligée, par ce nouvel établissement, de faire encore une loi qui tendît à augmenter la population, en ordonnant à tous ses sujets de visiter au moins une fois l'année le temple de la déesse Pallas, & d'y prendre les bains salutaires, afin de contribuer, autant qu'il seroit en leur pouvoir, à multiplier le nombre des Amazones, qui doit toujours être la richesse d'un état, par l'émulation que chacune se donne pour se procurer le nécessaire & même les aisances de la vie, & pour contenir les peuples dans leur devoir. On ajouta que toutes celles qui co⸗

treviendroient à cette loi, soit en négligeant le culte qu'on devoit rendre à la déesse, soit en recherchant la compagnie d'un sexe banni depuis long-tems par les loix, seroient condamnées à être renfermées pour le reste de leurs jours dans la tour des regrets, sans égard à la jeunesse, ni à la naissance, ni aux dignités.

Ce fut plus de vingt ans après ce grand événement que les ambassadeurs du roi de Lydie arrivèrent à la cour de la reine Pentaphile, où ils furent reçus avec une magnificence digne de cette princesse. Comme, suivant les loix du royaume, ils ne pouvoient séjourner dans ses états, l'audience leur fut accordée sur le champ. La reine, après avoir accordé leur demande, les renvoya avec de riches présens, en les chargeant de lettres pleines de tendresse, pour le roi son frère & pour la reine Cliceria.

Pentaphile, charmée de la proposition que le roi de Lydie lui faisoit faire de permettre que la princesse Tramarine fût élevée à sa cour, nomma les premières dames du palais pour aller au-devant de la jeune princesse, la prendre sur la frontière, afin de la ramener avec les femmes de sa suite. Un nombreux cortège d'Amazones fut commandé pour les accompagner. On prépara, pendant leur voyage, l'appartement que devoit occuper la jeune princesse, qui fut à côté de celui de la reine ; sa majesté voulant elle-même veiller sur la conduite des personnes qui seroient chargées de l'éducation de la princesse.

Quelques critiques diront peut-être qu'on ne devoit pas craindre la séduction dans une cour, & même dans un royaume où nul homme n'osoit paroître, & que l'on pouvoit comparer à une république d'abeilles dont les bourdons sont chassés à coups de flèches. Cependant, quoique la reine eût délivré ses peuples de la dépendance des hommes, en leur faisant envisager la domination qu'ils s'étoient appropriée comme un joug tyrannique, & malgré le despotisme qu'elle avoit établi, elle fit néanmoins de mûres réflexions sur les abus qui pouvoient s'introduire soit par des déguisemens ou d'autres intrigues des femmes de sa cour. Elle n'ignoroit pas que leur société devient quelquefois aussi dangereuse que celle des hommes, sur-tout lorsque l'ambition, l'intérêt ou la jalousie s'emparent de leur esprit. Ces différentes passions agissent avec tant d'empire sur le cœur qui en est flétri, qu'elles font souvent négliger les devoirs les plus essentiels. Il est vrai qu'où il y a des hommes, ces passions se font sentir avec beaucoup plus de force ; eux-mêmes les fomentent & les animent : mais l'habitude que les hommes se forment d'une profonde dissimulation, fait qu'ils savent infiniment mieux cacher leurs défauts, sur-tout lorsqu'il s'agit de tromper un sexe trop foible & trop crédule : d'ailleurs, il s'étoit aussi introduit de nouvelles sectes dans ses états qui augmentoient ses craintes ; elle ne pouvoit donc prendre trop de précautions pour en garantir la jeune princesse.

Lorsque Tramarine fut arrivée à la cour de Pentaphile, sa majesté se chargea elle-même de l'instruire de la religion & des loix de l'état, lui destinant le trône qu'elle occupoit, & formant dès-lors le projet de lui résigner sa couronne dès qu'elle seroit en âge de régner ; ce qui néanmoins ne pouvoit arriver qu'après que la jeune princesse auroit donné des preuves de sa fécondité, en prenant les bains salutaires à la fontaine de Pallas.

Tramarine avoit à peine atteint sa douzième année, qu'elle parut un prodige de beauté & d'esprit ; toutes les graces & les talens étoient réunis dans sa personne, il sembloit que la prudence eût chez elle devancé l'âge, rien n'échappoit à sa pénétration. Mais son esprit & ses lumières ne servirent qu'à lui faire connoître qu'elle n'étoit pas faite pour passer sa vie avec tout ce qui l'entouroit ; &, sans avoir d'objet déterminé, elle éprouvoit déja cette mélancolie qu'on pourroit mettre au rang des plaisirs, quoique souvent elle ne serve qu'à en desirer de plus vifs. Déja Tramarine soupiroit, déja elle se plaisoit dans la solitude, pour avoir le tems de débrouiller ses idées. Ses réflexions, dictées par l'ennui, lui donnèrent un air de mélancolie, qui inquiéta beaucoup la reine & toute la cour; Céliane sur-tout, jeune princesse parente de Tramarine, & qui l'avoit accompagnée, en fut fort alarmée.

Cependant l'amour, qui est une des passions dont les réssorts sont les plus étendus, & qui cause le plus de troubles, devoit être banni pour toujours d'un royaume habité par un même sexe. On n'y voyoit plus de ces agréables du jour, qui font l'amusement d'une cour par leur continuel persifflage, occupation bien digne de la frivolité de leur esprit; ces galans petits-maîtres, avec leurs tons emmiellés, dont les différentes inflexions de la voix paroissent d'accord avec leurs gestes, & qui chargés de mille brinborions, souvent parés de mouches, de rouge & de bouquets, peuvent faire assaut de charmes avec les femmes les plus coquettes: tous ces adonis étoient proscrits des états de Pentaphile. Quel dommage! Je doute néanmoins qu'on y perdît beaucoup. Mais laissons les réflexions pour passer à des choses plus intéressantes.

CHAPITRE II.

Voyage de la Princesse Tramarine à la Fontaine de Pallas.

Dès que Tramarine fut entrée dans sa quinzième année, on lui fit sa maison. Céliane fut nommée pour être sa première dame d'honneur; c'étoit une personne d'un esprit vif & brillant, &, comme je l'ai dit, parente de la princesse du côté de la reine Cliceria. Tramarine l'aimoit beaucoup; elle lui avoit accordé toute sa confiance: il est vrai que personne n'en étoit plus digne, par son mérite, son zèle & son attachement.

La reine jugeant alors la princesse assez formée pour soutenir la neuvaine prescrite par les loix, fit assembler son conseil pour ordonner les bains que Tramarine ne pouvoit se dispenser de prendre à la fontaine miraculeuse; elle voulut que ce voyage se fît avec toute la pompe & la magnificence convenables à une princesse destinée à remplir le trône de Castora. Quatre mille Amazones furent commandées pour escorter la jeune princesse, & les dames les plus qualifiées briguèrent à l'envi l'honneur de l'accompagner : chacune s'empressa à lui faire la cour, n'ignorant pas qu'elle devoit régner immédiatement après avoir donné des preuves de sa fécondité; faveurs qu'elles ne doutoient pas que la déesse ne lui accordât.

Lorsque la princesse fut arrivée au temple, les prêtresses & ses jeunes filles, consacrées au culte de la déesse, vinrent au-devant d'elle, &, après l'avoir reçue des mains de ses dames d'honneur, elles l'introduisirent dans l'enceinte du temple aux sons de mille instrumens. Tramarine présenta alors à la déesse Pallas des offrandes dignes du rang qui l'attendoit; elle fit ensuite ses prières suivant le rit accoutumé, auxquelles les filles de Pallas se joignirent par des chœurs délicieux. Lorsque toutes les cérémonies qui s'observent à la réception des princesses furent achevées, on la conduisit à la fontaine pour y prendre les bains salutaires, ce qui fut continué pendant les neuf jours, sans qu'il fût permis à la princesse de parler à aucune des femmes de sa suite, lesquelles s'étoient retirées aux environs du temple sous des tentes qu'elles y avoient fait dresser : les prêtresses servirent elles-mêmes la princesse, & ne la quittèrent ni le jour ni la nuit.

Pendant la neuvaine de la princesse, on fit défenses à toutes personnes d'approcher de la fontaine, afin d'éviter qu'elle ne fût confondue avec le vulgaire. Ce fut aussi dans la vue de constater les faveurs que la déesse répandroit sur elle; ce qui fait que toutes les Amazones qui vinrent se présenter, dans l'espérance de participer aux bienfaits de la déesse, furent obligées d'attendre le départ de Tramarine, & même aucune de ses femmes ne put profiter de l'avantage du voyage.

La neuvaine finie, la grande-prêtresse remit la princesse entre les mains de Céliane, qui fut la première à lui marquer le plaisir qu'elle ressentoit d'avance sur son avénement au trône. Ses autres femmes l'entourèrent, & se placèrent dans son char pour retourner à la cour, où elles arrivèrent à l'entrée de la nuit. La princesse fut reçue dans la ville aux acclamations de tout ce peuple d'Amazones; les gardes de la reine étoient sous les armes, & le palais si bien illuminé qu'on l'auroit pris pour un globe de feu. La reine reçut Tramarine avec une joie & une magnificence qui ne se peut décrire; des fêtes de toute espèce furent inventées pour amuser la princesse; mais lorsqu'on ne put plus douter des faveurs qu'elle avoit reçues de la déesse, la joie redoubla; on fit des odes,

odes, des épîtres, des élégies & des chansons, qui toutes étoient adressées à la princesse, afin de lui prédire les dons dont les dieux devoient combler celle qui naîtroit des faveurs de Pallas.

Cependant on remarquoit, dans toutes les actions de Tramarine, une langueur & un fonds de tristesse qu'elle ne pouvoit vaincre, malgré les fêtes toujours variées qu'on ne cessoit de lui donner ; mais on attribua cette mélancolie à son état. Lorsqu'elle fut entrée dans le neuvième mois, la reine envoya inviter plusieurs magiciennes, qui étoient ses amies particulières, pour être présentes à la délivrance de la princesse.

Le royaume de Castora est rempli de fées & de magiciennes, à cause des antres & des montagnes qui l'environnent ; d'ailleurs, le terrein y produit en abondance toutes les plantes qui leur sont nécessaires pour la composition de leurs maléfices : on prétend même que c'est de ces climats que Médée retiroit celles qui lui étoient les plus propres pour ses enchantemens.

Bagatelle, Pétulante, Minutie & Légère, que la reine n'avoit point invitées, redoutant leurs sciences & plus encore leurs méchancetés, arrivèrent néanmoins des premières. Elles étoient chacune dans un cabriolet des plus brillans, traîné par des hirondelles; la Folie, habillée en coureur, les devançoit. La reine qui craignoit quelque maléfice de leur part, s'avança au-devant d'elles, pour leur faire des excuses de ce qu'on ne les avoit point invitées des premières. Sa majesté en rejetta la faute sur la chancelière. Les autres étant arrivées, on les fit entrer dans l'appartement de la princesse: Légère, Pétulante, Minutie & Bagatelle, commencèrent par s'emparer des quatre colonnes du lit, quoique cet honneur ne fût dû qu'à la fée Bonine & aux premières dames de la cour. Mais ce n'étoit pas le moment de discuter leurs droits: Lucine s'étant approchée de la jeune princesse, n'eut pas plutôt reçu l'enfant, que Pétulante & Légère s'écrièrent toutes deux à la fois, que Tramarine avoit enfreint les loix de l'état. Camagnole & Bonine, qui ne pouvoient le croire, prirent chacune leurs grandes lunettes pour le visiter; mais ne pouvant dissimuler le sexe de l'enfant, la fée Camagnole assura la reine qu'elle se chargeroit de l'éducation de ce prince, & qu'elle n'en fût point inquiète. Heureusement que Bonine, quoique fâchée d'avoir été prévenue par Camagnole, commença par douer ce prince de sagesse, de science, de valeur & de prudence: les autres magiciennes la douèrent, à leur tour, suivant leur génie; mais elles ne purent détruire les bonnes qualités dont Bonine l'avoit doué. Cette fée étoit la meilleure & la plus prudente de toutes les magiciennes, jamais elle n'employoit son art que pour faire des heureux.

Bonine remarqua la douleur de la reine, qui paroissoit désespérée qu'un pareil accident fut arrivé à Tramarine, le regardant comme le plus sanglant affront qu'on pût faire contre son autorité. S. M. ne pouvant imaginer que la jeune princesse eût pu seule former un tel attentat, elle fit passer Bonine dans son cabinet pour tâcher d'en découvrir les auteurs. La fée fut d'avis qu'on prévînt d'abord les magiciennes, seules témoins de ce malheur, afin de les engager à garder un secret qu'il seroit ensuite très-facile de cacher à toute la cour, en déclarant simplement que la princesse n'étoit délivrée que d'une môle; mais Pétulante, ennemie de Bonine, n'avoit averti Bagatelle, Minutie & Légèreté, qui lui étoient dévouées en tout, que dans le dessein de la barrer dans toutes ses actions. Elles déclarèrent donc qu'elles s'opposoient formellement à toutes les idées de Bonine; que Pentaphile ayant elle-même établi de nouvelles loix, c'étoit attaquer les fondemens de l'état en tolérant de pareils abus, qu'il

M ij

falloit un exemple frappant, & qu'il étoit fâcheux qu'il tombât sur la princesse, qui, quoique mieux instruite que les autres, avoit peut-être un peu trop compté sur l'impunité de son crime, par la grandeur de sa naissance, ce qui la rendoit encore plus coupable. Les sentimens des autres furent partagés; mais la pluralité opina pour l'exil.

Cependant Bonine, qui étoit une des plus savantes & celle en qui la reine avoit le plus de confiance, employa son éloquence pour combattre les raisons des magiciennes, & conclut enfin à remettre le jugement de Tramarine jusqu'à son parfait rétablissement, puisque l'on ne pouvoit, sans une injustice criante, la condamner sans l'entendre. La reine goûta ses raisons, & accorda deux mois de délai.

Bonine passa ensuite dans l'appartement de Tramarine, qu'elle trouva dans un assoupissement léthargique, & Lucine occupée à préparer des remèdes pour le soulagement de la princesse. La fée entretint Céliane, & l'instruisit du malheur qui venoit d'arriver à Tramarine, la nouvelle ne s'en étoit point encore répandue à la cour. Céliane, surprise & désespérée, ne pouvoit comprendre par quelle fatalité les bains avoient produit sur elle un effet si contraire aux vœux de toute la nation. Son premier mouvement fut de croire que la déesse, par ce changement, vouloit abaître l'orgueil de quelques femmes qui s'étoient emparées du gouvernement, pour le faire repasser entre les mains du prince qui venoit de naître. Elle communiqua ses idées à Bonine qui les trouva très-sensées, elle se promit même de les faire valoir, lorsqu'il s'agiroit de plaider la cause de la princesse; mais elle n'osoit lui en parler tout le tems qu'elle fut en danger, ce qui dura plus de six semaines.

Pendant que Bonine ne s'occupoit qu'à adoucir les esprits en faveur de Tramarine, les mauvaises magiciennes s'étoient fait un plaisir malin de publier son aventure. La reine accablée de douleur, se trouva néanmoins fort embarrassée sur le parti qu'elle devoit prendre; elle fit assembler un conseil extraordinaire, mais elle ne put empêcher les magiciennes d'y présider. Bonine y soutint toujours avec feu les intérêts de Tramarine, & il fut enfin décidé de faire arrêter toutes les personnes qui avoient accompagné la princesse au temple, sans distinction de rang & de qualité. Quatre conseillères d'état furent nommées pour cet examen : cet ordre inquiéta la cour & la ville, & chacun en raisonna suivant la portée de son génie.

Cependant le rapport des arbitres fut à la décharge de la princesse, tout se trouva conforme aux loix de l'état. On fut ensuite faire la visite du temple & des prêtresses qui le desservoient, pour tâcher de découvrir s'il ne s'étoit point introduit quelque abus ; & pour que personne ne pût échapper à cet examen, des Amazones furent commandées pour entourer toutes les avenues du temple, avec un ordre précis qu'au cas de contravention, le coupable seroit sur-le-champ sacrifié à la déesse.

Pendant ces recherches, Tramarine reprenant peu à peu ses forces, se plaignoit souvent à Bonine & à sa chère Céliane de l'indifférence de la reine qui ne l'avoit point visitée. Comme tout le monde fuit ceux dont la disgrace est presque assurée, dans la crainte d'être entraîné dans leur chûte ; c'est ce qui fit que toute la cour avoit également abandonné Tramarine. Hélas ! je ne m'apperçois que trop qu'on me fuit, disoit cette malheureuse princesse. Cependant j'ignore ce qui peut occasionner ce refroidissement ; je crois du moins qu'on n'est pas assez injuste pour m'imputer quelque chose qui puisse être contraire à ma gloire. Pourquoi me refuser jusqu'à la foible satisfaction d'embrasser ma fille ? Cette jeune princesse doit-elle auſſi partager ma diſgrace ? Céliane gémiſſoit intérieurement de l'erreur où étoit Tramarine, mais elle n'oſoit encore lui déclarer ce qui occaſionnoit les troubles dont la cour étoit agitée; elle étoit donc contrainte de renfermer ſa douleur, afin de tâcher d'adoucir l'amertume de ſon cœur ſans néanmoins lui donner trop d'eſpérance.

Les deux mois expirés, la magicienne Bonine vint trouver Tramarine, pour l'inſtruire du ſort qui lui étoit deſtiné, à moins que les raiſons qu'elle pourroit alléguer pour ſa défenſe ne fuſſent aſſez fortes pour entraîner les ſuffrages en ſa faveur. C'eſt avec bien de la douleur, dit Bonine, que je me vois forcée de vous annoncer le plus grand des malheurs : mais, ma chère Tramarine, ce ſeroit vous perdre entièrement ſi l'on vous les cachoit plus long-tems. En vain demandez-vous tous les jours à voir l'enfant à qui vous avez donné le jour; cet enfant n'eſt plus en mon pouvoir, la fée Camagnole s'en eſt emparée. Vous n'avez néanmoins rien à craindre pour ſes jours, cette magicienne employera vainement la force de ſon art, je l'ai prévenue en empêchant qu'elle ne puiſſe lui nuire. Mais, ma chère, il eût été beaucoup plus heureux pour votre repos &

celui de l'état, que cet enfant fût mort avant d'avoir vu la lumière. Comment avec l'esprit & la raison qui s'est toujours fait remarquer en vous, comment, dis-je, après avoir enfreint les loix de cet empire, avez-vous eu encore la témérité de vous exposer à toutes leurs rigueurs? Vous, ma chère, qui deviez être l'exemple de tout ce royaume, faut-il que vous en deveniez le scandale par votre imprudence? Un peu plus de confiance en moi vous eût peut-être sauvée : vous n'ignorez pas le pouvoir que j'ai sur l'esprit de la reine, je l'aurois empêchée de convoquer l'assemblée des magiciennes; restée seule auprès de vous avec Lucine, il nous eût été facile de déguiser le sexe de votre enfant. Que me voulez-vous dire, reprit Tramarine, en interrompant la magicienne avec des yeux pleins de courroux? A quoi tendent vos discours injurieux? Avez-vous oublié qui je suis, & ce que l'on doit à mon rang? Moi, enfreindre les loix! Quelle raison a-t-on de m'en accuser? Princesse, reprit la fée d'un ton sévère, est-ce à moi que ce discours s'adresse? Vous ignorez sans doute jusqu'où s'étend mon pouvoir; mais, pour vous punir de votre témérité, je me retire & vous abandonne; d'autres que moi vous instruiront de votre sort.

Il fut heureux pour Tramarine que Céliane se trouvât présente à cette conversation. Quoi, madame, dit-elle à Bonine! Vous qui êtes la bonté même, auriez-vous la cruauté d'abandonner la princesse? Loin de vous fâcher de sa vivacité, vous devez plutôt en tirer des conséquences favorables à son innocence : convenez du moins qu'il est bien humiliant pour une jeune princesse, dont la conduite a toujours été éclairée sous les yeux de toute la cour, de se voir accusée injustement.

Tramarine fâchée d'avoir irrité la fée contre elle, & jugeant, par le discours de Céliane, que l'affaire dont on l'accusoit étoit des plus graves, qu'elle auroit peut-être plus que jamais besoin du secours de la fée, lui fit quelques excuses sur sa vivacité, en la priant de lui expliquer le crime dont on osoit la noircir; & Bonine jugeant, à l'ignorance de la princesse, qu'elle n'étoit point coupable, se radoucit en sa faveur & lui promit son secours, après lui avoir raconté ce qui s'étoit passé, & la résolution où l'on étoit de la bannir de la cour.

La princesse dont le cœur étoit pur, assura Bonine qu'elle n'avoit rien à se reprocher. Sans doute, dit-elle, que la déesse veut éprouver ma constance : je n'en saurois douter par les songes dont j'ai été agitée dans son temple ;

il est encore vrai que la figure dont je me suis formé l'image, a toujours été depuis présente à mon esprit. En vérité ma chère Tramarine, reprit la fée, vous me surprenez infiniment. Il faut assurément que vous ayez l'imagination bien vive : n'aurez-vous point d'autres raisons à alléguer pour votre défense ? Non, dit Tramarine suffoquée par sa douleur, je n'ai rien autre chose à y ajouter : ce n'est point l'exil qui me fait de la peine, puisqu'il me délivre d'une cour injuste, mais la honte des indignes soupçons qu'on a répandus dans tous les esprits. Je ne compte plus que sur vous, ma chère Bonine, & sur l'attachement de Céliane ; votre amitié me tiendra lieu de toutes les grandeurs que je perds. Céliane ne put répondre que par des larmes. Qu'eut-elle dit qui pût adoucir les peines de Tramarine ? Il n'y a que le tems qui puisse effacer le souvenir des grandes douleurs; les conseils & toutes les consolations s'affoiblissent contre les coups du sort, lorsqu'ils viennent d'être portés. La Nature a ses droits qu'elle ne veut pas perdre, jusqu'à ce que le chagrin en ait épuisé les forces : alors, par une sage dispensation, la raison reprend le dessus pour ranimer en nous les facultés de notre ame.

CHAPITRE III.

Jugement de Tramarine.

Le lendemain Tramarine fut conduite dans la salle du conseil, pour y être interrogée. La fée Bonine, qui ne la quitta plus, parla d'abord en son nom, & dit à l'assemblée des magiciennes, que la princesse n'avoit point d'autre défense à alléguer, pour sa justification, que la force de l'imagination; qu'elle proteste n'avoir jamais vu aucun des mortels proscrits par la loi depuis son entrée dans le royaume, si ce n'est en songe pendant sa neuvaine à la fontaine de la déesse Pallas. Une pareille déclaration surprit infiniment la reine & son conseil; ce qui fit qu'on remit la décision de l'affaire jusqu'au retour des conseillères chargées de la visite du temple.

Cependant Tramarine étoit dans une perplexité insupportable, la mort lui paroissoit mille fois plus douce que de vivre accusée d'un crime dont elle ne pouvoit prouver son innocence. Pour remédier en quelque sorte à des maux si cruels, Céliane lui conseilla d'écrire au roi son père, pour l'instruire de l'affront qu'elle étoit sur le point d'essuyer, par un exil qui ne pouvoit être qu'injurieux pour sa gloire. Tramarine, en suivant le conseil de Céliane, écrivit au roi de Lydie; mais comme toutes ses femmes étoient entièrement dévouées à la chancelière, ses lettres furent interceptées, & cette ennemie de la princesse eut encore l'adresse d'y répandre un venin dont elle seule étoit capable.

Lorsque les conseillères furent de retour du temple, la reine assembla un grand conseil, afin de pouvoir y examiner l'affaire de la princesse. Toutes les grandes de l'état qui avoient été députées pour faire l'examen des prêtresses, après avoir fait leur rapport en faveur de Tramarine, déclarèrent qu'elles n'avoient rien trouvé qui ne fût exactement conforme aux loix: on exposa ensuite les défenses de la princesse.

Il s'étoit formé des brigues dans le conseil, Tramarine y avoit peu d'amis, la vivacité de son esprit la faisoit redouter. La reine affoiblie par l'âge, se mêloit peu du gouvernement; & celles qui tenoient les premiers emplois de l'état, craignoient avec raison le génie solide & pénétrant de la princesse. Enfin, l'envie la plus cruelle des Euménides s'empara de tous les cœurs, pour poursuivre Tramarine jusques dans son exil.

Cependant plusieurs amazones osèrent encore opiner en sa faveur ; elles insistèrent même beaucoup pour qu'on fît une nouvelle loi qui admît la force de l'imagination. Il est aisé de penser que ce furent les jeunes qui ouvrirent cet avis que la reine goûta, penchant naturellement pour la clémence. Cette princesse eût été charmée qu'on lui eût fourni les moyens de sauver Tramarine : mais la vieille chancelière & toutes les vieilles doyennes de la cour, qui avoient le plus de part au gouvernement, s'élevèrent toutes d'une commune voix contre une pareille loi, qui étoit, à ce qu'elles prétendoient, capable de renverser l'ordre de l'état. D'ailleurs c'étoit vouloir anéantir absolument les vertus de la fontaine de la déesse de Pallas, & mettre la jeunesse dans le cas de négliger le culte que l'on devoit à cette déesse, dont on recevoit chaque jour de nouvelles faveurs ; qu'on devoit éviter avec soin tout ce qui pouvoit irriter la déesse contre ce royaume, dont elle s'étoit déclarée si ouvertement la protectrice, dans la crainte qu'elle ne s'en vengeât par des calamités qui ruineroient entièrement l'état, en ôtant aux Amazones la force de le défendre contre ses ennemis.

Je ne rapporte qu'un abrégé du discours de la chancelière, qui fut trouvé digne de l'éloquence de Démosthène ou de Cicéron : elle ramena enfin toutes les voix à son sentiment. Comme les moyens que la princesse avoit employés pour sa défense avoient transpiré, les Amazones qui aimoient beaucoup Tramarine, étoient prêtes à se soulever. Déjà elles s'assembloient dans les places ; elles vinrent même en tumulte jusqu'au palais pour demander la princesse, & en même tems qu'on établît la force de l'imagination. Mais la chancelière, toujours plus ferme dans ses résolutions, fut d'avis de ne point céder à des peuples mutinés ; elle conseilla à la reine de leur faire sentir tout le poids de son indignation, en punissant sévèrement celles qui avoient contribué, par leurs discours séditieux, à répandre le trouble dans la ville. Les magiciennes, dévouées à la chancelière, furent de son avis ; & la reine entraînée, pour ainsi dire, par le torrent, se crut obligée de donner un arrêt, par lequel elle déclaroit que sa volonté suprême étoit que les loix eussent leur entier accomplissement, & que toutes les sujettes seroient tenues, sous les peines ci-devant énoncées, de visiter du moins une fois l'année le temple de la déesse Pallas, d'y prendre les bains salutaires à la population, défendant en outre à telle personne quelconque d'employer en aucune façon la force de l'imagination ; condamne en conséquence la princesse Tramarine à être reléguée dans la tour des regrets, sera néanmoins, par adoucissement, son exil limité à vingt ans.

Un jugement aussi rigoureux, prononcé contre une princesse du sang de Pentaphile, fit trembler ce peuple d'amazones, mais ne put les empêcher de murmurer contre une sévérité aussi rigoureuse. Cette tour des regrets étoit connue pour un lieu épouvantable, rempli de monstres affreux qui en défendoient l'entrée ; ainsi, malgré le pouvoir que la fée Bonine avoit sur l'esprit de la reine, la chancelière fit agir tant de brigues, qu'elle l'emporta sur elle dans cette occasion, &, sous le vain prétexte du bien de l'état, elle eut le secret d'éloigner de la cour une jeune princesse que son rang appelloit au trône, dans la crainte que si elle y fût montée, elle ne lui eût donné aucune part au gouvernement ; &, pour empêcher la sédition, elle fit rassembler les vieilles troupes, & les répandit dans tous les quartiers de la ville afin de maintenir les peuples. Bonine se chargea d'annoncer cette triste nouvelle à la princesse, qui la reçut avec beaucoup de constance, & marqua, dans cette occasion, que la grandeur de son ame étoit au-dessus de l'adversité ; son cœur, semblable à un rocher où les flots viennent se briser pendant la tempête, n'en fut point abattu; elle entendit tranquillement l'arrêt foudroyant que ses ennemies venoient de prononcer contre elle.

CHAPITRE IV.

Départ de Tramarine pour la Tour des Regrets.

De toutes les femmes qui étoient au service de Tramarine, la seule Céliane resta fidelle : ce qui fit voir à cette princesse que les démonstrations d'attachement & de dévouement qu'on avoit toujours montrées pour son service, ne pouvoient tenir contre ses disgraces ; & elle éprouva, dans cette rencontre, ce que peut l'ingratitude des personnes que le seul intérêt attache auprès des grands. Toujours prêtes à suivre les heureux, elles vous oublient dès que la fortune vous devient contraire ; c'est pourquoi on ne doit porter le flambeau de la vérité au fond de la caverne, pour apprendre à discerner les motifs subtils qui se cachent & se dérobent sous ceux de la candeur, & souffler,

fler, pour ainsi dire, sur le fantôme sublime qui se présente, afin d'en écarter le monstre affreux qui masque souvent les mortels.

Tramarine envoya Céliane vers la reine, pour lui demander une audience particulière; mais elle eut encore la cruauté de la lui refuser. Tramarine, se voyant privée de l'espérance qu'elle avoit conçue de fléchir la reine, engagea de nouveau Céliane d'y retourner, pour la supplier de ne lui point imputer une faute dont elle ne pouvoit s'avouer coupable; de se ressouvenir qu'elle n'avoit jamais manqué à la soumission qu'elle devoit aux ordres de sa majesté; qu'elle se flatte qu'elle lui permettra au moins, pour adoucir son exil, d'emmener l'enfant dont la naissance venoit de causer son malheur; que ne pouvant être élevé à la cour de sa majesté, sa destinée devoit lui être indifférente; que ce seroit pour elle la plus grande consolation qu'elle pût recevoir, de pouvoir inspirer à son fils le respect & la vénération qu'elle n'avoit jamais cessé d'avoir pour les vertus & les éminentes qualités qui brilloient dans sa majesté; qu'elle osoit espérer de sa clémence qu'elle voudroit bien lui accorder cette dernière grace, comme une faveur dont elle seroit toute sa vie la plus reconnoissante. La reine répondit à Céliane que Tramarine ne devoit pas ignorer que le prince son fils étoit au pouvoir de la magicienne Camagnole, & qu'il étoit impossible de l'en retirer qu'il n'eût rempli sa destinée ; qu'elle pouvoit néanmoins assurer la princesse que ce n'étoit qu'avec regret qu'elle s'étoit vue contrainte de céder à la force de la loi, & qu'elle lui ordonnoit de se disposer à partir le lendemain au lever de l'aurore.

Tramarine fut sensiblement touchée d'essuyer tant de rigueurs de la part de la reine, à qui elle étoit véritablement attachée, non-seulement par les liens du sang, mais encore par ceux de la plus tendre amitié. Mais que ne peut la séduction ! ne diroit-on pas qu'elle couvre d'un voile épais les plus brillantes lumières de la raison, & que, fermant les yeux sur ce qui pourroit l'éclairer, tous ses mouvemens sont en rond comme ceux d'un cheval aveugle, auquel on fait tourner la roue d'un pressoir ; elle roule dans un cercle étroit, lorsqu'elle croit ranger le monde entier sous ses loix ?

La fée Bonine vint, suivant la parole qu'elle avoit donnée à la princesse, la prendre le lendemain pour la conduire dans son exil. Son char étoit attelé de huit tourterelles : Tramarine & Céliane y montèrent avec la fée, &

CONTE MORAL. 195

ces oiseaux fendirent aussi-tôt les airs avec une telle rapidité, que la Chancelière, qui étoit sur un balcon avec plusieurs amazones de son parti, qui se faisoient un plaisir malin de les voir partir, les perdirent de vue dans l'instant. Nous les laisserons se réjouir de leur triomphe pour suivre Tramarine.

Aux approches de la tour, la fée, qui vouloit dérober l'horreur de sa vue aux princesses, fit élever son char au-dessus des nues, qui vint ensuite se rabattre dans une très-grande cour, où parurent douze demoiselles vêtues de vert, qui, après avoir aidé aux princesses à en descendre, les conduisirent dans un sallon superbe, dans lequel étoit un riche dais, destiné pour la princesse Tramarine. Alors se fit entendre une musique, dont les accords étoient délicieux. Tramarine, surprise d'une pareille réception, se sentit pénétrée des nouvelles obligations qu'elle avoit à Bonine.

Le concert fini, elle descendit de son trône pour passer dans une autre pièce, où elle fut servie de mets les plus délicats. La fée, en se mettant à table entre Tramarine & Céliane, leur demanda si elles croyoient que le séjour qu'elle leur avoit préparé, fût capable d'adoucir les rigueurs de l'exil de la princesse. Je n'ai pu m'opposer à votre destinée, ajouta

Bonine ; mais ce que je puis vous apprendre, c'eſt que vous êtes ſous la puiſſance d'un grand génie, auquel tout mon pouvoir doit céder. Je vous protégerai autant que je pourrai ; les deſtins vous condamnent à coucher dans la tour : mais pour adoucir la rigueur de votre ſort, j'ai fait élever ce palais à côté ; les jardins que vous voyez en dépendent, & quoique vous couchiez tous les jours dans la tour, il vous ſera facile d'en ſortir au moyen d'une porte ſecrète que j'y ai fait ouvrir, afin que vous puiſſiez jouir, ſans contrainte, des amuſemens qu'on aura ſoin de vous procurer : je ſouhaite qu'ils puiſſent bannir de votre eſprit cette ſombre triſteſſe qui s'y remarque depuis long-tems. J'aurois pu vous inſtruire, chez la reine de Caſtora, des favorables intentions que je ne ceſſerai d'avoir pour contribuer à votre bonheur, ſi je n'avois craint que Turbulente, qui eſt votre plus cruelle ennemie, ne les eût prévenues par quelque noir complot, qui, malgré mon ſecours, vous eût encore accablée de mille maux. Tramarine remercia la fée, en l'aſſurant d'une reconnoiſſance ſans bornes. Je reconnois, pourſuivit la princeſſe, toute l'étendue de votre pouvoir, & je m'apperçois déja que vous avez chaſſé l'ennui de ce ſéjour ; car j'ai peine à me perſuader que je fois dans cette terrible forteresse, dont l'idée seule me faisoit horreur. Je vois, au contraire, que j'y suis servie en souveraine; & loin de regarder mon exil comme une punition, je me flatte d'y oublier, auprès de vous, les maux qui l'ont précédé. Je le souhaite, dit la fée, & j'y apporterai tous mes soins : suivez-moi à présent, sans aucune crainte, dans mon parc, où je vais vous conduire.

Tramarine & Céliane suivirent la fée, qui les fit d'abord entrer dans la tour, & ensuite descendre par un escalier dérobé, au bas duquel étoit une porte de fer qu'elle ouvrit, & en donna la clef à Tramarine, en lui recommandant de la porter toujours sur elle. Après avoir traversé les jardins de la fée, qui étoient les plus beaux du monde, elles admirèrent, sur-tout, les statues des dieux & déesses, distribuées dans un ordre admirable. Bonine les conduisit insensiblement dans une allée de citronniers & d'orangers, qui répandoient dans l'air un parfum délicieux. Tramarine trouva cet endroit si agréable, qu'elle proposa à la fée de se reposer sous un berceau qui terminoit l'allée, & d'où sortoit une fontaine qui, par son doux murmure, joint au gazouillement des oiseaux, inspiroit une douce rêverie.

Elles se placèrent au bord d'un ruisseau que formoient les eaux de la fontaine, & qui s'élargissoit à mesure qu'il s'éloignoit de sa source. Céliane, naturellement gaie & badine, & qui ne cherchoit que les occasions d'amuser la princesse, qui depuis long-tems paroissoit accablée d'une langueur qui commençoit à prendre sur son tempérament, Céliane, dis-je, proposa à Bonine de passer le reste de la journée dans cet endroit délicieux, & même d'y souper, s'il étoit possible. Mille zéphirs parurent à l'instant agiter les arbres qui entouroient ce ruisseau, dont les eaux argentines formoient des ondes légères, qui sembloient narquer la joie qu'il avoit d'être témoin des tendres soupirs de la belle Tramarine. La nuit eut à peine couvert le ciel d'un sombre voile, qu'à un signal que fit la fée, les douze demoiselles parurent à l'instant en posant une table servie de ce qu'il y avoit de plus rare & de plus délicat. On tint table assez long-tems, & Céliane amusa beaucoup la princesse par des propos pleins de saillies, que l'enjouement inspire aux personnes d'esprit.

Plus de six semaines s'étoient déja passées pendant lesquelles la fée eut soin de procurer tous les jours de nouvelles fêtes à la princesse, sans qu'elles pussent dissiper sa mélancolie. Céliane ne cessoit de lui en faire de tendres reproches; mais Tramarine, gênée par la présence de ses femmes qui avoient ordre de ne la point quitter, n'y répondoit que par des soupirs.

Une affaire qui survint à la fée, l'obligea de s'absenter pour quelque tems. Elle prévint Tramarine sur le voyage qu'elle devoit faire, & dont elle ne pouvoit se dispenser. Tramarine en fut désespérée, & par un pressentiment du malheur qui devoit lui arriver, elle fit ce qu'elle put pour empêcher ce voyage, & pour engager Bonine à ne la point abandonner. Je ne puis absolument, dit Bonine, me dispenser de me rendre à l'assemblée des fées, qui doit se tenir chez le redoutable Demogorgon, un des plus grands magiciens qu'il y ait dans ce monde : votre intérêt même m'y engage ; j'abrégerai mon voyage autant que je le pourrai ; ne craignez rien de la fée Turbulente. Voici les moyens de vous garantir de ses méchancetés : tant que vous porterez sur vous cette respectueuse, elle vous mettra à couvert des piéges que Turbulente pourroit vous dresser, pourvu que vous ayez l'attention de ne jamais sortir de la tour sans l'avoir sur vous. Rien ne vous manquera pendant mon absence ; je viens de donner les ordres nécesfaires pour votre sûreté & pour votre amusement ; & , outre les douze femmes qui sont à votre service , je vous en donne encore deux autres, dans lesquelles j'ai beaucoup de confiance , & qui sont assez instruites dans l'art de féerie, pour être en état de vous garantir des dangers imprévus que la négligence des autres pourroit occasionner : souffrez seulement , belle Tramarine , qu'elles ne s'éloignent jamais de vous. Bonine embrassa ensuite la princesse & Céliane , qui la conduisirent jusqu'à son char , qui disparut dans le moment.

CHAPITRE V.

Enlèvement de Tramarine.

CÉLIANE, pour dissiper le chagrin que leur causoit le départ de la fée , proposa à la princesse de descendre dans les jardins; & Tramarine, ne voulant d'autre compagnie que Céliane , défendit à ses femmes de la suivre: mais les deux que la fée lui avoit laissées pour veiller à sa sûreté , lui représentèrent avec respect, qu'ayant reçu de Bonine des ordres précis de ne la point perdre de vue , elles ne pouvoient, sans y contrevenir, se dispenser de l'accompagner toujours; mais que, pour ne la point gêner, elles vouloient bien ne la suivre que de loin. Tramarine, forcée d'y consentir, prit l'allée d'orangers pour gagner le berceau couvert, & se mit sur un banc de gazon parsemé de mille & mille petites fleurs, où se livrant à toute sa mélancolie, de tristes réflexions la jettèrent dans une rêverie profonde.

Céliane, voulant la distraire de cette sombre tristesse, se mit à ses pieds: princesse, lui dit-elle, je m'étois flattée qu'en éloignant vos femmes, ce n'étoit que pour soulager vos peines, en m'en confiant les motifs; mais puisque ma princesse ne m'estime pas assez pour m'honorer de sa confiance, je la supplie au moins d'écouter les concerts que les rossignols lui donnent. Tramarine les yeux fixes sur le ruisseau fit très-peu d'attention au discours de Céliane, qui poursuivit ainsi: n'admirez-vous pas le bonheur de ces oiseaux, dont les seuls plaisirs font les loix? Pour moi, je trouve que la nature, en ne leur accordant que l'instinct, semble les favoriser beaucoup plus que nous. Qu'avons-nous affaire de cette raison que les dieux nous ont réservée, qui ne sert qu'à troubler nos plaisirs? En vérité, la condition de ces petits animaux m'enchante; & l'état d'anéantissement où je vois ma princesse, me feroit presque désirer de leur ressembler. Que ne sommes-nous rossignols l'une & l'autre ? Qu'ils sont heureux ! jamais l'inquiétude ni le repentir n'empoisonnent leur félicité, jamais de désirs qu'ils ne puissent satisfaire, & jamais leur bonheur ne leur coûte un remords. Pourquoi la fée Bonine, qui a tant de pouvoir, n'a-t-elle pas celui de nous métamorphoser ainsi ? Du moins, par mes chants & la vivacité de mes caresses, je pourrois amuser ma princesse, & peut-être lui plaire.

Céliane, s'appercevant que rien ne pouvoit distraire Tramarine, prit enfin un ton plus sérieux. Elle avoit l'éloquence de la figure ; elle reprit celle du sentiment, & parvint à toucher le cœur de la princesse, qui se détermina à lui confier son secret. Hélas ! ma Céliane, lui dit-elle en soupirant, tous tes discours, loin d'adoucir mes peines, ne servent qu'à les renouveller. Faut-il que nous passions ainsi les plus beaux de nos jours ? Il est tems, ajouta Tramarine, que je t'ouvre mon cœur: toujours obsédée par mes femmes, je n'en ai pu trouver le moment. Je ne te rappellerai point mon enfance, tu te souviens assez des honneurs auxquels il sembloit que le ciel m'avoit destinée; cependant tu vois, ma Céliane, que tout se réduit à passer ma vie dans une solitude, &, malgré ton amitié & les attentions de la fée Bonine, je ne puis résister à l'ennui qui m'accable. Ces jardins dont la beauté te ravit & t'enchante, les eaux de ce ruisseau dont tu admires le crystal, redoublent à chaque instant ma peine; &, par une fatalité que je ne puis vaincre, je ne puis non plus m'en éloigner. Cela te paroît sans doute un problême; mais lorsque tu seras instruite de mes maux, tu n'en sera plus surprise. Rappelle-toi, ma chere, le voyage que je fis à la fontaine de Pallas : tu sais que, pendant ma neuvaine, je restai renfermée dans l'enceinte du temple, où je fus servie par les prêtresses consacrées au culte de la déesse, grace qui ne s'accorde qu'aux femmes de mon rang: mais toute la cour ignore ce qui m'y est arrivé. Ce n'est qu'à ton zèle & à ton amitié que je vais confier un secret qui trouble depuis si long-tems le repos de mes jours.

Apprends donc que, lorsque j'eus fait mes prières à la déesse, & lui eus présenté mes offrandes, les prêtresses me conduisirent à la fontaine, où, après m'avoir déshabillée & fait entrer dans le bain, elles s'éloignèrent par respect pour me laisser en liberté. Lorsque je fus seule, je sentis les eaux se soulever ; un léger mouvement les agita, & un jeune homme, tel qu'on nous peint l'amour, se présente à mes yeux. Timide à son aspect, je frissonne de crainte; mais s'approchant de moi avec un regard majestueux & tendre, il me prend la main, me serre dans ses bras. Hélas ! qu'il étoit séduisant ! Je ne puis, ma Céliane, te peindre le trouble qu'il fit naître dans mon ame. Son premier coup-d'œil y a gravé pour jamais la passion la plus vive ; je ne connois de crime que celui d'avoir pu lui déplaire, & tous mes malheurs ne viennent que de celui de l'avoir perdu: c'est en vain que je le cherche tous les jours au fond des eaux. Mais que dis-je? ma Céliane ! ma passion m'égare ; je ne puis y penser sans trouble. Je te parlois de celui qu'il avoit répandu dans tous mes sens qui m'empêcha de fuir : mes regards, attachés sur un objet aussi séduisant, sembloient encore m'ôter la force de me défendre de ses caresses, lorsque les prêtresses, en se rapprochant, le firent disparoître, & je remarquai qu'en s'éloignant il mit un doigt sur sa bouche, sans doute pour me faire entendre de ne point révéler ce qui venoit de m'arriver. Le lendemain, à peine fus-je entrée dans le bain, que le même mouvement qui s'étoit fait sentir la veille, m'annonça l'arrivée de mon vainqueur. Il s'approcha de moi, me tint des discours tendres & passionnés. Animée par sa présence, je ne sais, ma chère, ce que je lui répondis qui parut le transporter de plaisir ; car, me serrant tout-à-coup dans ses bras, l'éclat qui sortit de ses yeux se communiquant dans mes veines, je me sentis embrasée d'un feu dévorant : je voulus fuir, mes forces m'abandonnèrent ; mais, dans le trouble qui m'agitoit, je crus m'appercevoir qu'il vouloit m'entraîner avec lui. Déja les eaux se gonfloient, & je me sentis prête à périr. Saisie de frayeur, un cri perçant m'échappe qui attira les prêtresses ; mais, malgré le saisissement où j'étois, je ne pus m'empêcher de regarder encore ce que deviendroit mon vainqueur. Je le vis s'enfoncer sous les eaux, & j'entendis, distinctement, une voix qui me dit que ma vie & mon bonheur dépendroient de ma conduite, & que la félicité du prince avec lequel je venois de m'unir, étoit attachée au silence que je devois garder. Je compris alors la faute que j'avois faite.

Hélas, ma chère ! il n'étoit plus en mon pouvoir de la réparer. Tremblante & désespérée, je tombai évanouie dans les bras d'une prêtresse qui s'étoit avancée pour me secourir & apprendre le sujet de ma frayeur. Je n'eus garde de lui en confier le motif; je lui dis seulement que la rapidité des eaux m'avoit effrayée: ce qui lui fit prendre la résolution de faire entrer avec moi dans le bain une des filles destinées au culte de la déesse. J'avoue que je fûs fâchée de cette résolution, prévoyant qu'elle alloit me priver de la vue de mon cher prince. Je ne me trompai pas, le reste de ma neuvaine se passa sans que je le vis: depuis ce jour il est toujours présent à mon esprit, c'est en vain que je le cherche. Mais, malgré mon peu d'espoir, je ne me plais qu'au bord des eaux qui ne font néanmoins que nourrir mes peines, sans que l'ingrat qui les cause & qui peut-être en est témoin, daigne seulement en avoir pitié.

En vérité, madame, reprit Céliane, votre aventure est des plus surprenantes. Vous me permettrez de vous blâmer d'avoir négligé d'employer ces raisons qui sont plus que suffisantes pour vous justifier. Il est très-certain que la reine Pentaphile n'auroit pu se refuser à leur évidence; car sans doute c'est quelque dieu marin qui a pris la forme du jeune homme, qui s'est uni avec vous à la fontaine, peut être est-ce Neptune lui-même: & je ne fais nul doute, si la reine eût sçu toutes ces circonstances, que, loin d'ordonner votre exil, elle vous eût immanquablement placée sur le trône qu'elle occupe ; vous auriez dû au moins consulter la fée Bonine sur une affaire aussi délicate, & d'où dépend le repos de vos jours.

Que dis-tu ma Céliane, reprit la princesse ? Oublies-tu le silence qui m'a été imposé ? Peut-être même qu'en ce moment j'offense mon époux en osant te confier mon secret. Hélas ! il doit me pardonner ce foible soulagement. Au reste, quand je n'aurois pas fait vœu de lui sacrifier mon repos, quelle preuve aurois-je pu donner de la vérité de mon aventure ? J'aurois risqué ma vie, & perdu tout espoir de revoir mon prince. D'ailleurs tu n'ignores pas l'ennui que j'ai toujours eu à la cour de Pentaphile, & cet ennui s'est beaucoup augmenté depuis mon union avec le prince des Ondes. Qu'aurois-je pu faire à la cour de Castora, y portant sans cesse l'image d'un prince qui sans doute n'approuve aucune de ses loix ? Je t'assure que j'aurois toujours vécu dans la douleur & l'amertume ; tu sais qu'on y est gêné jusques dans sa façon de penser, sans cesse obsédé par des femmes dont la bigoterie & l'esprit faux rend le commerce insoutenable : ces femmes renonceroient plutôt à la vie qu'à leurs opinions, elles ne se plaisent qu'à creuser les sentimens des personnes qu'elles veulent noircir, rien ne manque à leurs portraits, leur scrupuleux détail découvre aisément la main qui a tenu le pinceau ; du moins, dans cette retraite, je jouirai de la douceur de me plaindre, sans craindre la critique de mes ennemies. J'en conviens, madame, dit Céliane, mais aussi est-ce la seule liberté qui vous reste ; & ma princesse ne sauroit nier que la dissipation ne soit le plus sûr remède contre le chagrin, le vôtre se nourrit & s'entretient par la solitude. Je ne connois rien de si cruel que d'être sans cesse en proie à sa douleur : mais permettez-moi, madame, d'ajouter encore une réflexion sur votre divin époux. S'il étoit permis de blâmer la conduite des Dieux, j'accuserois d'injustice celui qui est l'auteur de vos peines ; car enfin, pourquoi vous a-t-il si-tôt abandonnée ? une pareille conduite me surprendroit moins de la part d'un mortel. Il est si rare de trouver chez eux un attachement sincère, que j'ai cru jusqu'à présent que la constance étoit une vertu que les dieux s'étoient réservée ; mais votre aventure me fait changer de sentiment, elle me fait voir que, semblables aux hommes, ils se dégoûtent de celle qu'ils ont le plus aimée, si-tôt qu'ils ont satisfait leurs desirs.

Ne blâmons point les dieux, dit Tramarine,

ils

ils ont sans doute leurs raisons, lorsqu'ils nous font sentir les effets de leur colere. Ce n'est point à de foibles mortels à chercher à en pénétrer les causes, & nous devons nous soumettre sans murmure à tout ce qu'il leur plaît d'ordonner sur nos destinées qui sont en leurs mains. Madame, reprit Céliane, je ne puis qu'admirer la piété de vos sentimens. Hélas! dit la princesse en soupirant, que je suis encore loin d'avoir cette soumission aveugle qu'ils exigent de nous! Des éclairs & le bruit du tonnerre qui se fit entendre interrompirent cette conversation, & ils reprirent le chemin de la tour.

Tramarine, toujours tourmentée du desir de revoir le prince son époux, se trouva fort agitée pendant la nuit. Ne pouvant jouir des douceurs du sommeil, elle proposa à Céliane de descendre dans les jardins, pour y respirer la fraîcheur d'une matinée délicieuse. L'aurore commençoit à paroître pour annoncer le retour du soleil; Céliane eut à peine le tems de passer une robe pour suivre Tramarine, qui étoit déjà dans les jardins, qu'elle traversoit à grands pas afin de gagner l'allée d'orangers: mais s'appercevant que la princesse avoit négligé de prendre sa respectueuse, elle alloit la prier de rentrer dans la tour, lorsqu'elle l'entendit pousser un cri perçant en retournant sur ses pas. Céliane

Tome XXXIV. O

qui ne voyoit encore personne, ne pouvoit imaginer ce qui causoit son effroi; elle précipite sa course vers la princesse, & tombe à la renverse en appercevant la magicienne Turbulente qui, après s'être saisie de Tramarine, la força de monter dans sa voiture & disparut à l'instant.

La tendre & fidelle Céliane se reprochant la complaisance qu'elle venoit d'avoir en suivant la princesse, sans avoir averti ses femmes, ou du moins les deux que la fée Bonine avoit commises pour sa garde; cette tendre amie poussa des cris qui attirerent les fées : mais pendant qu'elles vont accourir à son secours & partager sa douleur, nous allons suivre l'infortunée princesse.

CHAPITRE VI.

Entrée de Tramarine dans l'Empire des Ondes.

La princesse quoiqu'accablée de ce dernier coup de la fortune, n'en parut pas moins ferme dans ses adversités. Indignée des mauvais procédés de la perfide magicienne, elle lui demanda, avec beaucoup de fermeté, ce qui pouvoit la rendre assez hardie pour oser venir l'enlever jusques dans les jardins de Bonine, puisqu'elle ne devoit pas ignorer la protection que cette fée lui avoit accordée. C'est cette protection qui m'offense, répondit Turbulente; & c'est pour vous en punir l'une & l'autre, que je prétends vous faire subir la peine que mérite votre désobéissance: Bonine s'est trompée grossièrement si elle a cru m'en imposer; mais afin que désormais elle ne cherche plus à nous surprendre, vous allez rester sous ma garde.

A cet impertinent discours, Tramarine se contenta de regarder la magicienne avec un souverain mépris, sans daigner seulement lui répondre. Arrivée dans un antre qui touchoit à la tour, la magicienne ordonna à la princesse d'ôter la robe qu'elle avoit, pour se revêtir d'une espèce de sac de toile brune, mais elle ne fit pas semblant de l'entendre, ce qui obligea Turbulente de lui servir elle-même de femme de chambre, & la fit ensuite descendre dans un cachot rempli de bêtes venimeuses, ne laissant auprès d'elle qu'un peu de mauvaise farine délayée dans de l'eau.

Tramarine restée seule, se livra à tout ce que la douleur a de plus amer. Plusieurs jours se passèrent sans qu'elle pût fermer les yeux; enfin, accablée de peines & d'ennuis & n'attendant plus que la mort, elle s'affoupit. Un fonge agréable vint charmer fes efprits, & lui fit voir le prince fon époux, auffi tendre & auffi paffionné qu'il lui avoit paru à la fontaine de Pallas, lui montrant une porte par où elle pouvoit fortir d'efclavage. Tramarine qu'un peu de repos avoit calmée, réfléchit fur la vifion qu'elle venoit d'avoir; &, à la lueur d'une lampe qui répandoit une foible lumière, elle parcourut tout le caveau, & découvrit en effet une porte dont elle s'approcha avec un trouble qui fe changea bientôt en une douleur affreufe, en la trouvant fermée de plufieurs cadenas. Toute fa fermeté céda à ce dernier coup de fon infortune : fe voyant fruftrée de l'efpérance qu'elle s'étoit formée, elle ne put s'empêcher de répandre des larmes, en réfléchiffant fur cette fuite de malheurs qui fe fuccédoient fans interruption. Mais comme tout tarit dans la vie, & fait fouvent place aux réflexions les plus utiles, la princeffe, après avoir épuifé fes larmes, fe reffouvint qu'elle avoit encore la clef des jardins de Bonine. La magicienne ayant négligé de lui ôter tout ce qu'elle avoit fur elle, alors elle fe rapprocha de la porte pour effayer de l'ouvrir ; mais elle n'eut pas plutôt préfenté cette clef au cadenas, que la porte tomba d'elle-même & le cachot difparut.

par le pouvoir que la fée avoit attaché à cette clef.

Tramarine surprise de se trouver seule sur le bord de la mer, excédée de peines, de fatigues & de besoins, s'avança vers les bords dans le dessein de se précipiter. Mais le prince Verdoyant qui, du fond des eaux, examinoit tous les mouvemens de Tramarine, la vit qui regardoit ses ondes en poussant de profonds soupirs : il craignit alors les effets d'un désespoir que de trop longues souffrances pouvoient avoir excité ; il avertit plusieurs ondines de se tenir sur les bords, & d'avoir incessamment l'œil sur les actions de la princesse, de la recevoir dans leurs bras, & de la porter dans une grotte enfoncée sous la pointe d'un rocher, où nul mortel n'avoit encore osé se réfugier. Les ondines obéirent au prince Verdoyant, & se rendirent en grand nombre à l'endroit où étoit la belle princesse, sans chercher à approfondir les desseins de leur prince. Tramarine se croyant seule, & n'appercevant au loin aucune trace qui pût lui faire connoître que cet endroit fut habité, se livra à toute l'horreur de sa situation. Hélas ! dit-elle en soupirant, je ne m'apperçois que trop que c'est ici l'endroit que mon époux a choisi pour mettre fin à mes maux : c'est donc dans les ondes que je vais finir ma vie ; & le dernier souhait que je forme en mourant, est que ce supplice te soit au moins agréable. O, Neptune! ajouta la princesse, s'il est vrai que j'aie pu t'offenser, tu dois le pardonner à mon ignorance : n'as-tu pas assez éprouvé ma constance, & n'es-tu pas vengé par les maux que tu me fais souffrir depuis si long-tems? Alors elle se précipita dans la mer; mais les ondines, attentives à tous ses mouvemens, la reçurent dans leurs bras & la transportèrent dans la grotte.

Telle est la folie de l'esprit humain : les personnes que l'infortune accable, préfèrent souvent la mort aux services qu'on leur peut rendre. Tramarine se croyant entourée de naïades qui la serroient entre leurs bras, laissoit aller languissamment sa tête, tantôt sur l'une & tantôt sur l'autre, en réchauffant leur sein de ses larmes. Ces belles ondines employèrent ce qu'elles purent de plus consolant pour calmer sa douleur, ensuite elles lui ôtèrent le mauvais sarreau de toile dont la méchante fée l'avoit couverte, pour la revêtir d'une robe de gaze, d'un verd de mer glacé d'argent, pressèrent ses cheveux dans leurs mains, qu'elles laissèrent retomber en ondes sur son sein; puis s'appercevant, au soulèvement des ondes, de l'arrivée

Les Ondins.

Ces belles Ondines employent ce qu'elles
ont de plus séduisant pour cacher sa douleur.

S. Marillier. Dambrun. sc.

du prince Verdoyant, elles se retirèrent par respect.

Tramarine surprise de les voir rentrer dans la mer, s'apperçut que les flots s'agitoient extraordinairement, & vit s'élever dessus un char superbe, fait en forme de coquille, traîné par huit dauphins qui paroissoient bondir sur les ondes. Ce char s'arrêta vis-à-vis de la grotte : alors Tramarine apperçut le jeune prince qui faisoit depuis si long-tems l'objet de tous ses desirs, qui en descendit, entra dans la grotte, se mit à ses pieds; & se saisissant d'une de ses mains qu'il baisa avec transport, je vous retrouve enfin, lui dit-il, belle Tramarine, & vous jure de ne vous plus abandonner. Il est tems de vous apprendre que je suis le prince des ondins, les états de mon père sont au fond de la mer; comme je ne puis habiter que les eaux, je n'ai pu vous rejoindre plutôt. Soyez certaine, divine Tramarine, qu'il n'a pas dépendu de moi de vous faire éviter les maux que vous avez soufferts depuis notre union à la fontaine de Pallas; forcé pour lors de vous abandonner, j'ai partagé vos ennuis sans pouvoir les abréger. Comme il ne nous est pas permis de nous unir à une mortelle, j'ai essuyé bien des contradictions avant de pouvoir déterminer nos peuples à consentir de vous accorder l'immortalité ; & ce n'est qu'en éprouvant votre constance & votre discrétion qu'on vient enfin de m'accorder cette faveur. Le roi mon père a exigé qu'on vous fît passer par les épreuves les plus humiliantes ; il est satisfait de la fermeté que vous avez montrée dans les différentes occasions que la jalousie des Amazones leur a fait exercer sur vous. Me pardonnez-vous, mon adorable princesse, les maux que mon amour vous a fait souffrir ; mais vous baissez les yeux & ne répondez rien : est-ce à la crainte ou à l'amour que vous donnez ce soupir ? Seriez-vous fâchée de vous unir à un génie ? Peut-être, ajouta le prince Verdoyant, que le séjour de mon empire vous effraye ; il est vrai que jusqu'à présent aucun mortel n'y est descendu sans y perdre la vie : mais, princesse, rassurez-vous, je viens d'obtenir du roi mon père, de qui le pouvoir s'étend sur tous les ondins, qu'en faveur d'une passion que je n'ai pu vaincre, vous soyez admise à l'immortalité, & reçue dans son empire en qualité de princesse des ondins.

Tramarine étoit encore toute émue de la dernière aventure qui venoit de lui arriver ; la joie, la crainte & la honte, ces divers mouvemens agitoient tour-à-tour son ame, & lui ôtèrent la force de répondre au prince, qui continua ainsi : cependant, belle Tramarine, quoique tout soit prêt pour vous recevoir, & que je sois sûr des sentimens favorables que vous m'avez conservés, du moins jusqu'au moment que vous en fîtes la confidence à Céliane, ne rougissez point, ma princesse, d'avoir fait l'aveu d'un feu légitime; j'étois présent à vos yeux dans cet instant, & du fond de ce ruisseau, formé exprès pour vous renouveller le souvenir des nœuds que l'amour devoit serrer, j'y admirois votre candeur, la piété de vos sentimens, & je fus prêt vingt fois de me montrer; mais outre que la présence de Céliane y mettoit obstacle, c'est que je n'avois point encore obtenu de mon père la place que je me propose de vous faire occuper; cependant je ne puis absolument être heureux si vous montrez toujours de la répugnance à vous unir pour jamais à mon sort.

Tramarine surprise & flattée en même-tems du discours du génie, mais ne pouvant se persuader qu'elle pût vivre au fond des eaux, répondit enfin au prince en le regardant d'un air qui exprimoit en même-tems son amour & sa crainte. Pardonnez, seigneur, si j'ai peine à vous croire; je ne doute point de l'étendue de votre pouvoir, & c'est ce qui me fait douter qu'un aussi grand prince veuille bien s'abaisser jusqu'à s'unir à une foible mortelle, & qu'il la préfère aux belles Ondines dont son empire est rempli. Je n'ignore pas les loix des génies; je sais que lorsqu'ils se sont choisi une compagne, il ne leur est plus permis d'en changer, à moins que cette loi n'ait une exception pour les femmes de mon espèce; ce qui me rendroit la plus malheureuse de toutes les créatures, puisque j'aurois perdu par l'immortalité la seule ressource à laquelle les malheureux ont recours dans l'excès de leurs maux, & je me verrois obligée de traîner une vie qui me deviendroit insupportable si vous cessiez de m'aimer, ne pouvant plus mourir de la douleur d'avoir perdu le cœur d'un prince qui seul peut m'attacher à la vie.

Le prince Verdoyant, transporté d'un aveu si tendre, employa les raisons les plus convaincantes pour rassurer la princesse, lui donna mille louanges, & prit autant de baisers. Ne craignez rien, divine Tramarine, disoit le génie : je vous jure sur ce cœur qui n'a jamais aimé que vous, & par cette vaste étendue des ondes, que désormais aucune Ondine ne partagera ma tendresse ; je jure encore de vous venger des affronts que vous a fait essuyer Pentaphile par ses soupçons injurieux ; j'abaisserai son orgueil en soumettant son royaume au prince qui vous doit le jour, & je punirai le roi de Lydie de l'injustice qu'il vous a faite en vous éloignant de sa cour. Arrêtez, cher prince, dit Tramarine, songez que c'est du roi mon père dont vous voulez jurer la perte. Loin de me plaindre de son injustice, ne dois-je pas au contraire bénir le jour où il me bannit de sa présence; & n'est-ce pas à cet exil auquel je dois le bonheur de m'être unie à vous pour jamais? D'ailleurs, trompé par les oracles, il a cru sans doute mon éloignement nécessaire au repos de ses peuples. Que de raisons pour oser vous demander sa grace! je me flatte de l'obtenir au nom de cet amour que vous venez de me jurer. Je ne puis rien vous refuser, dit Verdoyant, & je vois avec plaisir que la générosité de votre cœur se manifeste dans toutes vos actions; je ne puis cependant révoquer ce que j'ai prononcé contre le roi de Lydie, mais j'adoucirai, en votre faveur, la rigueur de son sort. Allons, chère Tramarine, ajouta le génie, il est tems de descendre chez les Ondins, afin de leur présenter une princesse aussi digne de régner dans tous les cœurs par ses vertus que par la pureté de ses sentimens.

A ces mots, Tramarine ne fut pas maîtresse de cacher son saisissement, à la vue d'un élément qu'elle avoit toujours regardé comme très-dangereux ; & quoique, deux heures avant, son désespoir l'eût poussée à se précipiter, ce qui venoit de lui arriver depuis, avoit ramené en elle ce goût qu'on a pour la vie, lorsque l'on peut se flatter de la passer dans un bonheur toujours durable.

Cette jeune princesse, à la vue du danger qu'elle croyoit courir, tomba évanouie dans les bras du génie qui, sans s'étonner de sa foiblesse, dernière marque de son humanité, lui fit prendre plusieurs gouttes d'élixir élémentaire, qui eurent la vertu non-seulement de rappeller ses sens & de la fortifier, mais encore de lui ôter ces craintes puériles attachées au sort des mortels. Alors Tramarine reprenant ses esprits, semblable à une rose qui, frappée des rayons brillans du soleil, renaît à la fraîcheur d'une belle nuit, & qui, étendant ses feuilles à une rosée vivifiante, se relève sur sa tige, & semble saluer l'aurore bienfaisante qui la fait renaître, le cœur de cette jeune princesse s'ouvre aux doux transports de la joie, cette joie ranime ses sens affoiblis, ses yeux éteints se rouvrent à la lumière, & brillent du feu du plaisir. Que je suis honteuse de ma foiblesse, dit elle au génie avec un regard tendre & animé ! mais qui vient tout-à-coup de dissiper mes frayeurs? Cher prince, vous pouvez déformais ordonner, je suis prête à vous suivre: alors elle lui présenta la main avec le sourire de l'amour.

Verdoyant la conduisit dans son char, & les dauphins qui semblent charmés d'enlever une si belle princesse, caracolent sur les eaux, se plongent en précipitant leur course, & arrivent en peu d'heures dans la ville capitale des Ondins, où le roi faisoit son séjour ordinaire. Pour entrer dans le palais, ils traversèrent plusieurs grandes cours dont les pavés sont d'émeraudes, & entrèrent sous une arcade soutenue par vingt-quatre colonnes de glaces. Là, étoient rangés plusieurs officiers de la couronne, qui haranguèrent la princesse au nom de tout l'état. Il n'y eut point à son entrée d'artillerie; les Ondins, quoiqu'ils la connoissent parfaitement, n'en font aucun usage.

On conduisit d'abord Tramarine, avec un très-nombreux cortége, dans une grande galerie ornée de tableaux en camaïeux, des plus beaux verres qu'il soit possible d'unir ensemble; les bordures en étoient de diamans de différentes couleurs, dont l'assortiment formoit un coup-d'œil admirable. Au bout de cette galerie, étoit un trône formé d'un seul diamant, qu'on auroit pu prendre pour le char du soleil lorsqu'il paroît dans tout son éclat ; il est certain que si Tramarine n'eût pas déja participé à la divinité de son époux, elle n'eût jamais pu en soutenir l'éclat.

Sur ce trône étoit assis le roi des Ondins, qui tenoit dans sa main un trident, seul ornement de sa grandeur. A droite, étoient les premiers officiers de la couronne ; & à gauche, les belles Ondines qui faisoient l'ornement de cette cour. Le génie Verdoyant s'étant approché du trône avec la princesse Tramarine, la présenta à sa majesté Ondine, en la suppliant de lui accorder toutes les faveurs qu'elle s'étoit acquises par ses vertus, son mérite & ses souffrances.

Cette jeune princesse, élevée dans la mythologie des Payens, ne connoissoit point d'autre religion, ni d'autres principes que ceux qu'elle avoit reçus. Persuadée qu'elle étoit en présence de Neptune, elle lui adressa ce discours : Grand Dieu, souverain des ondes, dont l'empire commande à tout l'univers..... Arrêtez, princesse, dit le roi en l'interrompant au milieu de sa période, je ne suis point un Dieu : il est vrai que je jouis de l'immortalité, mais je tiens toute ma puissance d'une seule divinité que nous adorons tous, & qui est celle qui a formé tout ce qui est dans l'univers ; c'est par sa toute-puissance que nous régnons sur les ondes. Puis s'adressant à son fils, d'une voix qui fit trembler les voûtes de son palais, & qui, en gonflant tout l'océan, annonça une furieuse tempête: Comment, prince, avez-vous osé me surprendre, en faisant choix d'une payenne pour la faire participer à l'immortalité par une union qui ne se peut plus rompre ?

Le prince Verdoyant, qui s'apperçut que Tramarine étoit interdite & tremblante, n'osant plus lever les yeux, dit au roi des Ondins pour appaiser sa colère: Seigneur, vous n'ignorez pas que l'amour est un sentiment qui naît malgré nous & qui se nourrit par l'espérance. Cette passion étend sa domination sur tout ce qui respire dans ce vaste univers, son choix naît souvent du premier coup-d'œil; l'amour n'examine rien & ne met aucune différence entre le cœur d'une payenne & celui d'un génie, tous deux brûlans d'un même feu ne cherchent qu'à le nourrir. Il est vrai que je n'ai point examiné la croyance de la princesse Tramarine; ses malheurs m'ont touché, ses vertus, ses graces, ses talens & sa beauté m'ont charmé, & je l'ai jugée digne d'un sort plus heureux. C'est par cette raison que j'ai cherché tous les moyens pour l'affranchir du joug de la mort; mais, seigneur, je puis vous répondre de sa docilité à écouter les instructions que vous voudrez bien lui faire donner, & qu'elle se soumettra sans murmure à toutes vos volontés.

Tramarine, après avoir confirmé les paroles que le prince Verdoyant venoit de donner à sa majesté Ondine, ajouta qu'elle promettoit de se conformer à tout ce que l'on voudroit exiger d'elle, persuadée qu'un génie aussi éclairé ne chercheroit point à la surprendre. Le roi parut content de sa réponse, & ordonna qu'elle fût conduite dans l'appartement qui lui étoit destiné.

CHAPITRE VII.

Tramarine est conduite dans le Sallon des Merveilles.

Le génie Verdoyant accompagna Tramarine dans un pavillon de crystal, éclairé par des escarboucles qui paroissoient autant de soleils. Une des faces de ce pavillon donnoit sur un parterre, émaillé de mille sortes de fleurs inconnues sur la terre, & qui répandoient dans l'air un parfum délicieux. Un concert d'un goût

nouveau

nouveau se fit entendre, on y chanta les louanges du génie Verdoyant & celles de la princesse Tramarine : ce concert fini, elle fut conduite dans un sallon de glaces magiques qui avoient la vertu de représenter tout ce qui passoit dans le monde.

La princesse, surprise de cette merveille, dit au génie qu'elle seroit bien aise d'apprendre ce qui étoit arrivé à Céliane, depuis que la méchante Turbulente les avoit si cruellement séparées. Fixez votre attention sur les glaces, dit le prince, & vos désirs seront remplis à l'instant. Tramarine regarde dans une de ces glaces, qui lui représente d'abord les jardins de la fée Bonine ; Céliane y paroissoit évanouie, & les femmes, commises pour garder la princesse, s'empressoient pour la secourir ; leur trouble & leur inquiétude paroissoient dans leurs yeux. Revenue de cette foiblesse, elle la vit leur raconter son malheur ; son discours étoit interrompu par des sanglots, ses larmes couloient en abondance, & il sembloit que ses mêmes paroles se traçoient sur la glace. Toutes les femmes de la princesse, présentes à ce récit, paroissoient au désespoir ; mais l'état déplorable où se trouvoit la malheureuse Céliane, ne leur permit pas de la gronder sur sa négligence. Elle vit arriver ensuite la fée Bonine qui, ins-

Tome XXXIV.   P.

truite de l'enlèvement de Tramarine, entre dans son cabinet pour y consulter ses grands livres; elle fut long-tems à les feuilleter avec une attention singulière; puis, après avoir fait plusieurs figures avec la grande pentacule de Salomon, pour obliger un des génies, habitant de l'air, de descendre, afin de l'instruire du sort de Tramarine, elle force enfin, par ses conjurations, le génie Jaël de venir lui apprendre que la princesse est unie pour jamais au génie Verdoyant, prince des Ondins, & qu'elle est admise au sort des immortels. La fée, contente d'apprendre d'aussi bonnes nouvelles, se hâte d'en faire part à Céliane, en lui donnant le choix de rester auprès d'elle, ou d'être transportée dans tel royaume qu'elle voudroit choisir. Céliane préfère la société de Bonine à tous les autres avantages que la fée offroit de lui faire.

Voyez à présent, dit Verdoyant, le désespoir de Turbulente, il doit vous servir de comédie. Tramarine voit la magicienne échevelée accourir au bruit éclatant qui frappa ses oreilles, lorsque le génie brisa & renversa le cachot qu'elle avoit bâti par la force de ses enchantemens. Cette mégère s'arrachoit les cheveux de désespoir, & faisoit des hurlemens semblables à ceux de cerbère, conjurant les furies de seconder sa rage & sa fureur, & faisant mille imprécations contre Bonine, qu'elle croyoit être celle qui avoit délivré sa captive. On la vit ensuite monter dans sa voiture qui étoit attelée de six rats des plus monstrueux, pour aller consulter Pencanaldon. C'étoit un fameux magicien; mais comme elle n'étoit occupée que de sa vengeance, elle s'abandonna à la conduite de ses rats en leur laissant la bride sur le cou, & ils la culbutèrent dans un précipice où elle & sa voiture furent fracassées, & on la vit servir de pâture aux rats qui la conduisoient.

Tramarine dont le cœur étoit excellent, ne put voir ce spectacle sans horreur, malgré les maux qu'elle lui avoit fait souffrir. Elle se retourna vers une autre glace qui lui fit voir la reine Pentaphile qui, après avoir su qu'elle étoit partie pour son exil, parut se repentir du jugement rigoureux qu'elle avoit été, pour ainsi dire, forcée de prononcer contre la fille du roi de Lydie. Cette princesse fut plusieurs jours renfermée, sans vouloir permettre à personne de se présenter devant elle. Enfin, ne pouvant contenir sa douleur, elle fit venir la Chancelière, lui fit de vifs reproches de l'avoir privée pour toujours de la vue d'une princesse aimable, qui devoit faire pour toujours l'ornement de sa cour, & à laquelle elle se proposoit de remettre dans peu le gouvernement de l'état, sentant que ses forces s'affoiblissoient chaque jour. N'eût-elle pas été assez punie, ajouta Pentaphile, d'ignorer le sort du prince son fils, sans espérance d'en apprendre jamais aucune nouvelle ? D'ailleurs, le roi de Lydie peut se repentir de l'avoir privée des droits qu'elle a à sa couronne; ne peut-il pas aussi me la redemander pour former quelques alliances utiles à son royaume ? C'est contre ma volonté qu'on a prononcé son exil, & l'on n'a pas eu assez d'égard à son rang ni à sa naissance.

La Chancelière jugeant, par les regrets de la reine, qu'elle étoit en danger de perdre sa faveur, voulut faire un dernier effort pour conserver au moins sa place : c'est pourquoi elle répondit que pour peu que sa majesté désirât de revoir la princesse, il seroit très-facile de la faire revenir à la cour; que la fée Bonine, qui l'avoit prise sous sa protection, se feroit un plaisir de la ramener; & que l'arrêt que sa majesté avoit rendu serviroit de même à maintenir ses peuples dans leur devoir, & que c'étoit le seul but que son conseil s'étoit proposé dans la condamnation qu'on avoit été forcé de prononcer, afin d'assujettir ses sujets à l'observation des loix que sa majesté avoit elle-même établies. Il falloit un exemple frappant, ajouta la Chancelière, & qui pût les intimider; mais votre majesté est toujours maîtresse d'accorder des graces aux personnes qu'elle juge qui en sont dignes. J'oserai seulement faire observer à votre majesté, qu'en rappellant la princesse dans votre cour, après l'arrêt fatal qu'il a été nécessaire de prononcer contre elle, il est à craindre qu'elle n'en conserve un souvenir amer, & que lorsqu'elle aura l'autorité en main, elle ne vienne à changer toute la forme du gouvernement, en donnant entrée dans le royaume à de nouveaux usages.

Ce discours adroit n'empêcha pas la disgrace de la Chancelière. Ses ennemies, jalouses du pouvoir qu'elle avoit usurpé, ne manquèrent pas de profiter de ces circonstances pour achever de la noircir dans l'esprit de leur souveraine. Plusieurs mémoires lui furent présentés, où il étoit prouvé que la Chancelière n'avoit animé les magiciennes contre la princesse, que dans la vue de s'emparer de toute l'autorité; les brigues qu'elle fomentoit depuis long-tems dans les troupes, ne tendoient qu'à se faire donner l'administration du royaume. Toutes ces accusations furent prouvées, & l'on fit encore remarquer que les principales charges de l'état n'étoient plus occupées que par ses créatures.

La reine, surprise de se voir ainsi trompée par une femme dans laquelle elle avoit mis toute sa confiance, & qu'elle avoit tout lieu de croire lui être attachée par toutes les faveurs dont elle n'avoit jamais cessé de la combler, délivra sur le champ un ordre pour qu'elle fût conduite dans l'isle de l'Ennui, la trouvant trop coupable pour la priver de la vie. Cet ordre fut exécuté dans l'instant, & tous les trésors qu'elle avoit amassés furent confisqués au profit des troupes.

Tramarine fut curieuse d'apprendre la situation de l'isle de l'Ennui dont elle n'avoit jamais entendu parler; les glaces lui représentèrent aussi-tôt un endroit marécageux, toujours rempli d'un brouillard épais, où jamais le soleil ne fait sentir ses rayons; une terre aride & couverte de monstres affreux qui, par leur venin, répandent un air pestiféré; il ne croit dans cette isle que des plantes vénimeuses. Ce fut dans cet horrible endroit où Tramarine vit arriver son ennemie; mais ce qu'elle ne put voir sans frémir d'horreur, ce furent ces monstres qui, se saisissant de cette criminelle, lui dévoroient les entrailles, l'un s'attachoit à lui ronger le cœur, d'autres attaquoient différentes parties de son corps; &, par un prodige inoui, loin que ces cruautés lui ôtassent la vie, elle sembloit se renouveller par ses souffrances. C'est ainsi, dit le génie Verdoyant, que tous les criminels d'état, qui ont abusé de la confiance de leur maître en vexant ses peuples, doivent souffrir pendant plusieurs siècles.

La princesse, continuant ses observations sur le royaume de Castora, remarqua qu'on venoit de nommer, pour occuper la place de Chancelière, une femme d'un mérite distingué & fort attachée à ses intérêts. Dès qu'elle eut prêté le serment de fidélité, son premier soin fut de proposer au conseil le rappel de la princesse, dont la vertu & le mérite supérieur étoient un sûr garant de sa bonne conduite. Elle ajouta, en s'adressant à la reine, qu'après avoir donné un exemple de sévérité dans la personne de la princesse Tramarine, sa majesté ne pouvoit en donner un de sa clémence, dans aucun objet qui fût plus digne & en même-tems plus agréable à ses peuples.

La reine se rendit sans peine à ce sage conseil, &, pour favoriser celle qui le lui avoit donné, elle la nomma, afin d'annoncer elle-même à la princesse la grace qu'elle lui faisoit en ordonnant son rappel. Un détachement de quatre mille amazones fut commandé pour honorer le triomphe de la princesse.

Tramarine, satisfaite d'apprendre qu'on étoit enfin forcé de rendre à sa naissance & à ses vertus la justice qui leur étoit due, & s'embarrassant peu des regrets que sa perte pourroit occasionner, d'ailleurs fort impatiente de voir le sort du prince son fils, passa à une autre glace où elle vit la magicienne Camagnole, qui, après s'être emparée du jeune prince, remonta dans son cabriolet que le caprice conduisit chez Philomendragon, un des plus grands magiciens qu'il y eût. C'étoit un homme furieux, méchant, fourbe & sanguinaire ; il avoit instruit Camagnole dans l'art magique, & l'on peut dire qu'elle en savoit presqu'autant que lui. Dès qu'elle fut arrivée, ils examinèrent ensemble le petit prince ; & Philomendragon, après avoir tracé différentes figures sur une grande table d'ébène, fit une si épouvantable grimace, en les montrant à Camagnole, que Tramarine, tremblante pour son fils, détourna les yeux de dessus la glace avec un effroi terrible en regardant le génie. Cher prince, lui dit-elle dans le trouble qui l'agitoit, souffrirez-vous que cette abominable magicienne dispose des jours du prince votre fils. Rassurez-vous, chère Tramarine, il n'est pas au pouvoir du magicien d'attenter fur les jours d'un enfant qui tient fa naiffance d'un génie; & la grimace que vous venez de lui voir faire, n'eft occafionnée que par les connoiffances qu'il s'eft acquifes, par fon art, qu'il ne pourroit jamais lui nuire. Mais, reprit Tramarine, n'eft-il pas en votre pouvoir de le retirer des mains de ces deux monftres, qui vont déformais ne s'occuper qu'à gâter l'efprit du jeune prince, en ne lui donnant que de faux principes & une très-mauvaife éducation?

Vos réflexions font juftes, dit Verdoyant; mais j'ai prévu à tous les inconvéniens qui pourroient arriver, & veux bien vous dire, pour achever de vous tranquillifer, que déja un fylphe de mes amis s'eft chargé de veiller fur la conduite de votre fils. Je croyois, dit Tramarine, votre pouvoir fans bornes; apprenez-moi du moins fa deftinée. Je ne puis à préfent, fur ce point, vous fatisfaire: contentez-vous de la parole que je vous donne qu'il fera très-heureux. Tramarine infifta, & le génie, en refufant de contenter fa curiofité, l'irrita. Les femmes, ainfi que les hommes, font naturellement curieufes; le defir d'apprendre femble inné avec nous, & les grands ne devroient rien ignorer par les foins qu'on fe donne pour leur éducation; les talens, les fciences & l'humanité doivent servir à soutenir la dignité de leur rang, quoique souvent la naissance ne donne pas toujours l'esprit & le jugement: on diroit que la nature se plaît quelquefois à dédommager ceux qu'elle a fait naître dans un état médiocre; mais c'est assez moraliser.

Tramarine insista donc avec beaucoup de chaleur; elle employa tout ce qu'elle put imaginer de plus puissant pour vaincre la résistance du génie: mais, malgré ses instances, voyant qu'il ne se rendoit point, elle prit son refus pour un pur entêtement, lui fit mille reproches, se plaignit de son peu d'amitié, dit qu'elle étoit bien malheureuse d'avoir eu tant de confiance & des sentimens si tendres pour un prince qui y répondoit si peu. Des pleurs & des soupirs se joignirent à ses reproches, ce qui attendrit le génie au point qu'il fut prêt de céder à son impatience. Qu'exigez-vous de moi, reprit-il d'un air passionné? Sachez qu'à mon silence est attaché le bonheur du jeune prince; si je parle, son heureux destin est changé en des malheurs affreux.

Tramarine, persuadée que le discours du génie ne tendoit qu'à éluder de satisfaire l'envie qu'elle avoit d'apprendre le sort de son fils, loin de céder à ses raisons, redoubla ses instances. Donnez-moi du moins, ajouta la princesse, cette marque de confiance. Que craignez-vous de mon indiscrétion ? Les intérêts de mon fils ne sont-ils pas un motif assez puissant pour renfermer au-dedans de moi-même un secret qui pourroit lui nuire ? D'ailleurs, puisqu'il ne m'est plus permis d'habiter sur la terre, ce dépôt ne peut lui être contraire.

Que ne peut l'amour ! Son pouvoir se manifeste au ciel, dans les airs, sur la terre & sous les ondes. Le génie alloit céder aux instances de la princesse, lorsque le roi des Ondins parut tout-à-coup dans le sallon. Sa présence surprit infiniment la princesse ; son trouble se manifesta par la rougeur dont son front se couvrit. Elle craignoit que le roi n'eût entendu l'altercation qu'elle venoit d'avoir avec le prince Verdoyant ; elle ignoroit encore qu'un génie a le pouvoir de lire ce qui se passe dans le cœur d'une personne en la regardant.

Le roi des Ondins jugeant, par ce qui venoit d'arriver sur les indiscrètes curiosités de Tramarine, qu'elle n'étoit pas assez purgée de la matière terrestre qui l'avoit enveloppée, & que la dose d'élixir élémentaire que Verdoyant lui avoit donnée, lorsqu'il la fit descendre dans l'empire des ondes, n'étoit pas suffisante pour son repos, ordonna de lui en faire reprendre encore un grand verre ; ce qui acheva de la rendre entièrement semblable aux Ondins, en lui faisant envisager les choses qui l'avoient le plus affectée, avec une tranquillité stoïque; &, sans perdre de vue tout ce qui l'intéressoit sur la terre, elle n'en parla depuis qu'avec la modération convenable à une princesse des ondes.

Plusieurs mois se passèrent après lesquels le roi, content des vertus, des dispositions où il voyoit Tramarine, engagea le prince des Ondins de la faire voyager par toute l'immense étendue de ses liquides états, afin de la faire connoître à tous ses sujets, & l'instruire en même-tems de la religion & des loix de l'empire. Il accorda quinze ans pour son voyage, pour qu'elle pût séjourner dans les endroits les plus curieux : peut-être ce tems paroîtra-t-il long aux personnes peu instruites des usages de ce monde ; mais qu'ils apprennent que, dans les ondes, ce tems passe comme un jour. Ce voyage, que le roi des Ondins ordonna à Tramarine, fut regardé comme un trait de sa politique. Cette princesse étoit la première personne de la terre qu'il avoit admise dans son empire, sans subir le joug de la mort ; ce qui change entièrement la façon de penser des habitans de notre hémisphère. Ce monarque craignit, peut-être avec raison, que, malgré la double dose d'élixir élémentaire qu'on avoit fait prendre à

Tramarine, elle ne retombât encore dans ses anciennes foiblesses, sur-tout se trouvant sans cesse à portée d'admirer chaque jour les singulières beautés renfermées dans le sallon des merveilles; ce fut donc afin de la fortifier dans leurs maximes & dans leurs loix que ce voyage fut ordonné.

Il est à présumer que, quoique Tramarine fût la plus parfaite de toutes les femmes, elle n'avoit pas encore acquis les vertus & les dons dont les génies sont doués dès leur naissance; & que, malgré les grandes dispositions qu'elle avoit pour les sciences, ce ne fut qu'après bien des années qu'elle fut remplie de ces talens admirables qui ne sont accordés qu'aux génies du premier ordre. Le roi, occupé des préparatifs du voyage du prince & de la princesse, & voulant qu'il se fît avec toute la pompe due à la majesté ondine, ordonna que leur suite seroit composée de dix mille Ondins & trois mille Ondines.

Peut être pensera-t-on qu'un aussi nombreux cortège devoit faire beaucoup d'embarras dans un voyage d'aussi long cours: c'est pourquoi je dois instruire mon lecteur que les Ondins n'en causent aucun; comme ce sont des génies, ils n'ont besoin d'aucunes provisions, l'air suffit à leur subsistance. Tramarine, devenue immortelle & par conséquent participante à toutes les vertus des Ondins, étoit aussi dispensée des besoins auxquels la nature humaine a assujetti les foibles mortels.

CHAPITRE VIII.

Voyages dans l'Empire des Ondes.

LE jour fixé pour le départ du prince & de la princesse, ils furent prendre congé de sa majesté Ondine, après quoi ils montèrent dans leur char que leur suite suivit dans des voitures de nacre de perles, faites en forme de coquilles; ce qui devoit représenter le plus beau coup-d'œil du monde pour ceux qui ont pu avoir l'avantage d'en être les témoins.

Le génie dirigea d'abord sa route du côté du midi; il s'arrêta dans un endroit où se donnèrent de fréquens combats, qui ne servent souvent qu'à peupler l'empire des ondes. Je vois, dit le prince, que vous regardez avec surprise cette multitude de nouveaux habitans qui jusqu'alors vous ont été inconnus. Apprenez, ma chère Tramarine, que ces gens que vous voyez arriver à tout instant, sont des personnes qui viennent de subir le sort attaché à tous les mortels, la mort, & qu'elles ont été condamnées par le Tout-Puissant à demeurer parmi les Ondins pendant un certain nombre d'années, proportionné aux fautes qu'elles ont commises sur la terre. Quoique je sois déja instruit de leur conduite, je vais néamoins en interroger quelques-uns, pour vous faire connoître jusqu'où peut aller la méchanceté des hommes qui habitent actuellement sur la terre.

Le génie fit en même-tems approcher un homme qui paroissoit vêtu d'une façon singulière, & lui demanda pourquoi il étoit condamné à boire, pendant cent mille ans, 40 pintes par jour de thé élémentaire. Prince, dit ce misérable, quoique ma pénitence soit longue, je rends graces au Tout-Puissant de ne me l'avoir pas donnée plus rigoureuse ; l'espérance que j'ai d'un avenir heureux m'en fait supporter sans murmure la longueur, parce que rien n'est si consolant pour un malheureux que d'être persuadé que ses peines seront un jour changées en des plaisirs purs & réels ; car il semble que l'on anticipe sur son bonheur par la certitude où l'on est d'y arriver. Voici donc mon histoire en peu de mots, pour ne point fatiguer l'attention de la princesse qui vous accompagne.

Elevé aux premières dignités de l'état, par les bontés d'un grand monarque qui m'avoit accordé toute sa confiance, loin d'employer mes talens à mériter ses bontés par ma reconnoissance & un attachement sincère aux intérêts de mon maître, l'élévation subite de ma fortune ne fit qu'augmenter mon orgueil. Devenu insolent par le succès de quelques entreprises, je crus pouvoir tout hasarder. Je commençai par dissiper les finances, & je fus ensuite obligé de surcharger le royaume des dettes onéreuses à l'état; pour cacher en quelque sorte le mauvais emploi que je faisois des sommes immenses qui se levoient tous les jours sur les peuples, je suscitai des guerres injustes qui firent périr les plus braves officiers & les meilleurs soldats, & répandirent la désolation dans tous les esprits. J'engageai ensuite le prince dans de fausses démarches capables d'abaisser son pouvoir, parce qu'elles tendoient à augmenter le mien. Une conduite si opposée à la justice du gouvernement, m'a enfin attiré la haine publique; on a approfondi mes démarches, & le monarque désabusé vient de me faire subir la peine due à mes forfaits.

Tramarine.

CONTE MORAL.

Tramarine, surprise de l'ingratitude & de la mauvaise foi de ce favori, demanda au prince si on pouvoit se fier aux discours d'un homme accoutumé depuis si long-tems au mensonge & à l'intrigue, & s'il ne cherchoit point encore à lui en imposer. Non, chère Tramarine, dit le génie; lorsque les humains ont quitté ces corps qui les enveloppent & les tiennent à la terre, (comme ceux que vous voyez ne sont que fantastiques) il n'est plus en leur pouvoir de nous déguiser la vérité, ni de chercher à nous surprendre; envoyez ici, afin d'exécuter l'arrêt de leur condamnation; rien ne peut diminuer la rigueur de leur sort. Dites-moi, je vous prie, si tous ces peuples que je vois arriver en foule, & qu'on dit être morts pour la défense de leur liberté, sont condamnés aux mêmes peines; ces gens me paroissent pleins de candeur & de bonne foi. Il est vrai, dit Verdoyant, qu'ils sont simples & sans malice: mais ici le châtiment est proportionné aux fautes qu'on a commises, & ceux que vous voyez ne descendent sous les ondes qu'afin de s'y purifier. Moins coupables que les autres, leurs peines sont aussi plus légères & plus courtes, & ils ne sont point obligés de boire le thé. Tramarine exigea du génie une explication beaucoup plus

Tome XXXIV. Q

étendue, à laquelle il se prêta volontiers pour l'instruction de la princesse ; mais comme cette conversation fut très-longue & peut-être un peu ennuyeuse, nous passerons à d'autres faits plus ou moins intéressans.

Fin de la première Partie.

SECONDE PARTIE.

CHAPITRE IX.

Histoire de la grande Géante.

APRÈS que Verdoyant eut instruit Tramarine sur les principaux articles qui devoient l'intéresser, ils continuèrent leur route, & s'arrêtèrent sur les bords d'un fleuve qui servoit de limites à deux nations sujettes à de grandes révolutions. La princesse, surprise de voir une foule de gens campés comme par bataillons, & dont les habillemens différens formoient une espèce de tableau assez singulier : que signifient ces déguisemens ? demanda Tramarine ; sans doute qu'on se prépare à jouer ici quelque comédie, & qu'on a choisi cet endroit pour leur servir de théatre.

Le génie souriant de l'erreur de Tramarine, lui dit que les différens habillemens qu'elle remarquoit, ne servoient qu'à distinguer les régimens qui composoient l'armée d'une souveraine très-respectable par ses vertus, & qu'ils avoient autrefois servie pendant long-tems avec beaucoup de zèle & d'attachement. Ces peuples sont guidés les uns par le goût de la nouveauté, d'autres par celui des richesses ; l'ambition domine ceux-là, ceux-ci se laissent entraîner par foiblesse ; enfin la plus grande partie s'est liguée pour secouer l'autorité qui devoit les retenir dans le respect : mais, pour vous mettre au fait de leur dispute, il faut commencer par vous apprendre le sujet qui l'a fait naître.

Dans une des républiques de cet empire, est née de la discorde & du mensonge une fille, dont l'esprit séducteur a su gagner les principaux officiers de la princesse régnante qui, séduite elle-même par des dehors trompeurs, l'a fait venir à sa cour. Personne n'a d'abord pensé à s'opposer aux progrès que cette fille faisoit dans le cœur de leur souveraine ; mais, en grandissant peu-à-peu, elle est devenue une géante qui s'est si bien fortifiée dans l'esprit de la princesse, qu'elle a envahi une partie de son autorité, &, malgré l'obscurité de sa naissance, elle s'est néanmoins procuré quantité d'adorateurs, lesquels, pour captiver ses bonnes graces & obtenir de ses faveurs, s'empressent chaque jour à composer des élégies, des églogues & des épîtres, qu'on lui présente en grande cérémonie : c'est par-là que se font connoître ceux qui lui sont le plus attachés. Comme elle est vaine, ambitieuse, fière & orgueilleuse, & qu'elle captive entièrement l'esprit de la princesse, elle a eu l'adresse, pour augmenter son autorité, de changer toute la forme de l'ancien gouvernement pour établir de nouvelles loix ; enfin, rien ne se fait plus que par ses ordres, rien n'est si audacieux que ceux qui exécutent ses volontés, on leur voit entreprendre tous les jours les choses les plus extraordinaires, sans que personne ose s'opposer à leurs desseins : par une espèce de considération qu'on croit devoir aux titres éminens dont ils sont revêtus, c'est là ce qui les enhardit à tout entreprendre ; mais ce qui est encore plus singulier, c'est qu'ils exécutent avec assurance ce que les autres hommes n'auroient jamais osé penser.

Les fidèles sujets de la princesse, rebutés par toutes ces raisons, & encore plus des soumissions aveugles que la géante veut exiger d'eux, se sont révoltés ; d'autres plus hardis attaquent personnellement la géante, en disant que c'est une fille dont on ne connoît ni le nom, ni la naissance ; quelques-uns prétendent la faire passer pour bâtarde ; ce qui forme différens partis dans les états de la princesse, & ce qui fait que beaucoup de ses sujets cherchent à secouer le joug de cette fille d'adoption, sur-tout depuis qu'elle a entrepris d'envahir tous les gouvernemens, & de s'attribuer les graces qui ne pouvoient ci-devant être accordées que par la princesse. On prétend même qu'elle n'a en vue que d'éloigner les sujets de l'obéissance qu'ils doivent à leurs souverains, par de nouvelles constitutions qui paroissent contradictoires & entierement opposées à l'ancienne morale: bien des corybantes ont refusé de s'y soumettre, & la plûpart ont pris l'étendard de la rebellion, ce qui forme des guerres perpétuelles; & les différentes nations que vous voyez se rassembler ici, ne viennent que pour demander la tête de la géante.

Dites moi, demanda Tramarine, quelles raisons peut avoir la princesse de vouloir s'obstiner de compromettre son autorité, en la laissant dans les mains d'une fille qui peut mettre tous les états en combustion ? Ne devroit-elle pas plutôt la reléguer dans quelque isle éloignée, afin de rétablir la paix que tout souverain doit désirer pour assurer le bonheur de ses peuples ? Ne pourroit-on pas encore la marier à quelque prince étranger, assez puissant & assez ferme pour la réduire à l'obéissance ? Le grand Turc, ou le grand Kan de Tartarie, me paroîtroit assez bon fait. Il est vrai, dit Verdoyant, mais ils l'ont refusée; cependant on vient de nommer des plénipotentiaires pour traiter de la paix, ils ont ordre de proposer le mariage de la géante avec Philomendragon qui, comme vous savez, est un grand magicien & un géant des plus monstrueux qui ait jamais paru. On espère que la princesse pourra se rendre aux vœux de ses peuples, & que ce mariage les délivrera de la tyrannie de cette fille, d'autant mieux que les états du géant sont précisément les antipodes de ceux de la princesse, ce qui fait qu'on n'a pas lieu de craindre d'une pareille union. Je la crains beaucoup pour moi-même, dit Tramarine, puisque le prince notre fils est au pouvoir de ce terrible magicien ; & je regarde son union avec cette méchante géante comme une surabondance de maux pour ce cher enfant. Je vous ai déjà dit, princesse, reprit le génie, qu'il ne pouvoit rien entreprendre contre mon fils ; mais, pour achever de vous tranquilliser, apprenez que le sylphe qui s'est chargé de son éducation, le tient actuellement sous sa puissance. Le prince & la princesse furent alors interrompus par un bruit de guerre qui se fit entendre : tous les soldats coururent se ranger sous leurs étendards, & l'on vit paroître une nuée noire de troupes auxiliaires qui, s'avançant en désordre, se réunirent ensuite & formèrent un gros bataillon quarré.

Alors on vit paroître la géante : elle étoit semblable à une des pyramides d'Egypte. Sa tête, qui étoit triangulaire, repréfentoit trois vifages : dans l'un, elle paroît douce & modefte, c'eft celui qu'elle montre lorfqu'elle veut fubjuguer de nouveaux peuples ; l'autre, peint l'arrogance & la fierté, quand elle eft parvenue à fes fins, & fon troifième vifage marque un air furieux & menaçant. Ses bras & fes jambes font autant de ferpens qui la font mouvoir. Tramarine, effrayée à la vue d'un monftre auffi hideux, ne voulut pas refter davantage fur les bords de ce fleuve ; c'eft pourquoi on ne pût favoir le fuccès de la bataille qui s'y donna.

CHAPITRE X.

L'accompliffement de l'Oracle.

LE génie, cédant au defir que Tramarine avoit de s'éloigner, la conduifit fur les côtes de la Lydie. La princeffe, remarquant un vieillard dont l'air majeftueux fembloit infpirer le refpect, fe fentit fort émue. Cher prince, dit-elle au génie, je ne puis réfifter aux tendres mouvemens que je me fens pour ce vénérable vieillard : accordez-moi, je vous prie, la satisfaction de l'entendre. Le prince des ondins complaisant, comme le sont tous les génies amoureux, dit à Tramarine qu'elle étoit la maîtresse de l'interroger, & fit signe en même tems au vieillard de s'approcher. Quoiqu'il n'ignorât point que c'étoit le roi de Lydie, il voulut néanmoins laisser à la princesse le plaisir d'en être instruite par lui-même. Tramarine, sentant redoubler l'intérêt qu'elle prenoit à ce monarque, car elle ne doutoit pas qu'il n'en fût un, lui demanda avec beaucoup de douceur, & de ce ton que la tendresse & l'amitié pure inspire, qui il étoit ? quelle contrée de la terre il avoit habitée avant de descendre chez les Ondins ? Je suis Ophtes, répondit le roi, j'ai régné plus de soixante ans dans la Lydie.

A ces mots, si Tramarine n'eût pas joui des prérogatives attachées aux grands génies, qui ne peuvent jamais éprouver aucune foiblesse, elle se fût sûrement évanouie ; mais elle en fut quitte pour un petit saisissement. Ah, mon père ! s'écria la princesse, je puis donc enfin jouir du bonheur de vous revoir ; mais n'avez-vous point à vous plaindre du destin qui me le procure ? Ma fille, reprit le roi de Lydie, en lui marquant cette tendre émotion qu'on ressent à la vue d'un plaisir inattendu, vous allez apprendre, par le récit de mes aventures, la fatalité de mon destin, & l'accomplissement d'un oracle qui, jusqu'à ce moment, m'a toujours paru impénétrable.

Je sais, poursuivit le roi, que vous avez été instruite chez la reine de Castora des principaux événemens qui se sont passés dans la Lydie jusqu'au tems de votre exil; je passerai donc rapidement sur les premières années qui se sont écoulées, depuis il ne m'est rien arrivé de remarquable. Je jouissois d'une sécurité parfaite, ma couronne étoit assurée dans ma famille par la naissance de deux princes que les dieux m'avoient accordés, lorsque j'appris que Pencanaldon, dont les états sont contigus aux miens, venoit de faire une irruption dans une de mes provinces; j'appris en même tems qu'il s'étoit emparé d'une des plus fortes places de la Lydie. Surpris d'un pareil procédé, sûr qu'il n'avoit aucune plainte à me faire d'aucune part que ce pût être, n'ayant jamais eu aucun démêlé avec lui, je me hâtai de faire assembler mes troupes, dans la vue de m'opposer à la rapidité de ses nouveaux progrès; je partis à la tête de cinquante mille hommes, tous soldats aguerris, dans l'espoir de chasser le perfide Pencanaldon & de le châtier de son audace: mais la fortune qui jusqu'alors m'avoit toujours été favorable, me fit sentir vivement, dans cette rencontre, le peu de fonds qu'on doit faire sur cette inconstante déesse.

Comme les désordres augmentoient chaque jour, je fus contraint de forcer ma marche pour arrêter les progrès de mon ennemi ; j'arrivai enfin à peu de distance de l'armée du traître Pencanaldon, qui m'attendoit en bon ordre pour me livrer bataille. J'étois résolu de tâcher d'éviter le combat, afin de donner à mes troupes le tems de se reposer : mais mes soldats étant excités eux-mêmes par les bravades de l'ennemi, je ne fus plus le maître d'arrêter leur courage fougueux ; la bataille s'engagea insensiblement, elle fut des plus sanglantes. Cependant je conservai long-tems l'avantage, &, lorsque j'allois me rendre le maître du champ de bataille, par une fatalité que je ne puis comprendre, l'épouvante se mit tout-à-coup dans mon armée, mes troupes se débandèrent, la plus grande partie prit la fuite, &, malgré mes efforts, je ne pus jamais les rallier : que vous dirai-je enfin ? ma défaite fut complette, & j'eus encore le malheur d'être fait prisonnier avec la reine qui m'avoit suivi dans cette expédition.

Pencanaldon, glorieux du succès de sa victoire, nous conduisit dans sa ville capitale, en nous menant attachés à son char de triomphe comme de misérables esclaves. Il nous fit ensuite renfermer dans une tour, bâtie sur une pointe de rocher qui paroissoit fort avancé dans la mer: mais ce qui augmenta ma peine & mon désespoir, c'est qu'il eut encore la cruauté de me séparer de Cliceria; & j'appris quelques jours après, par deux officiers commis pour ma garde, qui, me croyant endormi, causoient familièrement ensemble.....

J'appris donc que la cause de tous les désordres qui venoient d'arriver, ne provenoit que de l'amour que le perfide Pencanaldon avoit pris pour la reine, parce qu'il se flattoit qu'après m'avoir vaincu, il ne lui seroit pas difficile de séduire l'esprit de la reine Cliceria, en lui proposant de partager avec elle son royaume, & de la laisser disposer entièrement de mes états qu'il venoit de réunir à sa couronne, ne faisant aucun doute qu'étant son prisonnier, il ne me forçât à la répudier lorsque je croirois ne pouvoir obtenir ma liberté qu'à ce prix. Ainsi, aveuglé par sa passion, il ne crut point trouver d'obstacle à ses mauvais desseins, il osa même les déclarer à la reine sans aucun ménagement. Cliceria, indignée des propositions qu'il eut l'audace de lui faire de l'épouser, lorsqu'il seroit parvenu à me faire signer l'acte qui devoit la rendre à elle-même, lui marqua avec beaucoup de fierté tout le mépris qu'elle faisoit des sentimens pareils aux siens; &, loin de vouloir achever de l'entendre, elle fut se renfermer dans son cabinet, en lui défendant de reparoître devant elle, à moins que l'honneur, la vertu & la probité, qu'il avoit bannis de son cœur, ne revinssent animer son ame, & lui inspirer des procédés & de nouveaux sentimens dignes d'être adoptés par Ophtes & par Cliceria.

Cependant l'indigne Pencanaldon employa long-tems les prières & les plus tendres supplications, pour tâcher de séduire la reine; mais s'appercevant qu'elles ne faisoient qu'augmenter le mépris qu'elle avoit pour lui, il changea de conduite, en substituant les menaces les plus terribles si elle ne se rendoit à ses desirs. Toutes ces différentes attaques furent vaines: Cliceria, fortifiée par la gloire & la vertu, les soutint avec une fermeté digne de son rang.

Je fus instruit d'une partie de ses peines par une des femmes de la reine, qui, jouissant d'un peu plus de liberté, avoit trouvé le secret de gagner un de mes gardes, qui l'introduisoit pendant la nuit dans mon appartement. Quoique cette femme s'efforçât de diminuer une partie de l'affreuse situation dans laquelle se trouvoit Cliceria, mon esprit, toujours industrieux à me tourmenter, me la faisoit ressentir telle qu'elle étoit. Accablé de douleur, & ne pouvant rien pour adoucir les peines d'une princesse qui m'étoit d'autant plus chère, que j'étois très-persuadé qu'elle ne devoit ses maux qu'à l'attachement qu'elle avoit toujours eu pour moi, je ne pouvois néanmoins les adoucir. Il est peut être sans exemple que des sujets, que j'avois traités plutôt en père qu'en roi, s'intéressassent assez peu à mon sort pour n'oser former le dessein de me délivrer de ma captivité; je ne pouvois donc qu'exhorter la reine à souffrir constamment des peines qu'elle ne pouvoit éviter.

Pencanaldon, qui ne vouloit pas s'éloigner de la reine, donna ordre à ses généraux de s'emparer de toute la Lydie; ce qu'ils exécutèrent en deux campagnes, personne ne s'opposant à leurs rapides conquêtes. J'appris ces fâcheuses nouvelles, avec celles que mes peuples s'étoient rendus, sans aucune résistance, à mon perfide tyran; & ce qui mit le comble à mon désespoir, fut la perte des deux jeunes princes que j'avois laissés dans mon palais, sous la conduite de leur gouverneur, homme dont la probité m'étoit connue. Je redoutois, avec raison, les cruautés de cet ennemi de l'humanité : mais voici le dernier coup de sa perfidie.

La reine, qui étoit enceinte, lorsqu'on nous fit prisonniers, avoit caché, avec un soin extrême, l'état où elle étoit. Célinde, celle de ses femmes dans laquelle elle avoit le plus de confiance, s'offrit à la délivrer d'une princesse qu'elle se disposoit à soustraire aux yeux du cruel Pencanaldon, lorsqu'il entra inopinément dans l'appartement de la reine, où, se saisissant de cette innocente victime, il l'emporta lui-même pour la donner à sa fille, nommée Argiliane, avec ordre de la faire exposer dans la forêt à la voracité des bêtes féroces. Argiliane, frémissant d'un arrêt si inhumain, loin d'obéir aux ordres de son père, conduisit seule la petite princesse dans l'île Craintive : cette île lui avoit été donnée pour son apanage, avec le pouvoir de commander. Après avoir doué cet enfant de toutes les perfections imaginables, elle lui donna le nom de Brillante ; &, pour la soustraire aux recherches de Pencanaldon, au cas qu'il vînt à découvrir sa désobéissance, elle la déposa entre les mains de la femme d'un berger pour la nourrir, lui recommandant sur toutes choses de ne la laisser voir à personne sous quelque prétexte que ce fût.

La reine apprit que la princesse Argiliane s'étoit chargée de sa fille. Elle la connoissoit pour une grande magicienne, mais elle ignoroit que cette princesse ne s'appliquoit à l'étude des sciences, & sur-tout à celle de la Chiromancie, que pour faire le bien, & dans la vue d'arrêter les injustices & les cruautés de son père. Cliceria, dont les maux augmentoient chaque jour, ordonna à Célinde, femme d'un très-grand génie, d'employer tous ses soins pour parvenir jusqu'à la princesse. Célinde, remplie de zèle pour le service de sa maîtresse, s'insinua avec beaucoup d'adresse auprès d'Argiliane; elle eut l'art de gagner sa confiance, & lui peignit les malheurs de la reine avec des traits si touchans qu'elle l'attendrit en sa faveur, & l'engagea enfin à s'intéresser vivement pour cette infortunée princesse. Argiliane, dont le cœur étoit excellent, gémissoit tous les jours, sans oser le faire connoître, sur la conduite barbare du roi son père; c'est pourquoi elle se détermina aisément à favoriser de tout son pouvoir une reine opprimée, en lui procurant mille secours pour la soutenir contre les poursuites

de

CONTE MORAL.

de Pencanaldon, & l'aider en même tems à supporter ses peines, sans néanmoins oser se déclarer ouvertement, dans la crainte d'irriter son père.

Depuis long-tems Pencanaldon se proposoit l'union de la princesse sa fille, avec le prince Corydon, son neveu, qui lui faisoit assidument sa cour. Mais, quoiqu'Argiliane reconnût en lui des qualités bien supérieures aux autres princes de son sang, l'aversion qu'elle conservoit pour la dépendance lui fit toujours éloigner cette union. Dans la crainte que le roi son père ne voulût un jour la contraindre, elle prit la résolution de proposer au prince le mariage de la princesse de Lydie, qui avoit la réputation d'être une des plus belles princesses de la terre. Je vous connois les sentimens trop délicats, ajouta Argiliane, pour vous prévaloir du pouvoir que vous vous êtes acquis sur l'esprit de mon père. Je ne puis jamais être à vous, malgré la préférence que je vous ai toujours donnée sur vos rivaux. Si je pouvois me déterminer à faire un choix, vous seul seriez capable de le fixer; mais la résolution que j'ai formée de passer ma vie dans l'indépendance, me détermine à vous prier de ne plus penser à notre union.

Le prince Corydon parut anéanti par ces paroles: il ne put y répondre que par un soupir; &, quoiqu'il n'eût jamais ressenti une grande passion pour Argiliane, l'habitude qu'il s'étoit faite de la voir, de s'entretenir souvent avec elle de science & des intérêts de l'état; peut-être aussi l'espérance d'acquérir par ce mariage un des plus beaux royaumes du monde, toutes ces raisons réunies lui firent souffrir impatiemment le discours de la princesse. Il se plaignit amèrement de son indifférence, fit de tendres reproches, & employa toute l'éloquence que peut former une ambition fondée sur des espérances que le roi nourrissoit depuis long-tems; mais s'appercevant enfin que rien ne pouvoit toucher le cœur d'Argiliane, il se borna à la supplier de lui conserver son estime, ajoutant qu'il mettroit toujours son bonheur & sa gloire à la mériter.

Ce fut après cette conversation que la princesse conseilla à Célinde de voir le prince Corydon, de lui vanter les charmes de la princesse de Lydie, qui devoit être à la cour de Pentaphile, reine de Castora. Je sais, dit Argiliane, qu'elle est d'une beauté ravissante, qu'elle a toutes les vertus dignes du trône, & que Pentaphile lui destine le sien. Vous devez ensuite l'engager à délivrer la reine de Lydie, & lui dire que Tramarine sera le prix des services qu'il rendra à cette princesse; ajoutez-y de ma part les assurances de régner dans la Lydie, après la mort d'Ophies, & que je promets de l'assister de tout mon pouvoir.

La reine me fit savoir cette nouvelle négociation par Célinde, à qui j'ordonnai de suivre exactement les conseils d'Argiliane. Cette femme adroite n'eut pas de peine à déterminer le prince Corydon, qui avoit déjà entendu parler plusieurs fois de la beauté & des avantages que Tramarine s'étoit acquis sur les autres femmes; il fut charmé de l'ouverture que Célinde lui fit d'une alliance qui pouvoit satisfaire ses desirs & remplir en même-tems son ambition, puisqu'il se voyoit forcé de renoncer à celle d'Argiliane; ces avantages, joints aux promesses qu'elle lui faisoit faire, achevèrent de le déterminer. La reine, charmée d'apprendre que Célinde avoit si bien réussi dans sa négociation, m'envoya annoncer cette grande nouvelle. Célinde vint donc une nuit m'apprendre que Corydon s'engageoit de délivrer la reine, & de la conduire dans les états de Pentaphile, aux conditions que je ratifierois le traité que le prince devoit faire avec la reine Cliceria. Je devois donc m'engager par ce traité, d'accorder au prince Corydon la princesse Tramarine qui, par sa naissance & par la mort de ses frères, étoit devenue héritière présomptive du royaume de Lydie : je devois encore par le même traité le déclarer mon successeur à la couronne, au cas que Tramarine eût disposé de sa main en faveur de quelque autre prince. A ces conditions, le prince promettoit de revenir avec une puissante armée me délivrer de ma captivité, & m'aider ensuite à reconquérir mon trône.

Vous pouvez croire que j'acceptai, sans balancer, des propositions qui, dans les circonstances où je me trouvois, me parurent fort avantageuses. Dénué de tout secours, & languissant, depuis près de dix ans, dans une captivité des plus cruelles, je consentis, sans peine, à tout ce qu'on voulut exiger de moi; & fis dire à la reine que je lui donnois carte blanche, & la laissois maîtresse d'agir suivant les occasions qui s'offriroient, m'en rapportant entièrement à sa prudence, dans les différentes négociations qu'elle seroit obligée de faire, pour engager nos alliés à lui fournir les secours nécessaires, pour pouvoir rentrer dans mes états & en chasser les troupes de Pencanaldon.

Lorsque les articles de notre négociation furent signés, Célinde les porta à la princesse Argiliane, qui en fut si contente que, pour en faciliter l'entière exécution, elle envoya à la reine un talisman, composé de [...] métaux, qui avoit la vertu de rendre [...] les personnes qui le portoient attach[...] : ce fut par le moyen de ce talisman, que [la r]eine sortit du palais de Pencanaldon, où elle étoit détenue prisonnière depuis si long-tems.

Malgré l'empressement si naturel qu'on a de jouir de la liberté, sur-tout après une captivité aussi longue, la reine ne voulut cependant pas sortir du château, sans marquer à la princesse Argiliane combien elle étoit sensible à tous les témoignages de bonté & à tous les services qu'elle lui avoit rendus, & singulièrement au présent qu'elle venoit de lui faire pour faciliter sa sortie, dont elle faisoit le premier usage pour la supplier de répandre ses bienfaits sur le roi son époux, & de les étendre sur tout ce qui nous appartenoit. Argilianne le lui promit de fort bonne grace; & ces deux princesses, après s'être donné mille assurances réciproques d'une amitié sincère, se séparèrent remplies d'estime l'une pour l'autre.

Cliceria vint ensuite me surprendre avec Célinde, qui me dit en entrant dans mon cabinet : je viens enfin, seigneur, vous annoncer la délivrance de la reine; elle est sortie du château, sans qu'aucun de ses gardes s'en soit apperçu, & ce miracle n'est arrivé que par le secours d'Argiliane, qui a bien voulu aider au prince à la soustraire à la puissance de son père. J'en rends graces aux dieux, m'écriai-je, & souhaite avec ardeur qu'ils veuillent favoriser la justice de nos droits, afin que je puisse jouir de la satisfaction de nous voir bientôt réunis. Une partie de vos souhaits vous sont accordés à l'instant, dit Cliceria, en se précipitant dans mes bras. Saisi de joie à la vue d'une princesse que j'ai toujours passionnément aimée, je ne pouvois comprendre ce qui avoit pu d'abord la dérober à mes yeux; mais son talisman qu'elle me montra, en le retournant plusieurs fois, me fit admirer la vertu de ce chef-d'œuvre de l'art.

Célinde sortit pour avertir le prince Corydon que la reine ne tarderoit pas à se rendre auprès de lui. Je profitai de son absence pour témoigner à Cliceria combien j'étois sensible à cette dernière preuve de sa tendresse, puisqu'elle risquoit, pour ainsi dire, sa vie, ou

CONTE MORAL. 263

tout au moins cette liberté qu'elle venoit à peine de recouvrer comme par une espèce de miracle. Enfin, après nous être donné mille témoignages de notre tendresse mutuelle, je lui communiquai toutes les lumières que je crus être nécessaires pour agir auprès de la reine de Castora, & pour engager nos autres alliés à nous aider de leurs secours. Célinde rentra pour nous avertir qu'il étoit tems de nous séparer : il fallut céder aux circonstances; mais ce ne fut pas sans verser beaucoup de larmes.

Cliceria, accompagnée de Célinde, se rendit chez le prince Corydon qui les attendoit; &, tout étant préparé pour leur voyage, ils partirent au lever de l'aurore. Ce prince, pour éloigner les soupçons que pourroit donner son absence, avoit pris le prétexe de visiter les fortifications de l'île forte, appartenante à la princesse Argiliane; mais Pencanaldon, rebuté depuis long-tems des mépris que la reine ne cessoit de lui montrer, après avoir inutilement employé les secrets de la magie pour la faire condescendre à ses infâmes projets, prit enfin le parti de s'absenter par le conseil d'Argiliane. Ce fut ce qui donna le tems à nos fugitives de s'éloigner; &,

R iv

aidées des secours d'Argiliane, elle arrivèrent en peu de jours dans le royaume de Castora.

Pendant leur route, la reine instruisit le prince, des loix que Pentaphile avoit imposées sur tous les étrangers. Corydon en parut d'abord charmé, se flattant que, s'il n'avoit pas le bonheur de plaire, du moins n'auroit-il pas de rivaux à craindre : mais sa joie fut bientôt changée en une tristesse profonde, lorsqu'il fit réflexion qu'il ne pourroit rester dans ce royaume, sans s'exposer à mille dangers. Cliceria qui s'apperçut de son chagrin, & qui ne vouloit pas être privée de ses conseils, pour les différentes négociations qu'elle prévoyoit être obligée de faire dans les circonstances où elle se trouvoit; & qui d'ailleurs n'étoit plus forcée de se dérober aux yeux des curieux, offrit au prince le talisman qui la rendoit invisible. Corydon le reçut avec de si grands témoignages de reconnoissance, que la reine fut convaincue de son attachement à ses intérêts.

Le prince muni de ce talisman, qui le mettoit à portée de se trouver par-tout, sans crainte d'être découvert, & par conséquent de voir à toute heure la princesse Tramarine, dont il s'étoit formé une idée des plus charmantes;

ce prince, dis-je, preſſa ſa marche, donnant à peine le tems à la reine de prendre quelque repos. Arrivé à la cour de Caſtora, le prince ne jugea pas à propos d'y paroître, quoiqu'il accompagnât la reine Cliceria, dans toutes les viſites qu'elle rendit à la reine Pentaphile.

Dans la première entrevue de ces deux princeſſes, Pentaphile parut d'abord un peu déconcertée, lorſque la reine Cliceria demanda des nouvelles de la princeſſe Tramarine, & les raiſons qui pouvoient l'avoir empêchée de ſe trouver à ſa rencontre. La reine de Caſtora ne put s'empêcher de montrer beaucoup de trouble à cette queſtion ; mais ne pouvant ſe diſpenſer d'y ſatisfaire, elle lui fit le récit des aventures de Tramarine, & finit par marquer une vraie douleur de ſe trouver dans l'impuiſſance de lui en dire des nouvelles.

Cliceria qui ne comprenoit rien au récit qu'elle venoit d'entendre, ne pouvoit ſe perſuader que la force de l'imagination pût produire des effets auſſi ſurprenans. Elle crut donc que tout ce qu'on venoit de lui raconter, n'étoit qu'une fable inventée pour la ſéduire, & que Pentaphile avoit peut être formé quelque traité ſecret avec ſon ennemi, dont ſa fille avoit été le prix : elle ne voulut cependant pas faire connoître ſes doutes, & ſe retira dans l'appartement qu'on lui avoit destiné, pour en conférer avec le prince Corydon, qu'elle craignoit furieusement que cette première disgrace n'eût rebuté, & que, trompé dans son attente, il ne voulût abandonner son entreprise. C'est pourquoi, après s'être long-tems entretenue avec lui des aventures de Tramarine, dont il étoit à présumer qu'on n'auroit jamais aucune nouvelle, elle lui dit qu'il lui restoit encore une jeune princesse qu'elle lui offroit pour remplir ses engagemens. Il est vrai, ajouta la reine, que j'ignore entièrement son sort; mais, comme elle est entre les mains de la princesse Argiliane, je me flatte qu'il ne me sera pas difficile de la savoir.

Corydon qui ne s'étoit attaché à Tramarine, que sur la réputation qu'elle s'étoit acquise d'être une des princesses les plus accomplies qu'il y eût dans le monde, eut beaucoup moins de peine à se résoudre à l'échange qu'on lui proposoit. Cependant il persista toujours dans les conseils qu'il avoit donnés à la reine, d'employer tous les moyens imaginables pour tâcher de découvrir le lieu que Tramarine auroit choisi pour sa retraite.

Quoique la reine fût très-piquée de la conduite que Pentaphile avoit gardée, non-seulement dans l'affaire de Tramarine; mais encore dans celle de notre malheureuse captivité, dont j'éprouvois toujours le déplorable fort, elle dit néanmoins au Prince qu'elle ne croyoit pas qu'il fût prudent, dans les circonstances où elle se trouvoit, de chercher à aigrir la reine de Castora, en faisant à présent des perquisitions qui, sans doute, deviendroient inutiles; que le besoin qu'elle avoit de son secours pour l'aider à reconquérir la Lydie, lui faisoit penser qu'il étoit plus convenable de dissimuler leurs sujets de plainte, jusqu'à ce que je fusse remonté sur le trône. Ces raisons étoient trop sages pour que le Prince ne s'y rendît pas.

Mais, comme il seroit trop long de vous rapporter toutes les négociations qu'il fallut employer, afin d'engager mes alliés de fournir les troupes nécessaires; il suffira de vous apprendre que, malgré les efforts de Pencanaldon qui s'étoit fait haïr de tous mes peuples par ses cruautés, la reine rentra dans la Lydie, & que je fus enfin délivré de ma captivité.

Ce ne fut qu'après ce grand évènement que j'appris vos aventures. Aussi peu porté à les croire que la reine, je fus cependant au désespoir d'y avoir contribué par ma sotte crédulité, ou, pour mieux dire, ma sotte vanité à vouloir pénétrer dans les décrets des dieux, en vous bannissant de ma cour, par une injustice dont j'ai été long-tems puni par mes remords. Je voulus réparer ma faute, en faisant tout ce qui étoit en mon pouvoir pour découvrir votre sort ; mais ce que j'en pus apprendre, mit le comble à mon désespoir, lorsqu'on vint me dire qu'il n'étoit pas possible d'avoir aucune nouvelle de la princesse, qu'on présumoit s'être précipitée dans la mer. Ce doute affreux me fit une si furieuse révolution, qu'après avoir juré la perte de la reine Pentaphile, je tombai dans une apoplexie qui m'a en un instant conduit ici.

Je ne regrette point une vie qui n'auroit fait que prolonger des maux inévitables, en me retraçant sans cesse le souvenir de mes fautes. Je me flatte, au contraire, que les honneurs dont vous jouissez dans cet empire, par votre heureuse union avec le prince des Ondins, doivent vous faire oublier toutes les peines qui les ont précédés, & que vous n'en conserverez aucun ressentiment. Tramarine assura le roi son père qu'il lui rendoit justice ; que, quoiqu'elle eût long-tems regretté sa présence, elle n'avoit pas lieu de se plaindre de l'arrêt rigoureux qu'il avoit prononcé conn'elle; & que, pour lui montrer qu'elle n'en conservoit aucun souvenir, elle alloit désormais employer tout son pouvoir à lui faire rendre les honneurs dus à son rang, & lui procurer en même tems toutes les satisfactions qu'il pourroit desirer.

Personne n'ignore que, lorsqu'on a quitté ce corps mortel, tous les rangs sont confondus, & qu'il n'y a plus de distinction parmi les ames, sur-tout dans l'empire des Ondins. Cependant la princesse Tramarine obtint du général Verdoyant, par une grace singulière, que le roi son père seroit admis à sa cour, & qu'il y jouiroit des mêmes prérogatives que les Ondins. Elle lui demanda aussi qu'il fût dispensé de boire le thé élémentaire; mais elle ne put obtenir cette dernière faveur, pour des raisons que je n'ai point apprises, auxquelles sans doute il n'y avoit aucune réplique.

Ils continuèrent ensuite leur route avec le roi Ophtes, dans le dessein de visiter toutes les parties du monde. Tramarine réfléchissant sur les aventures du roi son père, qui leur avoit appris par son récit, qu'elle avoit une jeune sœur qui devoit être encore dans l'isle Craintive, le desir de la connoître lui fit demander au prince Verdoyant de vouloir bien diriger sa marche vers cette isle, afin de lui procurer, s'il étoit possible, la satisfaction de la voir, sans qu'il en dût coûter la vie à la jeune princesse. Je puis aisément vous satisfaire, dit Verdoyant; &, pour dissiper l'ennui d'une aussi longue route, je vais vous apprendre, ainsi qu'au roi votre père, les aventures d'une princesse qui doit assurément vous intéresser l'un & l'autre.

CHAPITRE XI.

Histoire de Brillante & de l'Amour.

La princesse Argiliane, n'osant encore se déclarer en faveur de la reine de Lydie, crut la servir plus utilement en affectant de se soumettre aux ordres de son père. Elle connoissoit sa cruauté, & craignant, avec raison, que, dans un de ces momens où les mépris de la reine le mettoient au désespoir, il ne donnât des ordres contraires au desir qu'elle avoit de sauver la petite princesse, étant accoutumé à se venger par de pareilles cruautés, lorsqu'elle l'eut portée dans l'isle Craintive, elle revint à la cour, & dit au cruel Pencanaldon que l'enfant avoit été exposé & dévoré presqu'aussi-tôt.

Brillante fut donc élevée comme la fille du

berger. Je passerai rapidement sur son enfance, qui n'eut rien d'intéressant, parce qu'elle n'étoit pas connue pour une princesse, dont ordinairement les moindres actions sont toujours admirées. Cependant, lorsque Brillante eut atteint sa dixième année, Argiliane pensa qu'il étoit tems de commencer à l'instruire des avantages de sa naissance; & comme elle venoit assez souvent dans son isle, pour y donner elle-même des leçons à la jeune princesse, qui, par sa docilité & sa douceur, s'étoit entièrement acquis le cœur d'Argiliane, cette princesse remarquoit avec plaisir la beauté & les graces touchantes de sa jeune élève; elle y voyoit germer ces talens que la nature produit & que l'éducation perfectionne; elle admiroit sur-tout cette pudeur charmante, vrai signe de l'innocence & de la pureté du cœur.

Argiliane, pour des raisons particulières, n'osoit encore faire paroître Brillante à la cour de son père; cependant elle craignoit que cette jeune princesse, dont le cœur lui paroissoit disposé à la tendresse, ne vînt à former quelque engagement qui pourroit par la suite troubler son repos. C'est pourquoi elle commença à l'entretenir des désordres que l'amour causoit dans tous les cœurs. Vous devez, ma chère Brillante, dit Argiliane dans sa dernière conversation, vous tenir toujours en garde contre les attaques des hommes qui, la plupart, ne chercheront qu'à séduire votre cœur; conservez cette pudeur qui est le plus précieux attribut de notre sexe, elle doit toujours être la gardienne fidelle de la pureté de l'ame. Gardez-vous de sacrifier à l'amour ce que vous avez de plus cher: l'amour est un dieu inquiet, perfide, tumultueux, & qui n'a de constance que dans sa légèreté; ce dieu se fait un jeu cruel des malheurs & du désespoir de ceux qui suivent ses loix; souvent on le voit brouiller l'amant avec l'amante, & soulever l'ami le plus tendre contre celui qu'il aime le mieux; les fureurs que l'amour inspire ne reconnoissent ni le rang, ni le devoir, ni la nature; il n'est rien de sacré pour lui, sur-tout lorsque la jalousie ou la vengeance l'animent, & ce n'est qu'en le fuyant qu'on peut éviter ces maux.

N'oubliez pas, ma chère Brillante, ajouta la princesse, les avis que je vous donne, le tems approche où ce dieu cherchera à vous séduire, il n'est point de forme qu'il ne sache prendre pour y parvenir; car, lorsqu'il a entrepris de plaire, il paroît charmant & rempli d'attraits qui ne servent qu'à subjuguer la raison: le desir & la volupté marchent sur ses pas, l'espérance l'accompagne presque toujours, & il

semble

CONTE MORAL. 273

semble ne faire son bonheur que de la félicité des mortels. Vous ne devez pas à présent vous y laisser surprendre, après le portrait que je vous en fais.

C'étoit par de semblables instructions qu'Argiliane s'efforçoit de faire goûter à Brillante les douceurs dont on jouit dans un état tranquille; mais la jeunesse ne cherche que le plaisir, la solitude l'ennuie, & ce n'est que l'âge & les réflexions qui puissent lui faire goûter les conseils de la raison.

Brillante commençoit à sentir l'ennui, & son cœur lui disoit qu'il étoit des plaisirs qu'elle pouvoit goûter : déja elle formoit des desirs sans savoir sur quoi les fixer, & des soupirs échappés firent craindre à la princesse qu'elle ne formât quelqu'inclination indigne du sang qui l'avoit formée : c'est pourquoi elle lui fit entendre, avant de la quitter, que le ciel l'avoit fait naître fort au-dessus de l'état dans lequel elle étoit élevée, & lui promit de lui découvrir le mystère de sa naissance à leur première entrevue.

Brillante, élevée comme simple fille de berger, fut néanmoins peu surprise des ouvertures qu'Argiliane venoit de lui faire sur sa naissance; la noblesse de son ame l'avoit sans doute avertie qu'un sang illustre devoit couler dans ses veines & animer toutes ses actions. L'impatience qu'elle eut d'apprendre à qui elle devoit le jour, lui fit desirer de revoir bientôt la princesse; &, comme si ce desir eût dû avancer son retour, elle ne manquoit plus d'aller se promener tous les jours à l'entrée d'une forêt, par où la princesse Argiliane avoit coutume de passer pour se rendre à son palais.

Un jour Brillante se trouvant beaucoup plus agitée qu'à l'ordinaire, n'avoit pu prendre aucun repos pendant la nuit, ce qui lui fit devancer l'aurore pour se rendre à l'entrée de la forêt. A peine y fut-elle arrivée, qu'elle apperçut de loin un équipage dont l'éclat la surprit, & fixa en même-tems toute son attention. C'étoit une calèche doublée de satin & piquée avec des odeurs les plus agréables: l'impériale de cette calèche formoit un tableau qui représentoit la déesse Vénus, couchée nonchalamment sur un lit de fleurs, la tête appuyée sur les genoux du dieu Mars, regardant les Graces qui paroissoient occupées à former des couronnes de myrte, pour en orner la tête de ces heureux amans; on voyoit, au derrière de la calèche, le berger Paris choisir Vénus entre les trois déesses, pour lui présenter la pomme; les côtés représentoient les différens attributs de la déesse.

L'Amour, assis au fond de cette admirable voiture, paroissoit distrait & rêveur, la tête un peu penchée à droite sur la Modestie, regardant, avec indifférence la Faveur qui étoit assise à sa gauche; la Jouissance, d'un air soumis, se tenoit auprès de l'Amour, & sembloit lui demander qu'il daignât la favoriser; les Graces étoient sur le devant, l'une tenoit le carquois & les flèches dorées de ce dieu, & les deux autres folâtroient avec lui, ne paroissant s'occuper qu'à lui faire des niches, afin de lui rendre sa belle humeur; l'heure du berger servoit de postillon, & tenoit les rênes de huit cygnes plus blancs que la neige; les Jeux, les Ris & les Plaisirs, entouroient cette charmante calèche.

C'étoit l'équipage de Vénus que l'Amour avoit pris avec toute sa suite, pour faire une partie dans sa nouvelle petite maison; mais cette suite ignoroit encore quelle devoit être l'héroïne d'une fête que l'Amour préparoit depuis longtems; car, depuis la brûlure que lui fit Psyché par son indiscrète curiosité, on n'avoit point entendu dire que ce dieu eût eu d'autre maîtresse; on dit même que, dans la douleur qu'il ressentit, il jura fort en colère, ce ne fut pas par le styx, de ne jamais s'attacher à personne. Mais, peut-on se fier aux sermens d'un dieu qui met toute sa gloire à les rendre vains ?

Quoique l'Amour fut alors occupé de Brillante, & que cet appareil du dieu, vainqueur de tout ce qui respire, ne fut préparé que pour elle; comme il ne s'attendoit point à la voir paroître avec l'aurore, ce dieu ne put s'empêcher de rougir, la prenant d'abord pour sa mère. Mais il fut bientôt détrompé en la regardant; son air modeste lui donna beaucoup d'émotion; il fit arrêter son équipage lorsqu'il fut près d'elle, en descendit avec précipitation, puis s'approcha d'un air timide, n'osant presque lever les yeux sur la jeune princesse, qui n'étoit occupée qu'à admirer le brillant spectacle qui s'offroit à ses regards; ce qui fit qu'elle ne s'apperçut pas que l'Amour étoit à ses pieds en posture de suppliant. Un soupir qui échappa à ce dieu, en lui prenant la main, tira Brillante de son extase; elle rougit & voulut la retirer : mais voyant qu'il la baisoit d'un air tendre & soumis, son trouble augmenta. Levez-vous, seigneur, lui dit-elle toute émue, que pouvez-vous attendre d'une jeune personne que le hasard a fait rencontrer dans cette forêt? Parlez; puis-je vous être utile à quelque chose? Qui vous oblige de descendre de ce beau char, & de quitter les belles dames dont il est rempli?

C'est pour l'offrir, répondit l'Amour; & ces dames, si elles ont le bonheur de vous plaire, sont destinées pour vous servir. Souffrez donc, divine princesse, que je mette à vos pieds mon carquois & mes flèches; je vous jure que je vais désormais ne m'occuper que du soin de vous plaire; vous seule pouvez faire mon bonheur. Assez & trop long-tems j'ai régné sur le cœur des foibles humains, je renonce aujourd'hui à l'empire que j'ai toujours exercé dans le monde; venez, mon adorable princesse, jouir du triomphe que l'Amour prépare à vos charmes. Quoi! dit la jeune princesse d'une voix tremblante & le visage couvert d'un rouge de rose, est-il possible que vous soyez l'Amour? Non, je ne le puis croire, à l'affreux portrait que l'on m'en a fait. Qu'a donc ce nom de si effrayant, reprit ce dieu? Oui, sans doute, je suis l'Amour, je ne cherche point à me cacher comme un séducteur, qui n'a d'autre objet que celui de tromper.

A ces mots, la princesse fit un cri & voulut fuir; mais elle n'en eut pas la force, & tomba en foiblesse dans les bras de l'Amour. Ce dieu est téméraire, il fit signe à Faveur qui accourut d'un pas léger pour secourir Brillante; mais la Modestie, qui l'avoit devancée, la fit reculer, & cette déesse, aidée des Graces, mit tous ses foins à faire revenir la princesse de sa foiblesse. L'Amour, qui étoit resté à ses pieds, lui demanda d'un air passionné, ce qui pouvoit lui avoir causé un si grand effroi. Que craignez-vous de moi, disoit ce dieu? Regardez-moi comme un enfant qui vous adore & qui vous sera toujours soumis : mon intention ne sera jamais de vous faire du mal, écoutez Faveur, livrez vous à ses conseils ; ce n'est qu'en les suivant que vous jouirez d'un bonheur parfait.

Brillante, attentive aux discours de l'Amour, n'osoit néarmoins jetter sur lui ses regards timides ; &, repassant dans sa mémoire les sages leçons qu'elle avoit reçues d'Argiliane, inquiète & rêveuse, elle leva sur la Modestie des yeux que la tendresse & le feu de l'Amour paroissoient animer, & soupira sans oser rien dire. L'Amour, qui l'examinoit, s'apperçut de son trouble ; il ordonna à la Modestie de se retirer, croyant qu'elle seule s'opposoit à son bonheur. Cet ordre redoubla les craintes de Brillante, qui se jetta dans les bras de la déesse. Au nom des dieux, dit la princesse saisie de crainte, demeurez & secourez-moi. Hélas! que deviendrai-je si vous m'abandonnez ? L'Amour n'est qu'un trompeur qui cherche, sans doute, à me séduire; par pitié, aidez-moi à le fuir. Qui vous a donc inspiré d'aussi mauvaises idées de l'Amour, reprit ce dieu en colère ? Mais je puis user de mon pouvoir, afin de vous convaincre que je ne cherche point à vous tromper. Arrêtez, dit la jeune princesse, & se saisissant de la flèche qu'il se préparoit à lui décocher, elle la lança avec tant d'adresse, que ce dieu en fut percé; mais ce coup que reçut l'Amour, loin de lui causer de la douleur, ne servit qu'à augmenter ses feux ; &, la retirant alors de son sein, encore toute brûlante de sa propre substance, il la plongea dans celui de Brillante, sans que cette jeune princesse s'apperçût d'abord du trait qui venoit de lui être lancé.

La Modestie qui vit la malice que l'Amour venoit de faire à Brillante, voulut au moins la favoriser de tout son pouvoir, afin de rendre leur union éternelle ; elle profita de cet instant favorable pour engager l'Amour à rappeller la Constance, qu'il avoit depuis long-tems bannie de sa présence. Ce dieu, satisfait de son choix, y consentit sans peine; & afin de guérir entièrement les soupçons qui pouvoient rester dans l'esprit de la princesse, il permit encore que les Graces & la Modestie l'accompagnassent toujours, aux conditions que Faveur se joindroit à ces déesses. Je ne puis vivre sans elle, ajouta l'Amour, sa conversation m'amuse, c'est toujours elle qui doit m'entretenir par mille petites saillies; mais il est tems, mon adorable maîtresse, de jouir des plaisirs qui vous sont préparés. Ce dieu fit signe en même-tems à l'heure du berger de s'approcher; la Modestie, qui soutenoit toujours Brillante, s'opposa aux desseins de l'Amour. Ce dieu en parut un peu fâché; il n'osa cependant faire paroître son dépit, afin de gagner, par cette complaisance, la confiance de la princesse, à laquelle il présenta la main avec un sourire enchanteur.

Brillante, sans trop savoir ce qu'elle faisoit dans le trouble qui l'agitoit, se laissa enfin conduire par ce dieu, qui la fit monter dans sa calèche & se plaça à côté d'elle, avec les Graces, la Modestie & la Constance. Faveur se mit derrière eux, accompagnée d'une grande femme que Brillante n'avoit point encore apperçue; elle demanda à l'Amour qui elle étoit, & pourquoi elle paroissoit si rêveuse? C'est la Jouissance, dit ce dieu, qui attend, avec inquiétude, le moment favorable de faire connoissance avec vous, pour reprendre son enjouement & sa gaieté ordinaire.

L'Amour ordonna qu'on le conduisît à sa petite maison, que l'on auroit pu prendre pour une de celles du soleil, par l'éclat des richesses qui y brillent de toutes parts. Une troupe de plaisirs se détacha pour annoncer l'arrivée de l'Amour & de la princesse, qui furent reçu dans ce palais par les Ris, les Jeux & les Plaisirs. L'Amour conduisit Brillante dans un cabinet de glaces, en ordonnant aux Graces de la mettre sur un lit de roses, que la Volupté & la Délicatesse leur avoient préparé. Jamais ces deux favorites de l'amour ne quittent ce cabinet; elles sont chargées l'une & l'autre du soin de l'orner, de l'entretenir dans un air tempéré, & d'y répandre les parfums les plus exquis : les Jeux, les Ris, les Plaisirs, Faveur & Jouissance suivirent la princesse dans ce cabinet.

Faveur & Jouissance firent mille tendres caresses à Constance sur son heureux retour; la gaieté ornoit toutes les actions de Jouissance, qui se flattoit, avec raison, que la réunion de sa compagne avec l'Amour alloit enfin la faire triompher de son plus cruel ennemi. Car, avant que ce dieu devînt sensible aux charmes de Brillante, quoique Jouissance fût presque toujours à sa suite, il arrivoit souvent, par une fatalité qui la désespéroit, que, malgré les ordres que l'Amour lui donnoit de le suivre, le Dégoût, cet ennemi de son repos, l'entraînoit toujours vers un autre objet. Elle se flatta pour lors de l'avoir vaincu; le caractère doux &

complaifant, & l'humeur toujours égale de la jeune princeffe, contribuèrent beaucoup à lui faire remporter fur fon ennemi la victoire la plus complette.

Brillante, occupée de tout ce qui l'environnoit, ne s'amufa point à réfléchir ; elle oublia la Modeftie qui n'étoit point entrée avec elle, l'Amour l'avoit exclue de ce cabinet, penfant éviter, par fon abfence, mille petites vétilleries auxquelles elle étoit fort fujette ; c'eft pourquoi il avoit donné à l'heure du berger la charge d'huiffier de ce cabinet. Mais ce dieu, malgré fes précautions, ne s'attendoit pas à trouver la Pudeur, fidèle compagne de Brillante, qui, pour ne la point abandonner, s'étoit cachée fous la robe de la jeune princeffe ; &, lorfqu'il voulut s'en approcher, cette impérieufe déeffe lui déclara qu'elle ne céderoit fa place qu'au dieu de l'Hymen. L'Amour, enflammé par cette nouvelle réfiftance, confentit que fon frère l'Hymen vînt allumer fa torche nuptiale, pour éclairer fon union avec Brillante, qu'il jura être éternelle.

L'Amour, devenu conftant par fon union avec Brillante, jouit à préfent d'un bonheur parfait ; & fon ardeur, loin de diminuer par la préfence continuelle de Faveur & de Jouiffance, femble s'accroître, & les plaifirs qu'il goûte, par leurs secours, lui paroissent toujours nouveaux. Il est aisé de présumer que Brillante l'a fixé pour jamais ; c'est donc en vain qu'on le cherche à présent dans le monde, puisqu'il n'y a laissé que son ombre. Voilà, chère Tramarine, ajouta le génie Verdoyant, l'heureux sort dont jouit actuellement la princesse votre sœur dans l'isle Craintive, que le véritable Amour a choisi pour sa résidence, parce qu'il y règne un printems perpétuel.

Arrivés sur les rives de cette isle, Verdoyant apperçut l'Amour folâtrant avec Brillante, & les Graces qui se promenoient accompagnées de toute leur cour; le génie les fit remarquer à Tramarine, en faisant approcher son char du rivage. Après avoir aidé la princesse à en descendre, ils s'avancèrent l'un & l'autre vers l'Amour, qui, reconnoissant le génie Verdoyant pour le prince des Ondins, vint au-devant de lui. Qui vous amène sur ce rivage, dit ce dieu ? Vous n'avez plus besoin de mon pouvoir pour vous faire aimer de la charmante Tramarine ; l'estime & l'amitié qui vous accompagnent, ne me font plus douter du bonheur dont vous jouissez.

Il est vrai, dit le génie, qu'avec votre secours ces deux divinités se sont jointes à nous, afin de resserrer les nœuds d'une union qui doit être éternelle; & mon premier objet, en vous visitant, est de vous en marquer ma reconnoissance, & vous féliciter en même-tems de l'heureux choix que vous avez fait de la charmante personne qui vous accompagne. Il est si rare de voir à l'Amour un sincère attachement, que, s'il étoit connu dans le monde, on le prendroit actuellement pour un de ces phénomènes qui ne paroissent que rarement, pour annoncer le bonheur des humains. Cette grande victoire n'étoit réservée qu'à la princesse Brillante, qui, suivant toutes les apparences, ne doit plus craindre votre inconstance.

J'avoue, dit l'Amour, que depuis long-tems j'avois banni la Constance de ma suite; mais, la trouvant inséparable de Brillante, j'ai reconnu que ce n'est qu'avec elle qu'on peut goûter le vrai bonheur, & ne puis plus m'en détacher. Quoi! répliqua Verdoyant, auriez-vous abandonné pour toujours les mortels? Ils ne s'apperçoivent seulement pas que je les ai quittés, dit l'Amour; contens de l'ombre que je leur ai laissée, ils ne savent pas la distinguer d'avec moi. Pourquoi? C'est que la plupart n'ont plus ni mœurs, ni vertus, ni sentimens: livrés à la brutalité, au changement & au dégoût, que feroient-ils d'un dieu qu'ils méconnoissent? Je conviens cependant qu'il y en a qui méritent d'être distingués du vulgaire ; aussi ceux-là sont-ils sous ma protection, & ce n'est plus qu'à eux que je veux départir mes faveurs les plus chères.

Comment, dit le génie en riant, depuis quand l'Amour a-t-il appris à moraliser ? C'est, reprit ce dieu, depuis que j'ai quitté mon bandeau. On s'en apperçoit aisément, dit le prince, au choix que vous avez fait de l'aimable Brillante ; & le plus grand éloge qu'on puisse lui donner, est celui d'avoir su fixer l'Amour par ses charmes. Mais, dites-moi, avez-vous aussi renoncé pour toujours à l'Olympe ? J'en aurois grande envie, dit l'Amour ; car rien n'est à présent plus ennuyeux que ce séjour. Vous ne devez pas ignorer qu'une compagnie n'est amusante qu'autant qu'on y rencontre d'aimables femmes ; & c'est ce qu'il est très-rare d'y trouver. La vieille Cybelle ne fait plus que radoter ; pour Junon, sa jalousie la rend toujours de mauvaise humeur ; Cérès sent trop sa divinité de province, & n'a point cet air élégant que donne la cour ; Minerve est sans cesse armée comme un don Quichotte, & toujours prête à combattre ; Diane ne se plaît qu'à la chasse, & nous rompt la tête avec son cors : il est vrai qu'on pourroit s'amuser à faire quelque petite partie avec ces deux déesses ; mais elles sont si farouches qu'on ne leur oseroit dire un seul mot de galanterie. Hébé fait la petite sucrée depuis qu'elle a cédé son emploi à Ganimède ; les occupations de Pomone lui rendent les mains trop rudes, malgré toutes les pâtes qu'elle emploie pour les adoucir. Je conviens que Flore est bien aimable, mais elle s'attache trop au jardinage ; d'ailleurs, elle ne se plaît qu'avec ce petit fou de Zéphir ; l'Aurore se lève si matin, qu'on ne peut jamais la joindre, & l'on ne sait ce qu'elle devient le reste de la journée. Vénus est charmante, mais elle est ma mère ; nous ne sommes pas toujours d'accord sur bien des points, ce qui fait qu'elle me querelle souvent ; d'ailleurs, elle réside peu dans le même endroit, tantôt à Paphos, d'autres fois à Cythère, à Amathonte, ou dans quelqu'autre lieu, & souvent les Graces l'accompagnent. Thétis n'est occupée qu'à plaire au dieu du jour : les Muses sont des précieuses qui aiment trop à philosopher ; les Parques sont des fileuses qui ne font grâce à personne ; les Heures courent sans cesse ; & la Folie n'habite plus que la terre. Que faire à-présent dans l'Olympe ? On s'y ennuie à périr ; car je ne m'amuse point avec Momus, depuis qu'il se donne les airs de critiquer tous les dieux.

Pendant cette converſation, Tramarine, après avoir fait à Brillante mille tendres careſſes, lui apprit les aventures du roi de Lydie; & ces deux aimables princeſſes, charmées l'une de l'autre, auroient bien voulu ne ſe plus ſéparer. Vous êtes venue troubler mon repos, diſoit tendrement Brillante à la princeſſe Tramarine : depuis que je ſuis unie avec l'Amour, je croyois n'avoir jamais rien à déſirer, j'ignorois entiérement ce que peut le ſang & l'amitié. Cependant, malgré le plaiſir que je reſſens en vous voyant, & celui que j'aurois de paſſer ma vie avec vous, je ne me ſens ni la force de quitter l'Amour, ni le courage de vous ſuivre ; ſi vous pouviez habiter parmi nous, mon bonheur ſeroit complet : du moins, chère Tramarine, accordez-moi encore quelques jours, afin d'engager le prince Verdoyant à me faire parler au roi notre père. Je ſuis déſeſpérée, dit Tramarine, d'être obligée de vous refuſer, je ne puis me rendre à vos déſirs ſans bleſſer nos loix. Le roi Ophtes, après avoir perdu la vie qui l'attachoit à la terre, eſt à la vérité reçu parmi les Ondins; mais il ne peut jouir du privilége des génies, qui peuvent, quand il leur plaît, ſe découvrir aux mortels. Je vous promets néanmoins de venir vous voir le plus ſouvent que je pourrai.

Le génie s'approchant alors des deux princesses, les avertit qu'il étoit tems de se séparer ; & après les plus tendres adieux, l'Amour conduisit le génie & Tramarine dans leur char, & leur promit de leur être toujours fidelement attaché.

Cette séparation fut le premier chagrin que Brillante éprouva. Il la rendit quelque tems rêveuse, sans néanmoins lui donner de l'humeur : elle n'en avoit jamais ; & lorsqu'elle ressentoit de la douleur, ses plaintes étoient toujours tendres & touchantes ; mais l'Amour, pour dissiper sa tristesse, fit naître de nouveaux plaisirs. On prétend même que c'est de son union avec Brillante qu'est née cette multitude de petits amours folâtres ; & je serois assez porté à le croire.

Le génie Verdoyant & Tramarine continuèrent leur voyage, en s'entretenant avec le roi de Lydie de l'heureux mariage de l'Amour avec la princesse, & lui faisant une vive peinture des plaisirs qu'ils goûtoient sans cesse par leur union ; plaisirs d'autant plus désirables & plus sensibles, que le tems ne pourroit jamais les diminuer.

CHAPITRE

CHAPITRE XII.

Histoire du Prince Nubécula, fils du Génie Verdoyant & de la Princesse Tramarine.

VERDOYANT voulant procurer à la princesse Tramarine une de ces surprises qui agissent toujours avec impétuosité sur nos sens, la conduisit dans une contrée où la plupart des citoyens ne s'occupent que de l'avenir. Ces peuples, quoique sans cesse en dispute, semblent néanmoins ne chercher qu'à jouir d'une éternelle paix ; mais, au milieu de cette prétendue paix, ils sont presque tous malheureux; ils s'ennuient & languissent, parce qu'ils ne veulent point reconnoître l'amour, qui seul est capable d'égayer l'esprit & d'occuper agréablement l'imagination. Car sans l'amour, n'est-on pas privé du plaisir que donne l'éclat des grandeurs, la pompe & le faste des richesses ? Les charmes de la gloire ne sont rien, & les attraits des beautés les plus touchantes deviennent insipides. Que je les trouve à plaindre !

Ce fut chez ces peuples que le génie Verdoyant conduisit la princesse Tramarine & le roi de Lydie. Ils arrivèrent dans le tems qu'ils se préparoient à un spectacle usité chez cette nation, lorsqu'il s'agit de marier la fille aînée de leur roi, parce que ce n'est ni le rang, ni la qualité qui la peut obtenir, c'est à la valeur & à l'intrépidité du courage qu'on l'accorde : ce spectacle étoit annoncé depuis long-tems en faveur de la princesse Amasis. Cette princesse n'étoit pas douée de graces, ni de beauté; & la difformité de son corps sembloit rendre son union moins précieuse.

Il est d'usage de subir des épreuves terribles pour obtenir l'alliance du roi. Personne ne s'étoit encore présenté pour Amasis. Son portrait rebutant, qu'il n'est pas permis de flatter, n'avoit pu engager aucun des princes souverains à se livrer à des dangers inévitables : cependant le roi avoit pour Amasis une amitié si grande, qu'elle dégénéroit souvent en des foiblesses; & les princesses ses sœurs, quoique douées de toutes les perfections imaginables, ne pouvoient obtenir aucune faveur, si Amasis ne se joignoit à elles pour les demander. Cette princesse qui s'ennuyoit beaucoup d'être privée de vivre à la cour, tomba dans une langueur qui fit craindre pour ses jours; ce fut ce qui détermina le roi de permettre à tous les étrangers de se présenter aux épreuves qu'il falloit subir, pour se rendre digne de la princesse.

Toutes les filles de ce roi sont élevées dans un temple dédié au soleil, dont elles ne peuvent sortir que pour se marier. Ce temple est bâti sur le haut d'un rocher, son dôme s'élève jusqu'aux nues, & la mer sert de canal aux jardins qui l'entourent. Avant d'arriver à ce temple, on doit passer par sept portes, qui sont autant d'épreuves qu'il faut souffrir sans interruption : on les nomme les portes de faveur, parce que l'on regarde ceux qui ont eu le courage de les passer, comme les favoris du soleil, qu'ils adorent & mettent au nombre de leurs dieux; il est vrai que, sans une grace particulière, il est presque impossible de pouvoir franchir toutes les difficultés qui se rencontrent. Ce n'est cependant qu'en les surmontant, qu'ils peuvent acquérir cette gloire qui les immortalise. Ces sept portes sont des sept métaux différens qui répondent aux sept planètes, & la dernière, qui ouvre l'enceinte du temple, est d'or, comme le métal sur lequel préside le soleil. Nul n'a droit d'entrer dans ce temple sinon le roi, encore n'est-ce que par une porte secrète dont lui seul a la clef; mais tous les princes & gentilshommes de sa suite sont obligés de camper dans un bois qui est derrière le temple.

Des échafauds furent dressés en amphithéâtre, en face de la première porte qui répondoit à toutes les autres; on y bâtit aussi de magnifiques loges pour y placer le roi & toute sa cour. Il est bon d'avertir le lecteur que, dans ces climats, les jours sont beaucoup plus longs que les nôtres. Le génie Verdoyant, Tramarine & leur suite, abordèrent au pied du rocher, au moment que le roi & toute sa cour arrivèrent pour voir commencer les épreuves. Le prince des ondins fit placer le char de son épouse dans un golfe près du temple, afin de la mettre à portée de voir des merveilles, qui paroîtront peut-être incroyables à bien des personnes.

A peine se furent-ils placés, que le roi parut précédé de l'élite de ses troupes. Mille & mille enseignes, étendards, & drapeaux déployés flottoient dans les airs, qui servoient à distinguer les ordres & les rangs. Ces troupes se rangèrent en ordre autour de la loge du roi, qui parut ensuite avec un front majestueux. Dès que le roi fut entré dans sa loge, on donna le signal, que les tambours, les fifres & les trompettes annoncèrent par des sons éclatans. Alors plusieurs champions se présentèrent pour être admis aux épreuves; mais les uns ne purent passer la première porte, & les plus déterminés échouèrent à la seconde. On commençoit à désespérer, lorsqu'il parut un jeune chevalier d'une taille avantageuse : ce chevalier étoit couvert d'une armure verte; sur son écusson on voyoit la figure de Pallas, qui paroissoit gravée de main de maître : la mort de ceux qui l'avoient précédé ne put l'intimider.

Tramarine frémit à la vue de ce chevalier, son cœur palpita de crainte qu'il n'eût le même sort que les autres. Quel dommage, dit cette princesse au génie, si la folle ambition faisoit périr ce jeune chevalier ! Voilà donc ce que produisent de vains honneurs; on court après une chimère que la mort vous dérobe en un instant : car ce ne peut être l'amour qui lui fasse desirer la possession d'une princesse qui, malgré sa difformité, n'aura peut-être encore pour lui que des hauteurs & du mépris. Hélas, quelle sera sa destinée ! Ne craignez rien pour lui, dit Verdoyant, il sera vainqueur; ses armes sont invulnérables, & un génie supérieur le protège.

Le chevalier s'avança à l'instant d'un air fier & intrépide au devant de la première porte, dont l'entrée étoit défendue par un dragon d'une énorme grosseur. Ce monstre avoit trois têtes qu'il fallut abattre, & leur combat dura près de quatre heures; &, quoique le monftre cût deux de fes têtes en bas, il eut encore la force de fe lever fur fes pieds pour dévorer le chevalier qui, loin de reculer, lui porta un coup de lance dans le flanc. C'étoit le feul endroit par où on put le faire périr, à caufe des groffes écailles dont il étoit couvert : l'animal furieux tomba, en faifant des mugiffemens qui firent trembler les montagnes & les rochers, & la première porte s'ouvrit avec beaucoup de fracas. Alors le chevalier entra dans une grande cour, où il fe repofa quelque tems.

Non loin de-là étoit un mont, dont le fommet affreux vomiffoit des tourbillons de flammes & de fumée, & où la terre reluifoit d'une croûte jaunâtre; figne indubitable du foufre que formoient fes entrailles. Au deffus de ce mont, étoit la feconde porte, gardée par des cavaliers de feu. Lorfque le chevalier eut pris un moment de repos, il les combattit, & eut l'avantage de les écarter & de paffer la feconde porte ; un géant défendoit la troifième, mais il lui coupa les deux jambes d'un feul revers. Cette victoire lui coûta peu : il marcha enfuite vers la quatrième où étoit un ferpent aîlé; l'animal jettoit par fes narines un venin qui infectoit l'air : ce monftre avoit vingt coudées de longueur.

Le chevalier ne put s'empêcher de frémir à son aspect; son cœur frissonne de crainte & d'horreur, il se meut comme les eaux qu'un feu violent agite, & le moment décisif le fait reculer pour un instant. Mais, rougissant de sa foiblesse, il ranime son courage, reprend son sabre, & s'avance vers ce monstre, qui, sifflant d'une façon terrible, fit trembler Tramarine pour les jours du chevalier qui, après avoir montré sa valeur & l'intrépidité de son grand cœur, commence à désespérer de pouvoir vaincre ce furieux animal, &, par un mouvement de désespoir, lui lança son sabre dans l'instant que le monstre, en ouvrant une gueule énorme, s'élançoit pour le dévorer. Le sabre lui ouvrit la gorge, & il en sortit une si grande abondance de venin, que l'air, qui en fut infecté, fit tomber le chevalier sans connoissance.

Tramarine, pénétrée de douleur de cet accident, pria le prince Verdoyant de le secourir; ce qu'il fit sans se rendre visible. Le génie lui ôta d'abord son casque, afin de lui faire prendre d'un élixir merveilleux, qui ranima sa vigueur & fortifia en même tems son courage. Le chevalier, en reprenant ses esprits, fut extrêmement surpris de n'appercevoir personne. A qui dois-je, dit-il, l'heureux secours que je viens de recevoir? Sans doute qu'un génie me protége, & ce ne peut être qu'à lui que je dois mes victoires; je ne puis attribuer des faveurs si marquées qu'à la protection de Pallas.

Cet heureux conquérant s'avança vers la cinquième porte entourée d'un large fossé qui, par sa profondeur, présentoit un abîme affreux dans lequel on le vit se précipiter avec un courage intrépide : mais on le vit bientôt prendre la route de la sixième porte gardée par des sirènes, qui employèrent les sons les plus flatteurs pour le charmer par leur agréable musique. Le chevalier ne put d'abord résister à des accens si touchans : il s'arrête pour les écouter, déjà son cœur se livre au plaisir de les entendre, ses forces s'affoiblissent & ses jambes tremblantes le soutiennent à peine, & l'on vit l'instant qu'il alloit perdre le fruit de tous ses travaux. Cette épreuve est la plus difficile à surmonter : mais, s'appercevant de sa foiblesse, il s'arma tout-à-coup d'un courage nouveau, &, par une inspiration singulière, il prit son épée dans sa main, & se mit à les fuir avec une extrême vîtesse, & arriva enfin à la septième porte défendue par un oiseau monstrueux pour la grosseur, qu'on dit être le phénix.

Tramarine, attentive à toutes les actions du chevalier, crut ne jamais voir la fin d'un combat

aussi singulier. Cet oiseau ne faisoit autre chose
que de voltiger sans cesse devant le chevalier;
il sembloit qu'il ne cherchât qu'à l'aveugler
avec ses aîles; cent fois on lui vit abattre la tête,
& cent fois on la vit se reproduire d'elle-même.
Le chevalier ne comprenant rien à ce singulier animal, vit bien qu'il ne pourroit jamais
le vaincre avec ses armes, & qu'il falloit employer la ruse pour tâcher de le surprendre.
Après que cet oiseau lui eut fait faire mille &
mille tours, fatigué sans doute, il vint enfin
lui-même se reposer sur lui, & il s'en saisit
aussi-tôt. Ce fut alors que les voûtes du temple
s'ébranlèrent; la septième porte s'ouvrit avec
un fracas épouvantable, & des cris de joie se
firent entendre de toutes parts.

Le chevalier victorieux, tenant son oiseau,
traversa une grande cour, au bout de laquelle
étoit un lac très-profond qu'il fallut encore
passer à la nage afin de se purifier, sans néanmoins quitter l'oiseau, sans quoi il falloit recom-
mencer un nouveau combat. Les eaux de ce
lac formoient, par leurs ondes agitées, un
bruit semblable à un torrent qui se précipite
du haut d'une montagne escarpée. Après que
ce vainqueur eut subi cette dernière épreuve,
il s'avança vers le temple du soleil. Ce temple
est environné d'un double rang de colonnes de

marbre jaspé; on voit au milieu du temple, sur un piédestal, la statue de ce dieu, dont la tête est ornée d'une couronne faite en forme de rayons, qui sont garnis d'escarboucles.

Sous ce vaste portique que forme le double rang de colonnes qui environnent le temple, étoient rangées de deux côtés de jeunes filles. Ces enfans, tous choisis de la figure la plus agréable, avoient de longs cheveux bouclés qui flottoient sur leurs épaules; leurs têtes étoient couronnées de fleurs, & ils étoient tous vêtus de bleu céleste. Plusieurs encensoient l'autel avec des parfums admirables, d'autres chantoient les louanges du soleil. On entendoit de toutes parts ces accords parfaits, & les sons mélodieux de plusieurs instrumens, que des doigts délicats & légers faisoient mouvoir, jusqu'au moment où l'étoile de Vénus, favorable aux amans, parut sur leur hémisphère. Alors le Chœur, rempli d'ardeur & d'allégresse, allume les torches nuptiales, en invoquant le dieu de l'Hymen auquel l'Amour fournit ses traits dorés; & ce fut au flambeau de ce dieu qu'il alluma sa lampe durable, & que, se soutenant sur ses aîles de pourpre, il se plaît à régner avec lui. Ce n'est que par cet accord de l'Amour avec son frère l'Hymen, qu'on trouve la raison, la fidélité, la justice & la pureté; & ce n'est que par l'Hymen que les nœuds du sang, les douces liaisons de père, de fils & de frère, peuvent se former, lui seul préservant des sources corrompues du crime.

Le son des trompettes se fit entendre lorsque l'on vit paroître le grand prêtre suivi d'Amasis & des prêtresses. Ce vénérable vieillard, pendant tout le tems des sacrifices, eut toujours la tête couverte d'un voile couleur de pourpre. Il s'avança ensuite pour consulter les entrailles des victimes qui palpitoient encore & dont le sang fumoit de toutes parts. O dieux, s'écrie-t-il! Quel est donc ce héros que le ciel a envoyé dans ces lieux pour y opérer de si grandes merveilles? En disant ces paroles, son regard devient farouche, ses yeux étincellent, & il semble voir d'autres objets que ceux qui paroissent devant lui; il se trouble, ses cheveux se hérissent, son visage s'enflamme, &, élevant ses bras, il les tient immobiles; sa voix s'arrête, il ne respire plus qu'à peine, il est hors d'haleine, & paroît ne pouvoir renfermer au dedans de lui l'esprit divin qui l'agite.

O heureuse princesse, dit-il dans son enthousiasme! Que vois-je & quel est ton bonheur? Dieux, couronnez votre ouvrage! Et toi, poursuivit-il en s'adressant au chevalier, noble étranger dont les travaux ont surpassé ceux de tous les mortels, puisse le Dieu que tu implores, te combler de ses faveurs les plus précieuses !

Le grand prêtre leur fit signe en même tems de s'approcher de l'autel, & le chevalier, qui étoit désarmé, présenta la main à la princesse Amasis : cette princesse étoit encore couverte d'un voile épais. Ils s'avancèrent l'un & l'autre devant la statue du soleil, au bas de laquelle le grand prêtre étoit debout, portant dans ses mains la coupe nuptiale. Les prêtresses étoient rangées des deux côtés du grand prêtre qui, après qu'il eut fait boire aux deux époux ce qui étoit dans la coupe, leur prit les mains qu'il joignit ensemble, en faisant prononcer ces paroles au chevalier :

Je jure par le soleil, père de la nature,
Qui donne la vie & la fécondité :
Par toi aussi, belle lune, seule divinité,
 Qui se plait dans la nuit obscure ;
 Toi qui fais naître sous tes pas
 La volupté & les plaisirs délicats,
Enflamme à jamais le cœur de la princesse ;
Fais qu'elle réponde à ma tendresse ;
Qu'elle ne craigne pas que ma flamme
 Ne se ralentisse un jour,
 Puisque sans cesse le même amour
Régnera pour elle dans mon ame.

Les prêtresses & les filles du soleil reprirent en chœur :

Enflamme à jamais le cœur de la princesse.

Ce qui fut répété plusieurs fois avec des accompagnemens dont les accords étoient délicieux. La princesse Amasis ajouta ensuite d'une voix argentine & sonore :

  Que les dieux répandent dans nos cœurs
 Ces torrens de plaisirs qui en font les douceurs ;
   Que mon époux, toujours couvert de gloire,
  Soit sans cesse accompagné de la victoire,
  Et que l'on célèbre à jamais son courage
   Au-delà des tems & de tous les âges ;
 Et qu'une union si belle soit dans l'histoire
 Gravée en lettres d'or au temple de mémoire.

Ce qui fut encore répété plusieurs fois par les chœurs. On conduisit ensuite les deux époux, aux sons de mille instrumens, jusqu'à la porte du temple, où le chevalier monta, avec la princesse Amasis, dans un char magnifique, qui fut d'abord enlevé par des aigles qui les transportèrent dans le palais du roi.

 Le prince des Ondins, voulant procurer à Tramarine la satisfaction de voir la fin de cette cérémonie, la conduisit avec le roi de Lydie par un grand canal, dont les eaux, distribuées avec art, se répandoient par différens petits canaux dans une grande galerie, pour y former aux deux bouts de délicieuses cascades, où l'on avoit soin de faire couler en même tems des eaux distillées d'odeurs les plus exquises. Ce fut dans une de ces cascades que le génie Verdoyant fit placer Tramarine & le roi son père.

Au milieu de cette galerie étoit un trône élevé, sur lequel étoit le roi avec la princesse, mère d'Amasis. Ce jour étoit pour elle un jour de triomphe : les deux côtés étoient occupés par les autres femmes du roi & par les princes de son sang. Alors on vit paroître les deux jeunes époux qui, s'avançant d'un air noble, vinrent se mettre à genoux aux pieds du roi. Après qu'ils les eurent baisés, ce monarque que la sagesse, la prudence & la raison, conduisoient dans toutes ses actions, les embrassa l'un & l'autre, prit des mains de la reine une couronne dont il orna la tête du chevalier, afin de le rendre, par cette marque de distinction, égal à la princesse qui pour lors releva son voile, se montrant pour la première fois à son illustre époux & à toute la cour.

Dès qu'Amasis eut relevé le voile épais qui la couvroit, un murmure de voix confuses se fit entendre. Toutes s'élevèrent en même tems; les princes sur-tout se plaignirent hautement qu'on avoit fait un tort confidérable à la princeffe Amafis, en diftribuant des portraits fi diffemblables d'elle-même, puifque perfonne ne pouvoit fe refufer à l'admiration, & à mille autres fentimens que fes vertus, fa beauté & la majefté de fa taille infpiroient.

Il eft vrai qu'Amafis parut dans cette cour comme un nouvel aftre ; il fembloit que l'Amour & les Graces euffent pris plaifir à la former : une taille fine & déliée, un tour de vifage admirable, des traits fins & délicats où la fageffe, la candeur & la modeftie étoient peintes, ce qui la rendoit encore plus belle ; non qu'elle eût cet air farouche qui fait fuir les amours & ternit la beauté, mais cette pudeur douce, innocente & enfantine, qui infpire le refpect en même tems qu'elle enflamme les défirs. La princeffe Amafis voyant tous les regards fixés fur elle, fon front fe couvrit d'une rougeur divine ; elle regarde tendrement fon époux, fes yeux expriment le fentiment qui l'anime, & femblent lui dire que ce n'eft que lui feul dont les fuffrages puiffent la flatter, parce que fon cœur, obéiffant aux loix du royaume, l'avoit attachée dans l'inftant à ce jeune héros, qui lui-même paroiffoit ne pouvoir être formé que par quelque divinité.

Cependant la surprise du roi paroissoit extrême; il ne put néanmoins se dispenser de répondre aux princes, qui le supplièrent de vouloir bien leur expliquer les raisons qu'on avoit eues de ne pas donner un portrait exact des charmes de la princesse. Le roi répondit, avec cet air de candeur qui sied si bien à la majesté d'un souverain, qu'à moins que les dieux n'eussent opéré un miracle en faveur d'Amasis, il convenoit qu'il ne pouvoit reconnoître, dans la personne qui étoit présente à ses yeux, que la voix de la princesse sa fille.

Cet aveu du monarque ne fit qu'augmenter la confusion dans les esprits; &, comme on ne permettoit l'entrée du temple qu'à sa majesté, ce monarque fut très-humblement supplié de vouloir bien s'y transporter avec la reine, afin de visiter l'intérieur du temple, d'interroger les autres princesses, & voir si l'on n'auroit point eu l'audace de substituer à la place de la princesse Amasis quelque fille du soleil. Mais la princesse, surprise qu'on cherchât à répandre des soupçons sur sa naissance, supplia le roi son père de vouloir bien lui permettre de se justifier. Ce n'est pas, ajouta cette princesse, que je veuille entreprendre de détourner votre majesté de faire le voyage qu'on

lui

lui propose; je trouve au contraire ma gloire intéressée à cette visite, afin d'ôter tous les soupçons qui pourroient ternir ma naissance, & laisser dans les esprits des doutes injurieux à mon époux : & si votre majesté veut bien se rappeller les différentes conversations dont elle m'a honorée pendant le cours de ma vie, peut-être pourrai-je la convaincre qu'il ne peut y avoir que la princesse Amasis en état de lui révéler des secrets confiés à elle seule ; &, pour l'en assurer, j'ose supplier mon père, poursuivit-elle en tombant à ses genoux, de vouloir bien m'accorder un entretien particulier. Le roi, ému du discours de la princesse, la releva à l'instant, & ils passèrent dans son cabinet où ils restèrent très-longtems enfermés.

Toute la cour attendoit impatiemment ce qui résulteroit d'un événement si extraordinaire. Le prince, époux d'Amasis, paroissoit seul tranquille au milieu de tant de troubles ; mais le roi qui sortit du cabinet, suivi de la princesse, calma tous les esprits par ce discours : je suis à présent convaincu, dit ce monarque en s'adressant à toute la cour, que voilà la princesse Amasis, je la reconnois pour ma fille, & vous devez désormais la regarder comme votre souveraine, puisque personne au monde ne peut avoir eu connoissance des secrets qu'elle

Tome XXXIV. V

vient de me révéler; mais, quoique le voyage que je dois faire au temple devienne inutile pour la juftification d'Amafis, je ne puis cependant me difpenfer d'accomplir la promeffe que j'ai faite. Je vais donc y aller avec la princeffe, pour remercier les dieux des graces qu'ils viennent de m'accorder dans la perfonne d'Amafis; je vais offrir de nouveaux facrifices, & ordonner en même tems qu'en reconnoiffance du miracle qui vient de s'accomplir en faveur de ma fille, on célèbre tous les ans à pareil jour une fête en l'honneur du foleil, afin d'éternifer la mémoire d'un auffi grand jour. Et vous prince, ajouta le roi, s'adreffant à l'époux d'Amafis, je vous affocie à ma couronne, vous allez déformais partager mon trône; je vous en crois d'autant plus digne, que les dieux femblent n'avoir opéré un auffi grand miracle qu'en faveur de vos travaux; je reconnois à préfent que la vérité, la raifon, la fageffe & la modération, feront toujours vos règles, ainfi nous ne pouvons jamais être oppofés de fentimens. Le prince ne put répondre à cet éloge que par une profonde inclination.

Le roi fut enfuite conduit à fon char avec la princeffe Amafis, pour aller renouveller leurs offrandes & leurs facrifices en l'honneur du foleil, auquel on dédia le magnifique char qui avoit conduit Amasis & son illustre époux ; & le roi fit graver, sur des tables d'airain, le détail de toute cette histoire, afin d'en conserver la mémoire jusqu'aux siècles les plus reculés.

Pendant l'absence du roi & de la princesse Amasis, on remarqua que tous les courtisans qui, avant que le prince fût associé au trône, n'avoient presque pas daigné le regarder, s'empressèrent alors à lui faire leur cour. Mais le prince dont le génie étoit bien supérieur à tous ces flatteurs mercenaires, leur fit sentir avec délicatesse le mépris qu'il faisoit de leurs fades louanges ; & , s'avançant ensuite vers la reine, il lui témoigna, avec beaucoup de dignité, combien il étoit sensible au bonheur dont il alloit jouir, bonheur d'autant plus grand, qu'il lui procuroit l'avantage de partager ses soins entre deux princesses si dignes l'une de l'autre, & de procurer à toutes une liberté, dont il étoit très-persuadé qu'elles n'useroient que pour faire les délices d'une union formée par les dieux mêmes.

Le roi, de retour du temple, remit la princesse Amasis à son illustre époux, en le comblant de mille marques d'estime & d'amitié auxquelles le prince répondit avec beaucoup de respect. L'amour parut peint dans ses yeux en regardant Amasis qui lui présentoit la main; ils se disposoient à sortir de la galerie pour se retirer dans leurs appartemens, déjà les pages précédoient pour les accompagner, quand ils furent encore arrêtés par un vieillard vénérable, qui parut tout-à-coup au milieu de la galerie. Ce vieillard s'avançoit d'un air grave & majestueux; mais, s'appercevant du trouble que sa subite apparition avoit excité dans tous les esprits, il fixa quelques instans ses regards sur les jeunes époux, sans doute pour leur donner le tems de se remettre de leur agitation: puis les tournant vers le roi; calmez, lui dit-il, seigneur, le trouble où je vous vois, je n'ai que d'agréables nouvelles à vous annoncer; je suis le génie Carabiel, envoyé de la part du soleil pour vous apprendre que l'époux de la princesse Amasis tient sa naissance du génie Verdoyant, prince des Ondins, & de la princesse Tramarine, fille du roi de Lydie, à présent associé par son union à l'empire des Ondes par la protection que ses vertus lui ont fait obtenir de la déesse Pallas, fille de Jupiter, qui a nommé lui-même ce jeune prince, Nubécula. Vous avez dû connoître, par les travaux éclatans qu'il vient d'exécuter, que ce prince ne pouvoit tirer son origine que d'un favori des dieux, & ce n'est qu'en sa faveur que le soleil a bien voulu opérer le miracle qui s'est fait sur la princesse Amasis. Ce Dieu est content de l'élection que vous venez de faire de ce jeune héros, pour régner avec vous sur tous les peuples qui dépendent de votre empire ; il me charge de vous annoncer qu'il en étendra les limites en y joignant le royaume de Castora, & qu'il répandra sur toute votre postérité ses plus précieuses influences ; la campagne florissante rendra vos champs toujours fertiles & abondans, la paix & la concorde régneront parmi les citoyens ; & les descendans du prince Nubécula jouiront de ses faveurs pendant des siècles innombrables. Alors le génie se tournant vers la princesse : préparez-vous, ajouta-t-il, charmante Amasis, au départ de votre illustre époux ; n'entreprenez point de retarder la gloire qu'il doit encore acquérir dans la conquête des états de la reine de Castora : Pentaphile a offensé les dieux en y établissant des loix injustes, & c'est, pour l'en punir, qu'ils ont ordonné que ce royaume passeroit sous la puissance du prince Nubécula. Respectable Carabiel, dit la princesse, ne me refusez pas la grace que j'ose demander à l'envoyé du soleil, & permettez au moins que je puisse accompagner le prince, mon époux, dans cette nouvelle expédition.

Le génie y consentit & disparut à l'instant, laissant le roi & toute sa cour dans une surprise, mêlée d'admiration, de toutes les merveilles dont ils venoient d'être les témoins. Il est vrai qu'il sembloit qu'on n'eût pas le tems de se reconnoître, par les prodigieux événemens qui se succédoient l'un à l'autre sans interruption : les courtisans, surtout, parurent soulagés de la déclaration de l'envoyé du soleil ; leur amour propre qui depuis long-tems étoit en presse, reprit tout à-coup toute sa plénitude ; leur humiliation disparut, lorsqu'ils apprirent qu'il ne falloit pas moins qu'un demi-dieu pour avoir pu remporter d'aussi grandes victoires en si peu de tems. Ainsi toutes les merveilles que le prince venoit d'opérer augmentèrent de prix à leurs yeux ; & cet étranger, à qui d'abord ils trouvoient humiliant d'obéir, ne pouvoit plus que les combler d'honneur & de gloire, dès qu'il fut reconnu pour le petit-fils du souverain des Ondes.

On vit alors briller dans les yeux d'Amasis la joie & la satisfaction, qu'un bonheur si peu attendu produisit dans son ame, & ce bonheur excita dans son cœur les sentimens de la reconnoissance la plus parfaite envers les dieux. Son cœur, déjà disposé à l'amour, lui fit dire au prince son époux les choses du monde les plus tendres & les plus spirituelles ; mais je n'entreprendrai point de rapporter cette conversation, qui fut sans doute des plus animées entre deux jeunes cœurs que l'amour inspire.

Quoique le roi fût extrêmement fatigué de tous les événemens qui venoient de se succéder, il ne put néanmoins différer plus longtems le plaisir d'apprendre les aventures du prince Nubécula ; c'est pourquoi il congédia une partie de sa cour, & rentra dans son cabinet, suivi de la reine, des jeunes époux, & des corybantes les plus élevées en dignité. Vous ne devez pas trouver extraordinaire, dit ce monarque, en s'adressant au prince Nubécula, l'empressement que j'ai d'apprendre les moindres circonstances de la vie d'un prince tel que vous ; ne différez donc pas d'un instant de m'en instruire.

A cet ordre le prince ne put s'empêcher de soupirer ; il regarde Amasis d'un air passionné, & elle connoît, par ce regard, combien il est fâché d'être obligé de retarder l'instant de son bonheur en cédant à l'empressement de sa majesté : mais un sourire d'Amasis, semblable à celui de l'amour, parut le consoler & l'inviter en même tems de satisfaire promptement les désirs du roi son père ; il commença donc ainsi son histoire qu'il finit en peu de mots.

V iv

LES ONDINS,

A l'inſtant de ma naiſſance, je fus remis entre les mains d'un fameux magicien, lequel, contraint par une puiſſance ſupérieure de ne point uſer ſur moi de ſon pouvoir, m'abandonna à un faune qui prit ſoin de mon enfance. Ce faune habitoit une caverne proche le temple de Cérès, &, dès l'âge de quatre ans, il me conſacra à la déeſſe pour ſervir au culte de ſes autels. A peine eus-je atteint ma quinzième année, que je me ſentis pénétré d'une fureur poétique. Animé de l'eſprit du Dieu qui me protége, je prononçai pluſieurs oracles, & paſſai quelques années dans cette occupation; mais la prêtreſſe me faiſant un jour approcher de ſon antre: O jeune homme, me dit-elle dans un de ſes enthouſiaſmes que la déeſſe avoit coutume d'exciter en elle, apprends que tu dois être le plus vaillant d'entre les mortels, il eſt tems de quitter ce ſéjour pour aller ſignaler ton courage, mille exploits divers vont être offerts à ta valeur; vas, le Dieu qui te protége prendra ſoin de ta gloire, & ton triomphe ſera admiré dans l'Univers.

Ces paroles, dictées par la déeſſe, firent naître en moi cette noble audace qui doit toujours accompagner les héros. Je ſortis du temple & trouvai, ſous un des portiques, l'armure qui venoit de me ſervir pour exécuter les exploits dont votre majesté avoit été le témoin. Quoique leurs majestés & ceux qui avoient été admis à cette conversation, eussent désiré d'apprendre un plus grand détail des aventures du prince, personne ne put néanmoins se plaindre de sa complaisance, & le roi remit à un autre tems à en exiger les particularités, s'appercevant que le prince brûloit d'impatience de se retirer avec la princesse Amasis.

Tramarine & le roi son père, charmés l'un & l'autre d'avoir été témoins du triomphe & de la gloire du prince Nubécula, en témoignèrent leur reconnoissance au génie Verdoyant, & le remercièrent en même tems de l'agréable surprise qu'ils avoient éprouvée à l'apparition de l'envoyé du soleil, en apprenant, par le discours de ce favori, que ce jeune prince étoit son fils. Sans doute, ajouta la princesse Tramarine, que c'étoit au génie Carabiel que vous aviez confié son éducation. Hélas, que j'étois injuste lorsque j'ai pu douter de son sort ! Il est votre fils, vous l'aimez, vous faites sa gloire & son bonheur. Sa destinée vous est à présent connue, reprit Verdoyant, & je crois qu'il ne doit plus vous rester aucun doute sur les honneurs dont il va jouir ; c'est pourquoi, comme nous sommes logés ici fort à l'étroit, je pense qu'il seroit à propos de rejoindre la flotte afin de continuer notre route.

Tramarine, dont tous les objets qui auroient pu exciter sa curiosité se trouvoient remplis, peut-être ennuyée d'une aussi longue marche, & dans la vive impatience de présenter le roi son père au souverain des Ondes, elle supplia le génie de faire reprendre à leur flotte la route de la capitale, où ils se rendirent en très-peu de tems. Je n'entreprendrai point de faire la description des fêtes qui se donnèrent à leur retour; il suffira d'apprendre à mes lecteurs que sa majesté Ondine, après avoir examiné la princesse Tramarine, parut très-contente du changement qui s'étoit fait en elle: le roi Ophtes lui fut présenté, & il voulut bien, en faveur de l'épouse de son fils, confirmer les honneurs du louvre que le prince Verdoyant lui avoit accordés; & sa majesté ajouta à cette grace, qu'il lui fût donné un logement dans le palais, à côté de celui de la princesse Tramarine dans le pavillon des glaces.

Par cette nouvelle faveur, il fut permis à Ophtes de visiter souvent le cabinet des merveilles, Tramarine jugeant par elle-même de l'empressement que le roi son père pouvoit avoir d'apprendre ce qui s'étoit passé en Lydie depuis son entrée chez les Ondins, & sur-tout de savoir des nouvelles de la reine Cliceria, la façon dont elle gouvernoit son royaume, & mille autres choses qui devoient l'intéresser: c'est pourquoi, après avoir fait au roi un détail des attributs de ce merveilleux cabinet, elle s'y rendit pour lui en faire admirer les singulières beautés.

Ophtes se ressouvenant de son indiscrette curiosité, lorsqu'il voulut interroger les dieux sur la destinée de Tramarine, n'osoit presque lever les yeux sur les glaces ; il craignoit, sans doute, d'irriter contre lui le monarque des Ondes : mais la princesse le rassura en disant que, lorsqu'on ne formoit aucun désir, les glaces n'annonçoient rien. Ophtes croyoit ne plus rien désirer ; mais la pensée est si prompte qu'on ne peut l'arrêter, le désir la suit de près : Ophtes pensa, il désira, & les glaces lui montrèrent ce que, dans le fond de son cœur, il désiroit ardemment d'apprendre.

Il vit donc la reine de Lydie, qui, après avoir pleuré long-tems sa perte, & avoir fait rendre à sa mémoire les honneurs & les respects qu'on ne pouvoit refuser à un monarque, qui ne s'étoit occupé, pendant le cours de sa vie, qu'à faire le bonheur de ses peuples. Il vit l'aimable Cliceria qui, se trouvant surchargée du poids de la conduite de ses vastes états, craignant d'ailleurs de nouvelles irruptions de la part de Pencanaldon; il la vit, dis je, partager ce fardeau avec le prince Corydon, qu'elle trouva seul digne de remplir la place qu'Ophtes avoit occupée si long-tems & avec tant de gloire. Le père de Tramarine vit, sans jalousie, l'union de la reine avec le prince Corydon; il contempla leur bonheur dans leur postérité, & ce furent pour lui & pour Tramarine de nouveaux sujets de satisfaction, dont ils doivent jouir éternellement.

FIN de la seconde & dernière Partie.

L'AMANT
SALAMANDRE.

L'AMANT SALAMANDRE, OU LES AVENTURES DE L'INFORTUNÉE JULIE; HISTOIRE VÉRITABLE.

PREMIÈRE PARTIE.

Ce n'est pas l'envie de passer pour auteur qui me met la plume à la main : je vois le public s'intéresser vivement à ces sortes d'ouvrages; celui-ci peut l'amuser & l'instruire : il me suffit de le croire pour le lui donner. L'histoire de l'infortunée Julie est un tissu de singularités bisarres & surprenantes; auxquelles l'imagination, même la plus docile, aura peine à se prêter; mais un historien n'est pas redevable à son lecteur de la vraisemblance : il ne lui doit que la vérité. Quoi qu'il en soit, voici les aventures de cette aimable fille, vertueuse même par ses fautes, mais peut-être inconsidérée dans le cours de ses malheurs. Le Ciel ne lui refusa rien de tout ce qu'il faut pour être heureuse; & tout ne servit qu'à la conduire au comble de l'infortune. Le lecteur en jugera : j'étois son amie ; & dans sa plus intime confidence, c'est elle-même qui parle.

Je suis née de parens très-qualifiés : mes ancêtres ont occupé des postes brillans dans le Militaire, & leur fortune étoit proportionnée à leur rang. Ma mère me donna le jour quatre ans après son mariage; & mon père, charmé de ma naissance, me fit élever avec la plus grande attention. J'avouerai même que la nature, libérale en ma faveur, me prodigua ses bienfaits. A mesure que j'avançois en âge & que mes traits se développoient, on s'appercevoit que je pouvois aller de pair avec tout ce que la Province avoit de plus aimable. Un certain air de vivacité, soutenu de quelques agrémens dans l'esprit, un goût décidé

cidé pour la parure, me fit donner la préférence sur les belles de nos cantons; du moins nos agréables vouloient-ils me persuader que je les effaçois toutes par les charmes de la figure & des talens. Cette prédilection, qui auroit flatté toute autre que moi, excita leur jalousie, sans beaucoup piquer mon amour-propre. Par caractère, j'étois douce & complaisante; quoique dans un âge encore tendre, j'aimois à suivre les impressions de la vertu & les lumières de la raison : avide de tout ce qui pouvoit me former le cœur & l'esprit, la lecture des bons livres, & les réflexions que je faisois sur les sujets les plus intéressans, contribuoient beaucoup à me rendre parfaite : j'aspirois à le devenir. Au reste, j'étois bonne & généreuse; & quoique j'eusse marqué, dès le berceau même, une aversion presque invincible pour tous les hommes, cependant je me sentois un fond de tendresse dans le cœur, qui ne dénotoit que trop bien le contraste de cette prétendue antipathie. Toute jeune que j'étois, j'avois imaginé que je devois aimer un homme extraordinaire. Tous ceux que ma beauté sembloit attirer près de moi, me donnoient des dégoûts qui me rendoient quelquefois malade, par la seule violence que je me faisois pour leur cacher ce que je

Tome XXXIV. X

pensois sur leur compte; je les recevois avec une politesse mêlée d'un petit air de mépris, qui les désespéroit, & qui les détermina bientôt à quitter la partie. Une conduite aussi bizarre, en éloignant mes amans, rendit déserte la maison de mon père. Comme il aimoit la compagnie, il voyoit avec chagrin, que mes caprices avoient banni de chez lui une société qui lui faisoit plaisir. Il s'efforça de la ramener par toutes les raisons qu'il crut capables de les persuader; mais ils s'en défendirent, en alléguant ma mauvaise humeur, & la froide réception que je leur avois faite: les Dames, & une entr'autres, qui aspiroit à son alliance pour son fils, dit à mon pere, d'un air piqué, Il faut, Monsieur, à mademoiselle votre fille des dieux pour amans; de simples mortels ne sont pas dignes d'elle... Ce bon pere voulut s'excuser de son mieux, en disant que j'étois encore bien jeune, que l'âge & la raison me feroient dans la suite penser bien différemment. Mais il se débattit en vain, & toutes ses raisons ne ramenèrent personne. Furieux de ce triste contre-tems, il tourna sa colère contre moi; vous voilà satisfaite, mademoiselle; vos mépris & vos dédains ont éloigné tous mes amis, ma maison n'est plus qu'une solitude: recevrai-je la loi de celle à qui j'ai droit de commander ? Non, sans doute ; & je vous annonce que si vous ne changez, je vous en ferai bien repentir... Il me quitta sans vouloir m'entendre ; & j'en fus au désespoir.

Ma mère, moins sensible que lui à la désertion de la compagnie, ne m'en fit pas plus mauvaise mine ; au contraire, m'embrassant avec tendresse ; avoue-le moi, ma chère Julie (c'est le nom que je portois) opposée au goût de celles de ton sexe, la vue & la conversation des hommes te déplaît. Quoique je souhaite avec passion de te voir établie, je ne suis point alarmée de ta façon de penser, ton heure n'est point encore venue, & cette espèce d'éloignement que tu sens pour les hommes, ne durera pas long-tems ; il aura son terme. Le cœur est fait pour aimer : il faut, pour remplir son vuide, ou l'amour Divin, ou le profane. Ce qui te donne cette aversion pour les hommes, n'est qu'un excès d'amour propre ; tu ne trouves rien qui puisse te mériter. A ces mots, je rougis, elle s'en apperçut, & par ménagement, elle changea de conversation. Hélas ! ce fut la dernière que cette tendre mère eut avec moi. S'étant trouvée mal dans la nuit, après deux heures de douleurs inexprimables, elle perdit enfin la parole & la vie. Jugez combien je fus sensible à cette perte. Mon père en fut pénétré, mais sa douleur ne s'évapora point ; il ne poussa ni plaintes ni soupirs, & se fit mettre au lit. Je me jettai entre ses bras, en le conjurant de ne pas se laisser accabler par ce malheur, il me serroit sans me répondre ; on m'arracha d'auprès de lui, jamais objet ne fut si touchant. Les amis & les parens, qui se rendirent chez nous, firent tous leurs efforts pour tâcher de le consoler ; mais ils ne purent y parvenir. Ce tendre père avoit le cœur si serré, qu'après cinq jours d'un morne silence causé par son désespoir, je perdis tout ce que j'avois de plus cher au monde. J'imitai mon père & je ne versai point de larmes : pour me tirer de l'état accablant où j'étois plongée, on fit venir ma cousine d'un couvent, où le malheur d'avoir perdu comme moi sa mère, la tenoit ensevelie depuis deux ans. C'étoit ma plus proche parente, elle n'avoit que dix-huit ans. Cette aimable fille n'oublia rien pour adoucir ma douleur. Je m'obstinai pendant deux jours à garder le silence ; mais elle s'insinua si bien dans mon esprit, que ma douleur en devint moins vive. Cette généreuse parente, malgré les avantages qu'elle auroit retirés à ma mort, étant mon unique héritière, mit tout en usage pour me conserver une vie dont la fin l'auroit rendue un des meilleurs partis de la Province. Combien d'autres à sa place eussent profité des circonstances!

Par reconnoissance autant que par estime, je voulus me l'attacher, & je réussis. Après avoir mis ordre à mes affaires domestiques, où elle me fut d'un grand secours, nous restâmes bien six mois sans voir personne : comme je n'avois que des parens fort éloignés, je ne fus point exposée à recevoir de fréquentes visites ; ma maison fut interdite à tout le monde. Cependant mes amans renouvellèrent leurs poursuites, s'imaginant que, dans la situation où j'étois, je ne pourrois me passer d'un mari, sur-tout mes biens étant de nature à demander quelqu'un de poids pour les régir. On me fit faire des propositions ; mais la porte fut refusée aux importuns : ainsi je ne fis point de jaloux. Je reçus même cinq à six lettres, au sujet de mon établissement ; mais je fus sourde à toutes les démarches, & ne fis point de réponse. En général, je remerciai tout le monde de l'honneur qu'on me faisoit de s'intéresser à mon sort, la perte que je venois de faire ne me laissant pas assez de liberté d'esprit pour penser à aucun établissement ; que j'étois déterminée à passer une année ou deux dans un couvent; qu'après ce tems, je verrois à me décider.

Je leur difois vrai. J'avois formé ce projet avec ma coufine: qu'elle étoit aimable, cette chère parente! avec la plus jolie figure, elle avoit tout l'efprit imaginable, mais fur-tout une bonté de cœur, qui ne fe trouve point fans averfion pour les hommes: elle en avoit vu grand nombre au couvent; mais aucun d'eux n'avoit pu lui plaire, quoiqu'elle fût née avec un cœur extrêmement tendre & fufceptible d'une forte paffion. Que ferai-je, ma chère Julie, me difoit-elle fouvent, de ce fond de tendreffe que j'ai dans le cœur? J'efpère voir un jour l'objet qui me doit rendre fenfible. Vous êtes plus heureufe que moi, ma chère Céline, (c'étoit fon nom) puifque vous vous imaginez qu'il eft quelqu'un dans le monde, qui pourra vous plaire.... Sans doute, me répartit ma coufine, je fais plus que me l'imaginer; je le crois très-fermement. Que deviendrois-je, fi cela n'arrivoit pas? Mais, au refte, ma chère Julie, il me femble que vous étiez en train de m'ouvrir votre cœur: je vous ai peut-être interrompue; comptez à préfent fur toute mon attention. Hélas! tendre Céline, que voulez-vous favoir de moi? Je fuis folle, & vous me croirez telle, quand je vous aurai fait l'aveu de mes visions.

Dès que j'eus l'usage de la parole, je détestai tous les hommes en général ; mon aversion croissoit à mesure que j'avançois en âge: cependant je me sens, pour vous découvrir mon ame toute entière, un fond de tendresse comme vous ; mais je sens en même tems, qu'un homme de ceux qu'on voit dans le monde, ne sauroit me plaire... Vous avez raison, ma chère Julie, (me dit ma cousine) de dire que vous êtes folle ; vous l'êtes plus que vous ne pensez. Que prétendez-vous avec votre homme extraordinaire ? Voulez-vous que la nature en fasse un exprès pour vous ? Est-ce un Adonis, un Narcisse, un Géant, un Ciclope, que vous demandez ? Si c'est un de ces hommes-là qu'il vous faut, vous avez la mine de ne faire jamais usage de la tendresse que vous portez dans le cœur : ces héros n'ont jamais existé que dans la fable.... Ah ! lui dis-je en riant, il me paroît que vous ne me tournez pas mal en ridicule, sans égard à l'amitié qui nous lie : si j'étois aussi vive que vous, j'aurois de quoi me venger, en vous privant d'un récit qui paroît beaucoup exciter votre curiosité. Je ne continuerai point aujourd'hui ; mais quand nous serons au couvent, je vous développerai mes idées, songeons à prendre nos arrangemens pour aller habiter cette charmante retraite que vous m'avez si fort vantée...

A la suite de cette conversation, je ne changeai rien dans les ordres qu'il me fallut donner à mon intendant pour l'administration des biens que mon père m'avoit laissés. Tout étant disposé pour le mieux, nous prîmes le chemin de l'Abbaye. La situation en étoit charmante, & tout au plus à deux lieues de la ville. Cette magnifique retraite étoit composée de deux grands corps-de-logis à la moderne, avec un grand & vaste jardin, au bout duquel s'élevoit un bois de haute-futaye, qui sembloit le couronner. Une belle terrasse bordoit le mur du couvent, & faisoit le tour du jardin. Un des corps-de-logis étoit habité par l'abbesse avec ses chanoinesses, & l'autre par les pensionnaires.

Pendant le cours de notre petit voyage, nous fûmes d'une gaieté sans pareille : à notre arrivée dans ce charmant asyle de la vertu, nous fûmes accueillies avec des façons qui nous enchantèrent. Toutes les dames étoient des femmes de qualité, qui avoient les airs du grand monde; elles étoient souvent à portée d'en voir du plus brillant; ce qui, joint à la plus noble éducation, faisoit un assemblage assez rare de personnes intéressantes pour la société. On nous installa dans un très-bel appartement qui nous avoit été préparé. Eh bien, ma chère Julie, me dit ma cousine, quand nous fûmes seules, que pensez-vous de cette demeure & des personnes qui l'habitent ? Je pense, lui répondis-je, que c'est un séjour d'enchantement, & que les dames que j'ai vues, sont autant de divinités : tout ceci va m'entretenir dans mes visions... Point du tout, reprit ma cousine, vous trouverez dans toutes ces belles personnes plus de foiblesses & de défauts que vous ne pensez : elles ont la plupart beaucoup d'esprit & d'usage du monde ; la douceur est leur caractère : voilà le beau ; mais voici le contraste : peu de solidité dans l'esprit, extrêmement prévenues en leur faveur, jalouses à l'excès, & plus curieuses de plaire qu'aucunes femmes du monde ; ce qui vous paroîtra très-naturel, quand vous saurez que ces belles recluses sont toutes victimes de l'avarice de leurs parens qui les ont sacrifiées pour soutenir leur nom, en procurant plus d'opulence à leurs héritiers. De toutes ces Nones qui vous enchantent, je n'en fais que deux qui méritent votre attention ; l'une est cette petite brune, dont la manière obligeante a renchéri sur les politesses que vous avez reçues de ses compagnes : c'est une fille de qualité, parente de l'Abbesse, auprès de laquelle on l'a mise dès l'âge le plus tendre. L'Abbesse lui a donné tous ses soins ; elle a réussi : son élève est une fille accomplie. Quoiqu'elle fût persuadée qu'on la destinoit pour le cloître, elle n'a pas laissé de l'élever comme pour le monde. Elle est Professe depuis trois ans ; ayant embrassé son état par raison, elle le soutient avec dignité : quoique son goût ne s'accorde pas trop avec lui, sa vertu n'en brille que mieux, & sa gloire n'en est que plus grande. Elle a beaucoup d'esprit, & une solidité de jugement au-dessus de son âge ; un cœur grand & généreux, un peu trop tendre ; une sincérité peu commune, & bonne amie de celle à qui elle trouve du mérite, ne se livrant pas trop facilement ; complaisante, trouvant tout facile quand il s'agit d'obliger : c'est avec cette aimable personne & cette grande blonde aux yeux mourans, que j'ai serré les nœuds de la plus tendre amitié pendant mes deux années de séjour dans cette agréable retraite. La blonde en question n'a pas tant d'esprit que sa compagne ; mais elle n'en est pas moins aimable : elle est d'une douceur à ravir ; amie inviolable, mais vive dans ses passions. Voilà les deux personnes avec qui nous allons être liées ;

pour toutes les autres, je ne vous en parle point. L'Abbesse est une dame d'un mérite très-rare; en un mot, ma chère Julie, vous serez enchantée de cette demeure... Oui, ma chère cousine, lui répondis-je, en quelque endroit du monde que je sois, je serai toujours bien dès que je vous aurai pour compagne... Ce que vous me dites, ma chère Julie, est très-flatteur, reprit ma cousine, mais vous me le devez par reconnoissance ; du moins ce sentiment est réciproque, & je pense comme vous... La conversation finit-là : nous quittâmes nos habits de voyageuses pour en prendre de plus décens. Nous allâmes voir l'abbesse, & toute la communauté, qui se rendit dans son appartement pour nous dispenser des visites que nous aurions été obligées de faire à chacune en particulier : ce petit air aisé me plut beaucoup ; l'abbesse & toutes ces dames me comblèrent de politesses. La séance fut un peu longue, il parut que je ne déplaisois point. Les deux amies de ma cousine nous reconduisirent de chez madame l'abbesse dans notre appartement : je les trouvai très-aimables, sans aucune préférence. Après que nous eûmes babillé sur différens sujets qui n'étoient pas fort intéressans, elles nous laissèrent seules. Eh bien ! chère Julie, me dit ma cousine, que dites-vous de tout cela ? Je dis que je ferois la personne la plus heureuse, si je n'avois point de visions dans la tête, qui toujours influent sur mon cœur: je l'ai reçu de la nature plein de tendresse, & je ne prévois pas, à moins qu'il ne se fasse quelque miracle en ma faveur, que je puisse trouver ce qui peut seul faire ma félicité: cependant d'autres que moi en ont eu de ces amans divins..... Que me dites-vous, ma chère Julie, reprit ma cousine, vous me faites pitié. Je le mérite, repris-je, mais non dans le sens que vous pensez : vous me croyez l'esprit aliéné ; mais pour vous tirer de votre erreur, je vais mettre mes idées dans tout leur jour. Il faut pour cet effet que je vous dise ce qui les a fait naître dans mon esprit, & ce qui m'a rempli l'imagination de chimères qui passeront toujours pour traits de folie dans l'esprit des personnes qui, comme vous & bien d'autres, ne connoissent que ce qui tombe sous les sens.

Au sortir de mon enfance, ma mère mit auprès de moi, à titre de gouvernante, une demoiselle d'un certain âge, qu'on disoit être une fille de condition, que le dérangement de ses affaires avoit déplacée, puisqu'elle étoit réduite à servir : c'étoit une amie de ma mère qui la lui avoit procurée. Cette fille avoit pour moi une complaisance qui lui acquit toute ma tendresse ; ce qui n'empêchoit pas qu'elle ne mît tout en usage pour me donner une éducation parfaite. Elle me faisoit tout faire par raison ; je me plaisois beaucoup avec elle, contre l'ordinaire des enfans de mon âge : elle me trouva l'esprit fort avancé, & m'apprit tout ce qu'une personne bien née doit savoir. Je passe au récit de ses imprudences, qui feront peut-être tout le malheur de ma vie. Elle ne cessoit de donner des louanges à ma beauté ; & voyant que j'étois bien persuadée de ce que je valois, elle m'applaudissoit, & me faisoit entendre qu'il n'y avoit rien dans le monde qui fût digne de moi. Que ferai-je donc, ma bonne amie, (c'est ainsi que je la nommois) ? Quand je serai en âge d'être mariée, on me proposera quelqu'établissement ; que vais-je devenir ? J'abhorre les hommes : les portraits que vous m'en avez faits m'ont fortifiée dans mon antipathie. Cependant l'obéissance que je dois aux personnes qui m'ont donné la vie, me forcera de subir le joug de l'hyménée, que je regarde comme une chaîne très-difficile à porter; puisqu'elle ne peut se briser que par la mort de l'un des deux époux. Ma chère Julie, me dit ma bonne, je suis ravie de vous entendre raisonner aussi juste, & surtout dans un âge où l'on commence à peine à s'énoncer ; je n'ai garde de vous exhorter à vaincre la répugnance que vous avez pour les hommes ; c'est sans doute une puissance supérieure qui vous donne ce dégoût ; elle vous réserve pour un amant tout divin ; & conduira votre cœur avec une sagesse si merveilleuse, que vous n'aurez aucunes persécutions à craindre de vos parens : vous jouirez bientôt de l'indépendance, & vous attendrez sans inquiétude à remplir le sort brillant qui vous est réservé. Que dites-vous, repris-je vivement ; est-ce que je vais perdre les auteurs de mes jours, eux que je chéris plus que moi-même ? Ne vous affligez pas encore, continua ma gouvernante ; contentez-vous de savoir pour le présent que c'est un esprit tout de flamme, autrement dit un Salamandre, un dieu subalterne, habitant du feu, qui doit être le possesseur de vos charmes. Je n'ai plus rien à vous dire, ma chère Julie ; & je ne serai pas toujours auprès de vous, mais quoiqu'éloignée, je partagerai vos peines & vos plaisirs. En disant ces dernières paroles, elle se jetta à mon cou, me serrant dans ses bras, & m'arrosant des larmes qu'elle répandoit en abondance ; mais voyant que je m'obstinois à la contredire, elle me dit d'un sérieux imposant, qu'elle ne pouvoit me donner de plus grands éclaircissemens sur ma destinée, & qu'elle étoit forcée de s'arracher malgré elle d'entre mes bras. Elle me recommanda le secret sur tout ce qu'elle m'avoit dit depuis qu'elle étoit auprès de moi, & sur ce qui venoit de se passer. Si je vous connoissois moins, ma chère Julie, & que je n'eusse pas des preuves de votre discrétion, je n'aurois eu garde de vous dévoiler des mystères qui ne sont pas faits pour tout le monde : méritez ma confiance. Elle m'embrassa plus tendrement encore, en me disant : Souvenez-vous d'une personne qui vous aimera toute sa vie, & qui mettroit tout en usage, s'il le falloit, pour rendre la vôtre heureuse. En la quittant, j'allai faire deux tours de jardin pour dissiper un peu les impressions de tristesse que de pareils entretiens avoient faites sur moi. Comme j'étois avec ma mère, l'on vint m'avertir que ma bonne se trouvoit très-mal, & qu'elle étoit sans connoissance. A ce récit, je poussai un cri perçant ; & devançant ma mère qui se préparoit à passer dans l'appartement de ma bonne, je courus de toutes mes forces, & la trouvai sur son lit ne donnant aucun signe de vie. Je me jettai sur son corps en la serrant dans mes bras ; c'est alors que je lui dis les choses du monde les plus touchantes ; ce qui faisoit fondre en pleurs tous ceux qui en furent témoins. Ma mère me voyant sur le corps de cette moribonde, eut besoin de toute l'autorité qu'elle avoit sur moi pour m'en arracher. Les médecins arrivèrent ; mais la malade fut plus de trois heures à revenir de son évanouissement : m'ayant apperçue auprès de son lit fondante en larmes, elle me dit : Ne vous affligez point, mademoiselle, & gardez ces précieuses marques de sensibilité pour une meilleure occasion. Fasse le ciel que vous n'ayez de votre vie un plus grand sujet de tristesse !

Comme les médecins avoient ordonné qu'on la laissât dormir, il ne resta qu'une femme pour la garder dans la crainte de quelque accident. Je fus pendant tout le repas d'une tristesse affreuse. Mon père me badina & me dit mille choses plaisantes, s'imaginant par-là faire diversion à ma douleur, mais elle étoit trop vive pour être dissipée ; & ma mère s'appercevant que le badinage me désoloit : j'approuve, dit-elle, que Julie soit sensible à l'accident de sa gouvernante ; c'est une marque assurée de son bon cœur. Je demandai la permission de m'aller coucher, mais au lieu de dormir, j'employai

toute

toute la nuit à faire des réflexions sur ce que ma bonne m'avoit dit. Je ne doutai point que la résolution qu'elle avoit prise de me quitter, n'eût été la cause de son accident ; je me levai tard, & ma mère me fit dire de l'aller joindre au jardin. Elle observoit ma démarche, & comme je voulus passer dans l'appartement de ma bonne, elle me dit en m'arrêtant : je suis jalouse, ma chère Julie, des empressemens que vous marquez pour votre bonne ; il me semble que les prémices de votre attention me sont dues par préférence. J'avoue, lui dis-je, que je mérite ce reproche, & les larmes m'empêchant de poursuivre, elle m'embrassa sans rien dire, me prenant sous le bras pour nous promener. Elle garda quelque tems le silence, & le rompit pour me dire qu'elle avoit une triste nouvelle à m'apprendre au sujet de ma gouvernante. Elle est morte, m'écriai-je avec transport ; non ma fille, mais nous ne la verrons plus, selon toute apparence : elle est morte pour nous. Après un long assoupissement, sa garde s'est réveillée, & n'a plus trouvé personne : la malade avoit disparu ; mais on ne l'a point vu sortir. Une lettre qu'on a trouvée sur la table me marque que de fortes raisons l'ont forcée à me quitter, & qu'il ne lui est pas permis de m'en dire davantage : elle

Tome XXXIV. Y

me rend mille graces de mes attentions pour elle. A l'égard de son évasion furtive, que c'est la tendresse qu'elle a pour vous qui lui fait faire cette démarche; elle vous prie, en finissant, de ne point vous attrister de son départ. Que pensez-vous, ma chère fille, me dit ma mère, me voyant tout en larmes? ma résolution est prise, lui dis-je; laissez passer ces premiers mouvemens qui sont assez naturels pour une personne que je vois auprès de moi depuis mon enfance; je serois un monstre d'ingratitude, si je ne donnois pas des preuves de ma sensibilité. Je gardai le silence: quoique je fusse au fond du cœur extrêmement touchée, je ne le fis aucunement paroître aux yeux de ma mère; elle en fut la dupe, ne me croyant pas capable de ce rafinement de politique.

Cependant, ma chère cousine, il n'y a point de jour que je ne la regrette; vous seule êtes capable de me faire supporter sa perte: l'image du Salamandre est toujours gravée dans mon cœur, je la porte en tous lieux, & je l'adore sans cesse. Vous ne savez peut-être pas ce que c'est qu'un Salamandre, c'est le nom que l'on donne à certains esprits aériens, car on en distingue de deux sortes; les uns Sylphes, qui habitent dans les airs; les autres sont Salamandres qui vivent dans le feu; ils prennent souyent la figure humaine, lorsqu'il leur prend envie de se répandre parmi les humains. Plusieurs d'entr'eux se sont communiqués à des mortelles, pour lesquelles ils ont eu de véritables passions. C'est un Salamandre qu'il me faut, ma chère cousine; je n'en démordrai point, dites tout ce que vous voudrez, vous n'y gagnerez rien. Je suis folle selon votre façon de penser; mais je suis hors d'état de guérir de cette prétendue folie.

Oui, vous êtes folle, ma chère Julie, reprit ma cousine; & cette sorcière de gouvernante est un démon sous une figure humaine, elle a versé dans votre cœur un poison qui fera tout le malheur de votre vie: vous attendrez en vain votre amant chimérique, tandis que votre naissance, votre beauté & votre brillante fortune vous rendroient la personne la plus heureuse, si vous vouliez faire usage de votre raison pour jouir d'un bonheur qui ne pourroit vous échapper. Que les parens sont malheureux, lorsqu'ils sont obligés de confier l'éducation de leurs enfans à des personnes qui leur gâtent l'esprit & le cœur! mais, non, ma chère Julie, je compte que le charme de cette enchanteresse n'aura qu'un tems. Vous êtes actuellement comme dans le palais d'Armide; mais vous en sortirez. Pensez tout comme vous voudrez sur mon compte; je vous prie, au nom de l'amitié qui nous lie, de ne plus me remettre devant les yeux mes foiblesses: occupée à présent du plaisir que je me propose de goûter dans la société de nos deux aimables nones, je les aime de tout mon cœur, & je serois très-flattée, si je pouvois mériter leur estime. En doutez-vous, reprit ma cousine, faite comme vous êtes, peut-on vous la refuser?

Après bien des propos assez indifférens pour d'autres que des amies, l'heure du sommeil nous avertit de nous coucher. Ma cousine dormit profondément; pour moi, je m'entretenois à mon ordinaire de mes idées; celles de mon Salamandre m'en donnoient de très-séduisantes, que je n'aurois pas changées contre les plus charmantes réalités. On me dira sans doute que je ne connoissois pas le réel, & que par conséquent je ne pouvois faire aucune application juste. Mais passez-moi toutes ces perspectives idéales & déplacées, si vous le voulez.

Pendant l'espace de quatorze mois, nous passâmes une vie enchantée, nous étions inséparables, les deux nones, ma cousine & moi. Il n'en étoit pas de même des autres religieuses; notre union excitoit leur envie. Je ne ferai point ici le détail de la vie du couvent, vous la savez comme moi; la promenade, la récréation, les visites, sur-tout à madame l'abbesse, remplissoient le vuide de la journée. Le parloir avoit son tour; je ne pouvois refuser d'y recevoir plusieurs dames du voisinage, amies de ma mère; elles me louoient beaucoup du parti que j'avois pris. Comme je ne voyois que des dames, je n'avois plus cet air dédaigneux dont on m'avoit fait un crime; elles étoient enchantées de l'accueil que je leur faisois. A l'égard de mes anciens adorateurs, il en étoit venu plusieurs me demander; je refusai toujours constamment de les voir, je leur fis dire que j'étois très-sensible à l'honneur qu'ils me faisoient, mais que la bienséance ne me permettoit point de les recevoir. Je me satisfaisois en ne les voyant point, & cette façon d'agir passa dans l'esprit du public pour une marque de prudence & de vertu; ce qui acheva de me gagner l'estime de tout le monde. Dieu sait comme je la méritois; si l'on avoit pu lire dans mon cœur, on en auroit bien rabattu; voilà comme on prend souvent le change, quand on juge sur les apparences. A mes idées, j'étois fort contente; la vie douce & tranquille que je menois, étoit tout-à-fait de mon goût; j'étois d'ailleurs flattée par l'idée de voir quelque jour paroître mon Salamandre sous une figure charmante.

J'avois ouï-dire que ces divinités habitoient dans le feu ; lorsque la saison d'en avoir étoit arrivé, je me tenois toujours vis-à-vis le foyer ; & quand je me trouvois seule, je comptois voir un tourbillon de feu s'élever du milieu de la cheminée, dont devoit, suivant mon idée, sortir mon amant, pour s'élancer dans mes bras. Ah! que le moment qui devoit opérer ce grand miracle, tardoit à mon impatience!

Il y avoit du tems que je vivois dans cette belle retraite, lorsque je fus obligée d'en sortir pour les raisons que je vais exposer. L'abbesse avoit un neveu d'une figure fort aimable; il étoit arrivé depuis peu de Paris, où il avoit appris tous les exercices & les sciences qui conviennent à une personne de qualité que l'on destine à jouer un grand rôle dans le monde. Il n'étoit pas de notre province; son père étoit attaché à la cour, & pendant son quartier, sa famille venoit passer six mois de l'année dans la capitale.

Ce jeune homme, outre l'avantage de la figure, avoit un esprit infini, étoit complaisant pour les dames, & capable de concevoir une belle passion. Quoiqu'il eût vingt ans accompli, & peut-être un penchant naturel au plaisir, il avoit soutenu sa liberté sans la perdre au milieu des plus grandes beautés de Paris; il avoit même résisté, par une sagesse bien rare, aux agaceries des coquettes qui sont des plus séduisantes dans cette voluptueuse ville. Je ne parle point de celles qui font un commerce infâme des appas qu'elles ont reçus de la nature : ces sortes de filles révoltent les personnes bien nées ; la délicatesse ne souffre point de pareilles intrigues. Ce jeune seigneur avoit un cœur tout neuf. Il fut reçu dans l'abbaye avec joie & distinction. L'abbesse lui avoit fait préparer un appartement, & cette bonne dame qui ne l'avoit vu que dans sa tendre enfance, le dévoroit des yeux ; ce que je ne dis que sur le rapport de ma cousine. Pour moi, par un pressentiment que je ne sais à quoi attribuer, je prétextai une migraine affreuse : & pour mieux soutenir la gageure, je me fis mettre au lit. L'abbesse parut sensible à mon indisposition : ce qu'elle ne manqua pas de témoigner à ma parente, en l'assurant qu'elle me viendroit voir avec son neveu. C'est alors qu'elle lui fit un portrait si avantageux de moi, qu'il brûloit d'impatience de me voir. Son premier soin fut au sortir de table d'engager sa tante de le conduire chez la belle malade. L'abbesse m'envoya demander si sa visite me feroit plaisir, je n'hésitai point à lui faire dire que j'étois prête à recevoir l'honneur qu'elle vouloit bien me faire. Ma cousine m'avoit prévenue, & j'avois eu quelqu'envie de me dispenser de la réception. Mais ma parente s'y opposa, me disant que l'abbesse pourroit savoir que ma maladie n'étoit qu'une feinte, ce qui l'indisposeroit contre moi ; que dans l'intention où j'étois de rester encore dans le couvent, je risquois de n'avoir plus le même agrément, l'abbesse ayant lieu de se plaindre de moi : qu'au surplus si c'étoit pour éviter de voir le jeune comte, je ne pouvois m'en dispenser, puisqu'il avoit annoncé dès son arrivée qu'il venoit passer un mois avec sa tante : après tout, poursuivit ma cousine, craignez-vous que la vue de ce jeune cavalier vous fasse perdre l'idée de votre esprit aërien ? ou bien êtes-vous devenue raisonnable ? non, lui répondis-je brusquement, pour mettre fin au ton railleur qu'elle vouloit prendre, rien ne sauroit me faire perdre l'idée de mon invisible. L'amant de la mère des amours, avec tous les charmes qui lui méritèrent la tendresse de cette immortelle beauté, ne l'emportoit pas sur mon adorable Salamandre. Vous le prenez sur un ton divin, reprit ma cousine ; c'est dommage que vous ne soyez pas dans le goût de faire des vers, car vos expressions sont poétiques, & vous feriez les plus belles élégies du monde, si vous vouliez vous amuser avec les muses. Avez-vous encore quelque chose à dire, lui répondis-je, non, ma chère Julie, mettons vos idées à part : vous êtes toute charmante. Je donnerois tout au monde pour que le jeune comte rompît le charme que vous a donné votre indigne gouvernante; du moins a-t-il tout ce qu'il faut pour opérer ce grand miracle. Je m'imagine que son cœur ne vous échappera point, & vous conseille de n'en point user avec lui, comme vous avez fait jusqu'à présent avec tous vos adorateurs. Vous êtes folle, ma chère cousine ; de quel droit, lui dis-je, venez-vous me jeter à la tête le cœur de ce jeune homme, qui me verra peut être sans la moindre émotion ? qui sait même si quelqu'une de ces beautés, dont Paris fourmille, ne s'est point emparée de ce cœur dont vous voulez me faire présent ? Non, ma chère Julie, me dit ma parente, il l'a sauvé des attaques des coquettes ; il en a fait l'aveu même à sa tante, de la façon du monde la plus spirituelle.

Notre conversation finissoit quand on annonça l'abbesse & son neveu, accompagnés de mes deux amies. J'étois sur mon lit dans un négligé fort galant, & je n'avois point du tout l'air d'une malade : toutes les graces d'une première jeunesse brilloient sur mon visage, il sembloit que ma situation y ajoutoit de nouveaux charmes. L'abbesse me badinant sur ma prétendue migraine : vous voilà charmante, me dit-elle, jamais je ne vous ai vue si belle : j'ai cru que mon neveu sortiroit sain & sauve de votre appartement, mais je vois qu'il n'en échappera pas sans y laisser sa liberté : le mal même respecte vos charmes, & vous ménage si bien que vous souffrez sans que votre beauté en soit altérée. En vérité, ma chère tante, s'écria le jeune comte, vous avez le secret de deviner les cœurs : ce que vous venez de dire conviendroit mieux dans ma bouche que dans la vôtre pour une dame qui n'a vécu que dans le couvent, vous n'entendez pas mal le jargon du monde. Vous êtes bien jeune, mon neveu, répondit l'abbesse, si vous pensez que les religieuses ne savent réciter que leur office : vous sortirez de cette erreur, lorsque vous aurez passé quelques jours dans ce cloître. La conversation roula sur les plaisirs que l'on goûtoit à Paris : le comte parla de tout en homme d'esprit, & ne disoit pas une parole sans jetter un regard sur moi : m'en étant apperçue, je baissai les yeux jusqu'au moment que la compagnie prit congé de nous. Après une visite de deux heures, l'abbesse nous invita à dîner pour le lendemain.

Dès que nous fûmes seules avec ma cousine, elle s'empressa de me demander ce que je pensois du comte. Rien ne doit vous avoir échappé, ma chère Julie ; vous avez peu parlé, par conséquent vous avez eu le tems de faire des remarques plus justes que celles que j'aurois pu faire, m'étant engagée plus avant que vous dans la conversation. Oui, ma chère cousine, j'en ai fait, & je vais vous servir à votre goût, car vous me paroissez enthousiasmée du mérite du comte. J'avoue que ce jeune homme est très-aimable, autant par la figure que par l'esprit ; mais, si je ne me trompe, il sent tout ce qu'il vaut. Quoiqu'il se soit bien ménagé dans le récit qu'il nous a fait de Paris, je crois qu'il ne seroit pas fâché qu'on s'imaginât qu'il n'a tenu qu'à lui de captiver le cœur des belles du premier ordre ; défaut que je détesterois dans un amant. N'êtes-vous pas de mon avis, ma chère cousine ? Non, Julie, reprit-elle ; je n'ai garde de trouver un défaut aussi grossier dans le caractère d'un jeune homme qui me paroît accompli ; vous lui faites un crime d'avoir un peu d'amour-propre : eh ! qui n'en a point ? mais on passe ce petit trait de satyre à l'antagoniste du genre humain. Si jamais je vois sortir de la cheminée votre Salamandre, il aura beau se revêtir d'une belle humanité, je l'examinerai de si près, que je trouverai sûrement de quoi prendre ma revanche.... De la façon dont vous me parlez, belle cousine, lui dis-je, il semble que vous adoptiez le comte pour votre amant : vous ne m'avez demandé mon avis que pour mieux savoir à quoi vous en tenir sur son compte. Dans la crainte que vous avez que je ne devienne votre rivale, je suis sûre que vous ne souhaitez rien tant à présent, que de voir paroître mon Salamandre : ne craignez rien, ma chère, je vous céde de bon cœur toutes les conquêtes que mon peu de beauté me pourroit procurer ; soyez tranquille là-dessus : quand même le jeune comte me donneroit la préférence sur vous, la façon dont j'en userai à son égard saura bien le rebuter. Nous sommes dans un siècle où les amans rebutés & toujours constans sont rares.... En vérité, ma chère Julie, je vous ai bien de l'obligation de me céder une conquête dont vous ne voulez faire aucun usage : mais plutôt nous sommes bien folles toutes deux de nous renvoyer tour-à-tour un cœur qui ne nous a point été offert ; peut-être même que le comte ne pense ni à l'une ni à l'autre. Je souhaite toujours, repris-je, qu'il ne jette point un dévolu sur moi ; sa tendresse me seroit à charge, & comme ma rigueur à son égard pourroit me

SALAMANDRE.

brouiller avec madame l'abbesse, je serois obligée de quitter le couvent, quoique je m'y plaise beaucoup. Parlez sincèrement, ma chère cousine, le cœur du comte viendroit-il à propos pour mettre à profit la tendresse du vôtre ? Je conviendrai de tout ce que vous voudrez, ma chère Julie, reprit ma cousine.... Elle finissoit ces mots, quand nous vîmes entrer nos deux amies. La conversation ne roula que sur le jeune comte. La blonde aux yeux mourans en paroissoit enchantée, mais sa compagne ne pensoit pas de même. Après bien des propos vagues, nos amies se retirèrent. Le lendemain nous fûmes voir l'abbesse : le comte ne s'y trouva point : il vint à l'heure du dîner, auquel les deux religieuses avoient été invitées. Ce jeune homme fit plus briller son esprit que la veille ; mon amie aux yeux mourans acheva d'en être charmée ; à l'égard de ma cousine, elle eut un air rêveur, qui, joint à la conversation de la veille, me donna lieu de penser que son cœur étoit pris : je ne me trompois point, comme vous le verrez par la suite.

Le comte m'adressoit souvent la parole, & me lançoit des regards qui n'étoient point équivoques ; ce qui ne me donna pas lieu de douter qu'il ne fût épris de mes charmes, & ce qui me causa un véritable chagrin, prévoyant les suites que cette passion pourroit avoir. Après le dîner l'on proposa une partie de promenade, & l'abbesse, pour mettre le jeune comte à son aise, lui ordonna de me donner la main, ce qu'il fit avec un transport de joie qu'il ne cacha point au yeux de la compagnie. Le comte, quoique jeune, avoit l'air du grand monde, où l'on acquiert cet air libre & aisé qui fait les délices de la conversation; mais dans ce moment il avoit un air embarrassé. Que ma tante est heureuse, me dit-il, ma demoiselle, de renfermer dans son petit empire une beauté de votre mérite! mais que son bonheur va me coûter cher, puisque, si vous n'avez quelque bonté pour moi, je vais devenir l'homme du monde le plus à plaindre! Oui, mademoiselle, le premier moment de votre vue a été celui de la perte de mon cœur: vous y avez allumé un feu qui ne s'éteindra qu'avec ma vie. Un aveu si subit vous surprend peut-être: les personnes de votre mérite sont accoutumées à plus de ménagement; ce n'est point après deux jours de connoissance que l'on se trouve exposé à recevoir une déclaration d'amour aussi cavalière: je conviens de mes torts & de cette irrégularité; mais, belle Julie, ne vous en prenez qu'à vous-même: la violence de la passion que vous m'avez inspirée fait tout mon crime....

Il se tut : pour moi je pris le parti de tourner le tout en raillerie, quoique dans le fond je fusse choquée de l'aveu peu respectueux qu'il venoit de me faire. Je vois bien, monsieur, lui répondis-je, que vous voulez vous égayer un moment aux dépens d'une jeune personne sans expérience, & savoir de quelle façon je puis recevoir un jargon qui m'est inconnu : il est vrai que toute jeune que je suis, des Adorateurs en assez grand nombre m'ont fait la cour ; mais aucun n'a jamais eu la hardiesse de me tenir des propos pareils aux vôtres. Un jeune homme fait comme vous êtes, se croit tout permis ; ainsi, monsieur, sans pousser la matière plus avant, je vous prie de ne me plus parler sur le même ton.... Je mérite, mademoiselle, reprit le comte, la réponse que vous me faites ; mais permettez-moi de vous dire que rien n'est si réel que les sentimens dont l'aveu me rend si coupable. Je ne vous importunerai plus en vous parlant d'une passion qui vous déplaît : mes soins, mes attentions parleront pour moi. Si tout cela ne me réussit point, je m'interdirai votre vue, sans cesser de vous aimer.....

Pour finir une conversation qui commençoit à m'ennuyer, je rejoignis l'abbesse avec sa compagnie, & nous nous promenâmes tous ensemble : ma cousine me regarda d'un air froid qui me piqua, & la belle blonde en question, d'un air de langueur, qui me fit pitié. Dans le dessein d'éclaircir mes doutes, je prétextai l'arrivée d'un courier pour répondre à quelques lettres que j'avois reçues, mais dans le fond pour avoir la liberté de me retirer : ce que je fis avec ma parente. Le comte nous reconduisit dans notre appartement, & à peine fûmes nous assises, que ma cousine me dit : où en êtes-vous avec le comte ? Au terme où vous voudriez bien en être, repris-je : vos conjectures se sont trouvées justes ; son cœur ne m'a point échappé : il a pris la liberté de me le dire avec un air assez cavalier, & tel apparemment qu'il l'avoit avec ses coquettes de Paris, dont il nous étourdit hier. Mais pour n'être pas forcée à lui dire quelque chose de désobligeant, j'ai pris le parti de tourner ses discours en raillerie : ce qui l'a fait rentrer dans son devoir, dont il s'étoit un peu trop écarté. Il a fini en m'assurant qu'il ne me parleroit plus de sa passion, mais qu'il m'aimeroit toujours : & c'est pour le coup, ma chère cousine, que je vous cède le cœur du comte. Que me sert cette cession, ma chère Julie,

ce

te jeune seigneur n'y souscrira point: quelle apparence qu'une personne qui est dans vos fers, veuille les rompre pour prendre d'autres liens ? quand même vous exerceriez sur lui toutes vos rigueurs, qui pourroient opérer sa guérison, pourrai-je me flatter de prendre votre place? Non, je ne l'espère point: j'aime, oui, j'aime le comte à la fureur. J'ai fait tout pour résister à ce malheureux penchant ; mais il l'emporte sur ma foible raison: je vais faire ici le rôle de reine de roman: le comte ne saura jamais que je l'aime: je mettrai tout en usage pour arracher cet amour malheureux de mon cœur. Si je ne puis réussir, comme il y a grande apparence, je prendrai le parti du célibat: ce qui me fait le plus de peine, c'est que je serai forcé de vous quitter & d'abandonner cet aimable asyle..... Vous parlez de me quitter, ma chère cousine ! que deviendrai-je, étant séparée de vous? livrée à moi-même, quel parti prendrai-je ? Ne m'abandonnez pas: dites-moi plutôt le lieu que vous voulez habiter: je vous suivrai jusqu'au bout du monde. Ma cousine, sautant à mon cou, m'embrassa avec tendresse, le visage tout mouillé de larmes: j'en répandis à mon tour, & nous fîmes ensemble des projets dont l'exécution ne fut retardée par aucun obstacle.

J'écrivis à mon Intendant, avec ordre de m'apporter une somme assez considérable : je pris des mesures avec lui, pour qu'il me fît toucher mes revenus à l'endroit que je lui marquois.

Il ne se passa rien d'extraordinaire depuis notre dernière conversation avec ma cousine, si ce n'est que la jeune Blonde dont j'ai parlé, nous fit l'aveu de sa passion pour le comte. Elle en étoit folle, & chacun s'en apperçut : nous eûmes beau lui conseiller de se contraindre, elle n'en fit rien : à l'égard des autres religieuses, quelques-unes d'entr'elles n'auroient pas été fâchées de lui plaire ; mais la crainte des suites, jointe à l'exactitude de l'abbesse à maintenir le bon ordre, les retint dans les bornes de leur devoir. Malgré les agaceries de ce jeune seigneur, elles surent se respecter & mettre un frein à leurs désirs. Cette conduite me charma ; & je me sus bon gré de les avoir estimées.

On a bien raison de dire que les préjugés de l'éducation, soutenus du bon exemple, sont comme les remparts du cœur, & qu'ils s'opposent toujours aux efforts du vice qui voudroit s'y glisser : au reste, le comte me tint parole ; il ne me parla plus de sa passion : ses respects étoient infinis toutes les fois que je me trouvois avec lui. De mon côté, je le comblois de politesse: ma cousine, dont la passion prenoit chaque jour de nouvelles forces, souffroit mille tourmens; elle évitoit de se trouver avec le comte, mais elle ne pouvoit y parvenir. Il la cherchoit avec empressement, pour tâcher de se la rendre favorable auprès de moi, & ne cessoit de l'entretenir de la tendresse que je lui inspirois.

Il y avoit deux mois que j'avois écrit à mon intendant, & j'attendois sa réponse avec impatience, craignant quelqu'attaque de l'abbesse au sujet de son neveu. Ce que j'avois craint arriva: l'abbesse manda ma cousine pour se rendre dans son appartement; je devinai d'abord quel étoit le motif de cette visite: voici la conversation que je rends telle que ma cousine me la rendit.

Eh bien, mademoiselle, lui dit l'abbesse en la voyant arriver, quel sera le sort de l'aimable Julie? A-t-elle quelque vue d'établissement? Car enfin, il faut qu'une personne de qualité prenne son parti; il n'y en a que deux à choisir pour les personnes de son rang: l'hymen ou le couvent. Ce dernier ne paroît pas convenir à cette aimable fille; ce qui m'engage à vous faire un aveu sincère des vues que j'ai touchant mon neveu: je lui crois toutes les

Z ij

qualités qui rendent un jeune homme accompli; mais cet avantage ne suffiroit pas, s'il ne convenoit à la belle Julie du côté du bien & de la naissance. En un mot, il a tout ce qu'il faut pour rendre une femme heureuse. Faites savoir mes intentions à votre belle cousine; je ne doute point qu'elle n'accepte le parti que je lui propose.... Elle avoit raison de penser de même; le jeune comte étoit un parti très-avantageux pour moi de toutes les façons: sans les chimères dont j'avois été bercée, j'en aurois fait mon époux.

Ma cousine en me rendant compte des dispositions de l'abbesse à mon égard, se dépouilla de l'intérêt de cœur qu'elle pouvoit avoir dans cette affaire; elle fit même tout ce qu'elle put pour m'engager à devenir l'épouse du comte; mais elle n'avança rien. Quelle réponse faire à l'abbesse, me dit ma cousine? Je la ferai moi-même, repartis-je. Le lendemain matin je fis demander une audience particulière à cette dame, qui me fut accordée. Après bien des politesses de part & d'autre, il fut résolu que j'écrirois à ma famille, à qui je devois cette attention; quoique je n'eusse, comme je l'ai déjà dit, que des parens fort éloignés. J'avois résolu de sortir de l'abbaye, & je crus que c'étoit le meilleur parti que j'avois à prendre pour me défaire des perfécutions de la tante, & des importunités du neveu. Ce dernier, fans me parler ni de fon amour ni de fes prétentions, me faifoit réguliérement fa cour : ma coufine avaloit à longs traits le poifon que cette dangereufe vue répandoit dans fon cœur. Cependant mon homme d'affaire m'apporta la fomme que j'avois demandée, avec une lettre pour Paris, adreffée à quelqu'un de fa connoiffance, qui devoit nous orienter dans cette immenfe ville. Je lui dis de venir nous prendre dans deux ou trois jours, & de fuppofer une querelle arrivée entre mes vaffaux dans une de mes terres, où ma préfence étoit néceffaire. Au refte, cet homme, outre qu'il avoit de l'efprit & de l'intelligence, m'étoit entiérement attaché ; ce qui l'engagea par zèle à me propofer de me fuivre à Paris, dont il connoiffoit parfaitement la carte. Cette propofition me plut : il fut décidé qu'il feroit du voyage ; il étoit même plus décent pour nous d'avoir un conducteur. Après que nous eûmes pris toutes les mefures & les arrangemens convenables pour notre départ, pour ne donner aucun foupçon de notre fuite, nous ne fîmes de paquets que ce qu'il en falloit pour la route : le couvent hérita du refte. Nous mîmes dans la confidence nos deux amies, avec promesse de leur écrire, sans cependant leur dire où nous allions. Je leur fis entendre que l'aversion que j'avois pour tous les hommes me mettoit hors d'état d'accepter l'honneur que le comte vouloit me faire : ce que j'avois caché parfaitement à l'abbesse, sentant bien que ma sincérité m'exposoit à quelque violence de la part de son neveu. Ces deux charmantes personnes entrèrent dans mes raisons : nous répandîmes bien des larmes de part & d'autre, en jurant de nous aimer toujours. Après cette conversation, nous allâmes chez l'abbesse, où nous ne fûmes pas plutôt, que la portière vint m'avertir de la part de mon intendant, qui demandoit à me parler, je volai pour l'aller joindre avec ma cousine. Dès que je parus, il me dit seulement : Mademoiselle, il faut partir ; vos vassaux ont pris querelle entr'eux, & plusieurs sont déjà morts sur le champ de bataille ; ce qui pourroit avoir des suites fâcheuses, si l'on n'appaisoit ce désordre. On vous respecte, on vous aime, vous n'avez qu'à paroître, tout rentrera dans son devoir; j'ai pour cet effet amené votre équipage, ne doutant point que vous ne vous rendiez à mes justes représentations. Vous avez eu raison de le penser, lui dis-je : nous allons prendre congé de ces dames, & je pars. J'allai sur le champ faire mes adieux à l'abbesse & aux religieuses, en leur disant le pressant motif de mon départ. Le comte en soupirant me donna la main pour monter en carrosse. Etes-vous contente de moi, me dit-il, de l'air le plus touchant ? Dois-je me flatter que mon respect & mon silence auront effacé les impressions que mon indiscrétion vous avoit données sur mon sujet ? Est-ce en vain que ma tante m'a fait espérer la récompense de mon amour ? Je ne puis le croire, si votre bouche ne me l'assure. Je crus devoir dissimuler jusqu'au bout; ainsi je n'hésitai point à lui répondre que l'abbesse s'étoit expliquée suivant mes intentions.... A ces mots le comte me serra la main, & la baisa avec le plus vif transport; ce qui faillit à faire mourir ma cousine : heureusement nous n'avions qu'un pas pour monter en carrosse. Notre équipage étoit brillant; il ne nous manquoit que des laquais; mais nous avions jugé à propos de n'en point prendre, de peur que quelqu'indiscrétion de leur part ne fît connoître le lieu de notre retraite.

Mon intendant étoit monté comme un Saint-Georges : il pouvoit avoir sa cinquantaine. Outre qu'il étoit bien fait de sa personne, il avoit eu la précaution de se mettre au mieux; on l'auroit pris à sa figure pour un homme de qualité : dans la marche il se tenoit à la portière avec un air de gravité qui nous réjouissoit; notre conversation pendant la route ne roula que sur le comte, & sur les différens caractères des personnes que nous venions de quitter. Nous arrivâmes à Paris le quatrieme jour, aux flambeaux; nous fûmes descendre au faubourg Saint-Germain, dans un hôtel où nous trouvâmes un très-bel appartement. On nous servit à souper : ma cousine observoit un morne silence, & je le rompis en lui disant : eh bien, ma chère, ne vous sentez-vous pas plus tranquille que dans le couvent dont nous sortons ? Que me dites-vous, ma chere Julie? puis-je l'être nulle part, ayant le cœur déchiré par une passion malheureuse, qui s'irrite encore par les tourmens que je souffre. Ce qui me désespère, c'est d'avoir une rivale que je ne veux ni ne puis haïr. Ah ! ma chère, malgré vos soins & votre amitié, je regrette le couvent; il me semble que la vue du comte adouciroit mes maux, au lieu que son absence les redouble. Que vous dirois-je, ma chère Julie; je ne suis point d'accord avec moi-même; je ne sçai ce que je veux; je crains de me voir forcée à vous quitter : non, je ne guérirai jamais; la blessure est trop profonde : il ne me reste pour ressource que le couvent; du moins y serai-je à portée de travailler à mon salut : je ne prendrai cependant aucun engagement..... Fort bien, ma chere cousine, lui répondis-je : est-il possible qu'après toutes les marques d'amitié que vous m'avez données depuis que nous vivons ensemble, vous vouliez les démentir en m'abandonnant ? Que vais-je devenir, si vous me livrez à moi-même ? C'en est fait, ma chere Julie, reprit ma cousine, voyant que j'avois accompagné mes dernières paroles d'un torrent de larmes ; je renonce à tous mes projets ; je ne vous quitterai plus : songeons à nous arranger de façon que nous ne soyons point à portée d'être découvertes par le comte. Quel genre de vie allons-nous mener ? je crois qu'il faut faire l'acquisition d'un hôtel commode dans ce fauxbourg, qui soit à portée du luxembourg, c'est une promenade assez fréquentée, où l'on respire l'air le plus pur, celui de la campagne & de la solitude. La promenade, la lecture, les spectacles seront nos occupations ordinaires : approuvez-vous cette façon de vivre, me dit ma cousine ? J'approuve tout ce qui vous fera plaisir, lui dis-je, & je n'aurai jamais d'autre volonté que la vôtre.

Un moment après, mon intendant vint me dire qu'il venoit prendre mes ordres pour partir : vous êtes bien pressé, lui dis-je ; à peine avons nous eu le tems de respirer, que vous parlez de partir. Je ne puis me passer de vous; il faut que vous m'achetiez une maison qui soit près du Luxembourg; tâchez d'en trouver une avec un jardin; faites-en l'emplette en votre nom : je ne veux point paroître. N'épargnez rien pour que nous soyons bien logées. Cet intendant sortit pour exécuter mes ordres. Il chercha long-tems, & revint me dire qu'il avoit trouvé ce qui pouvoit nous convenir, mais qu'il n'avoit rien conclu pour le marché, se réservant de terminer après que j'en aurois dit mon sentiment. Nous montâmes en carrosse; nous trouvâmes la plus jolie maison du monde, à laquelle on auroit pu donner le nom d'hôtel : il y avoit un beau jardin, & tous les appartemens étoient bien distribués. Mon intendant conclut le marché : dès le lendemain il mit des ouvriers pour y faire les réparations nécessaires; ce qui fut achevé dans quinze jours. Nous allâmes l'habiter, après l'avoir fait meubler très-galamment; nous y trouvâmes l'utile & l'agréable; il avoit eu le soin de nous donner une cuisinière de sa main, un cocher, mais aucuns laquais, pour ne nous pas faire remarquer. Nous avions quatre domestiques en comptant nos femmes-de-chambre, toutes personnes dont nous étions sûres pour la fidélité. Voilà bien des précautions ; à quoi servoient-elles, puisque nous ne dépendions de personne ? Ce que j'en faisois n'étoit que pour n'être pas excédé par le comte ; ce qui n'auroit pas manqué d'arriver, s'il avoit su notre demeure : ce n'est pas que je n'eusse pu me dispenser de recevoir ses visites ; mais il auroit incessamment suivi nos pas ; ce qui nous auroit extrêmement gênées.

Voilà quel étoit le motif des mesures que je prenois pour être inconnue à Paris, où n'ayant plus besoin de mon intendant, je le laissai partir ; & nous le chargeâmes de deux lettres pour nos deux amies au couvent que nous venions de quitter. Nous leur fîmes un détail de la vie que nous menions, en les priant de nous marquer ce que l'on disoit de notre fuite. Nos lettres finissoient par des protestations de la plus tendre amitié, en leur recommandant de faire tenir leurs réponses à notre intendant.

Nous nous appliquâmes à former une bibliothéque choisie, & nous nous arrangeâmes avec un libraire qui nous fournissoit tout ce qui paroissoit de nouveau. La lecture, la conversation, la promenade, le spectacle deux fois la semaine, varioient nos amusemens. Quand nous choisissions le spectacle, nous allions au paradis, très-négligées, de peur de rencontrer le jeune comte, sans qu'il nous soit jamais arrivé la moindre aventure ; ce qui paroîtra sans doute extraordinaire, étant souvent exposées à n'avoir que du désagrément dans ces places peu honorables. C'est ainsi que nous vivions tout uniment, mais sans ennui, sans inquiétude, par les mesures sages que nous prenions, & que dicte la prudence.

Cependant nous reçûmes les réponses de nos amies. Elles nous marquoient que l'on pressentoit bien que je ne reviendrois plus; que l'abbesse étoit piquée au vif contre moi; que le jeune comte étoit au désespoir; qu'il étoit parti pour Paris ; que toutes les religieuses faisoient de très-mauvais contes à mon sujet; qu'elles disoient que la lecture des romans nous avoit gâté l'esprit ; que nous étions allé courir le monde pour avoir des aventures, en attendant que nous trouvassions quelques chevaliers errans ; que nous avions pris notre intendant en guise d'écuyer ; qu'il y avoit cependant apparence que nous avions fait fortune, puisqu'il étoit de retour dans mes terres ; qu'on avoit voulu le faire venir à l'abbaye pour savoir de nos nouvelles, mais qu'il avoit prétexté des affaires indispensables; qu'à l'égard de l'endroit où je pouvois être, il avoit des ordres précis de moi pour ne le découvrir à personne. Notre amie nous mandoit encore que la belle Blonde se mouroit d'amour pour le comte; qu'elle étoit tombée dans une langueur qui faisoit craindre pour sa vie; qu'elle avoit fait tout son possible pour la guérir de cette malheureuse passion, mais qu'elle avoit la douleur de voir son peu de succès, & que toutes les remontrances ne l'empêcheroient point de perdre une amie si chère; qu'elle en seroit inconsolable, & qu'elle ne pourroit lui survivre, après la perte qu'elle venoit de faire par notre séparation..... Elle exprimoit tous ses sentimens d'un style qui nous attendrissoit jusqu'aux larmes.

Nous vivions ainsi tranquilles & heureuses, autant que peuvent l'être deux personnes qui ont le cœur prévenu, lorsqu'un jour nous promenant au Luxembourg, une dame assez bien mise s'offrit à nos regards. Elle paroissoit avancée en âge, mais d'ailleurs femme de très-bonne mine; elle avoit la moitié du visage cachée dans ses cornettes, & nous regardoit souvent, en affectant de se cacher. Nous étions assises; elle se promenoit devant nous; faisant toujours le même manége. Nous étant levées pour nous en aller, elle m'arrêta par la manche, & se penchant vers mon oreille, elle me dit : Enfin, ma chère Julie, je vous retrouve après vous avoir cherchée long-tems.... Au son de cette voix qui m'étoit si familière, je ne pris point le change ; je reconnus ma chère bonne ; je poussai un cri de joie en lui sautant au col, & la tenant étroitement serrée dans mes bras. Ma cousine frémit, & vit trop bien à mes transports quel en étoit l'objet : elle avoit conçu pour cette femme une invincible aversion. Elle regarda sa rencontre comme la suite funeste de mon malheur. Cependant ma bonne nous suivit à notre hôtel. Je lui rendis compte de tout ce qui m'étoit arrivé depuis que je l'avois perdue. Ma cousine qui souffroit de la présence de cette femme, avoit passé dans sa chambre. Je pris ce tems-là pour lui faire l'éloge de cette chère parente, en lui peignant les obligations essentielles que je lui avois, & sur-tout la complaisance avec laquelle son amitié se prêtoit à la vie retirée que je menois : après quoi je lui demandai les raisons qui l'avoient obligée de me quitter. Elle me dit qu'elle ne pouvoit pas m'en instruire pour le présent : mais contentez-vous, ma chère Julie, me dit-elle, de savoir que la mort seule sera capable de me séparer de vous, si vous trouvez bon que je vous suive. Ce doute m'offense, ma chère bonne, lui répondis-je avec vivacité : pouvez-vous me soupçonner d'une pareille ingratitude, vous qui connoissez mon cœur depuis qu'il respire. Oui, ma chère Julie, me dit-elle, je connois ce cœur tendre & généreux; ce que j'ai dit n'étoit que pour vous éprouver: courage, ma chère enfant, vous touchez au moment qui doit mettre le comble à votre félicité; cet amant tout divin que le ciel vous destine depuis que vous êtes au monde va s'offrir à vos regards d'une façon toute extraordinaire..... Ma cousine qui venoit nous rejoindre, entendit ces dernières paroles; elle en rougit de colère; cependant elle se contraignit pour ne pas me faire de la peine. Ma bonne, en s'adressant à ma cousine, lui demanda son amitié; Céline lui répondit fort séchement, sans cependant lui faire aucune impolitesse marquée. Enfin ma gouvernante s'établit chez moi dans un appartement très-propre, mais éloigné du mien, puisque c'étoit un autre corps-de-logis; ce qui ne parut pas être de son goût. Je ne pouvois faire mieux, à moins que de lui donner celui de ma cousine; ce qui n'eût pas été dans sa place. Je la conduisis dans son nouvel appartement, & lui laissai ma femme-de-chambre; après quoi j'allai rejoindre ma parente. Vous voilà bien contente, ma chère Julie, me dit-elle en me voyant: vous avez retrouvé votre sorcière;

je vous en fais mon compliment. Je vous avoue, lui repartis-je, que je suis charmée de l'avoir auprès de moi ; je la regarde comme une mère, qui remplace celle que j'ai eu le malheur de perdre : elle ne mérite nullement les épithètes que vous lui donnez.... Elle les mérite plus que vous ne pensez, reprit ma cousine, puisqu'elle a mis dans votre cœur un poison qui fera tout le malheur de votre vie. Non, ma chère; vos prédictions seront vaines, & vous verrez dans peu l'effet de ses promesses; je touche à l'heureux moment qui va combler mes espérances.... Vous me faites pitié, ma chère Julie, me dit ma cousine. Notre conversation fut poussée bien avant dans la nuit, jusqu'à ce que le sommeil nous força de nous jetter entre ses bras pour calmer nos désirs, & suspendre nos inquiétudes.

Ma bonne se leva de grand matin, sortit & rentra suivie d'un homme qui portoit ses malles. La voilà donc installée en forme, au grand regret de ma cousine, avec laquelle je continuois la même tranquillité de vie. Cependant, cette chère parente ne pouvoit se guérir de la passion qu'elle avoit conçue pour le jeune comte; le peu d'espérance de le revoir, ce qu'elle ne souhaitoit point pour son repos, ne faisoit qu'irriter ses tourmens. Pour moi qui comptois sur

les

les promesses de ma gouvernante, & qu'elle avoit grand soin de me réitérer chaque jour, j'étois d'une gaieté charmante; ma cousine, à ce qu'elle m'a dit depuis, en gémissoit dans son cœur. Au reste, ce que nous avoit mandé notre amie du couvent au sujet du départ du comte pour Paris, nous fit retrancher de nos plaisirs: au lieu de la comédie & de l'opéra, comme nous étions au commencement de l'été, nous n'allions au Luxembourg que sur la brune, & ma cousine, par un excès de complaisance, causoit politiquement avec ma bonne. Le jour de ma fête étant arrivé, ma gouvernante me proposa de faire tirer un petit feu d'artifice dans le jardin; j'y consentis: il fut exécuté dans la dernière perfection; on avoit mis des lampions autour des murs & sur les fenêtres qui donnoient dans le jardin, en sorte que cela faisoit un très-bel effet. Après le feu, nous voulûmes profiter de la plus belle nuit du monde; nous descendîmes au jardin pour nous promener, & ma bonne me donnoit le bras; ma cousine nous suivoit de près en rêvant selon sa coutume. Nous marchions à pas comptés, lorsque je vis venir au-devant de nous un globe de feu, qui se soutenoit de lui-même, & qui sembloit immobile. Je frémis à cette vue, & je voulus retourner sur mes pas, lorsque ma

Tome XXXIV. Aa

bonne me força de continuer la promenade. Eh quoi ! Julie, me dit-elle, est-ce que le feu vous fait peur ? il faudra vous y accoutumer..... Ma cousine ne vit rien de tout cela, mais elle entendit les propos que ma gouvernante me tenoit ; cependant nous avancions, & le globe étoit toujours au-devant de nous : en arrivant au bout du jardin, nous apperçûmes contre le mur un homme d'une riche taille. Je fus si troublée de cette apparition, que je ne pus distinguer les traits de cet objet. Le globe avoit disparu : ma cousine s'étoit retirée. Ma bonne se voyant seule avec moi, prit la parole : eh bien, mademoiselle, comment trouvez-vous ce beau cavalier qui s'offre à vos yeux ? il est d'autant plus digne de vous, qu'il est tout divin, & de plus revêtu d'une belle humanité ; ne mérite-t-il pas le sacrifice de toute cette foule de mortels que vos charmes rendent vos esclaves ? S'il vous convient, il va s'attacher à vous pendant tout le cours de votre vie ; il ne peut point vous faire part de son immortalité ; mais, par son pouvoir, le tems ni l'usage n'altéreront jamais vos charmes ; vous aurez toujours les graces de la jeunesse : parlez, ma chère Julie ; si cet amant vous déplaît, il va disparoître, & vous ne le reverrez plus.... Je vous avoue que, malgré l'intime persuasion où j'étois que je devois avoir un amant d'espèce divine, je ne laissai pas que d'être interdite ; mais le cavalier prenant mon silence pour un aveu de ma part, abandonna son poste, & vint au-devant de moi me présenter la main pour m'aider à marcher. Ma bonne nous devança : nous arrivâmes enfin dans mon appartement, que ma gouvernante avoit fait orner d'un nombre infini de bougies. Pour ma cousine, elle s'étoit barricadée dans sa chambre, sans donner les moindres signes qu'elle s'appercevoit de cette manœuvre. Elle étoit désespérée de voir que cette Circée nouvelle alloit achever son funeste enchantement, dont résultoit la perte de mon bonheur, & celle de mon innocence. Arrivée dans mon appartement, je fus m'asseoir sur un sopha. Mon amant vint se jetter à mes genoux, & me fit les caresses les plus flatteuses & les plus insinuantes, qu'il accompagna des promesses & des assurances d'une tendresse qui ne finiroit qu'avec son être, si l'immortalité pouvoit finir. Je n'avois point encore jetté les yeux sur lui ; ce que je fis dans ce moment avec un air timide & déconcerté. Hélas ! quel plaisir & quelle satisfaction n'eus-je point de découvrir en lui la plus belle figure que l'on puisse imaginer, ornée de toutes les graces de la jeunesse. Il me fit l'aveu de sa passion de la manière du monde la plus spirituelle & la plus galante; il m'assura que j'étois la première mortelle à qui l'amour l'obligeoit de se communiquer, & qu'il n'en avoit point encore trouvée qui méritât comme moi, par la puissance de ses charmes, tout l'attachement qu'il me promettoit; qu'il s'étoit offert à mes regards plusieurs fois, mais qu'il avoit craint que ma grande jeunesse ne me rendît imprudente jusqu'à l'indiscrétion. Ce n'est pas, me dit-il, qu'il ne m'eût été facile de vous corriger de ce défaut, si vous en eussiez été capable; j'ai le pouvoir, ma belle Julie, de communiquer des vertus & des graces aux mortelles qui n'en sont pas pourvues; mais le ciel, en vous prodiguant ses faveurs, rend ma puissance inutile auprès de vous, puisque rien ne vous manque pour posséder un amant d'espèce divine. Tout ce que je vous demande, c'est un secret inviolable : il y va de votre bonheur & du mien. Votre cousine, qui jusqu'à présent vous a traitée de visionnaire quand vous lui parliez de moi, est cependant discrète : elle vous aime, & je ne crains rien de sa part; encore une fois, ma chère Julie, le mystère est la base & le soutien de notre tendre union; souvenez-vous qu'aucun mortel ne doit être instruit de notre félicité..... Je promis à mon adorable amant plus encore qu'il ne demandoit de moi;

ma discrétion, ma fidélité devoient être à toute épreuve : j'en fis le serment. A mesure qu'il me parloit, je me sentois tout en feu, & dans une agitation qui n'a point d'exemple.

Ma gouvernante avoit fait coucher ma femme-de-chambre dans son appartement : elle voulut m'en servir dans ce moment, & s'offrit à me déshabiller ; ce que je ne voulus point permettre. D'où vient, ma chère Julie, me dit mon prétendu Salamandre ? est-ce que vous ne voulez pas me rendre possesseur de tous vos charmes ? il le faut cependant pour mettre le sceau à notre union : ne pensez pas que nous autres dieux, nous suivions la maxime des mortels. Nos unions, qui n'ont rien de l'humanité, que dans un seul point prescrit par la nature, n'ont besoin ni de notaire ni de prêtre ; ces précautions ne servent qu'à fixer l'inconstance trop ordinaire des amans. A l'égard de nos usages, voulant bien nous accommoder à la foiblesse des mortelles dont nous faisons choix, nous nous contentons de jurer par l'Etre suprême, que nous reconnoissons pour notre épouse celle que nous avons jugée digne de l'être. Voilà, ma chère Julie, l'usage établi parmi les dieux de notre espèce, lorsqu'ils forment une liaison intime avec quelque mortelle...... Ma fausse divinité se tut pour attendre ma réponse ; je me mis à rêver pendant quelque tems sans savoir bien positivement à quoi me déterminer. Si j'avois dans le moment suivi les mouvemens de mon cœur, j'aurois moi-même entraîné mon amant dans mon lit ; mais un reste de pudeur m'arrêtoit encore. Ma bonne qui comprit à merveille tous les divers mouvemens qui m'agitoient, prit la parole : eh quoi, ma chère Julie, il semble que vous balanciez à vous prêter au sort brillant qu'on vous prépare ? faut-il qu'une fausse délicatesse s'oppose à votre félicité ? si la démarche que vous allez faire étoit contraire aux sentimens de vertu que j'ai pris tant de soin de vous inspirer, je serois la première à m'opposer au triomphe de ce dieu, quoiqu'il en pût arriver.... Ma gouvernante acheva de vaincre un reste de honte qui me retenoit, & je ne lui fis plus de résistance. Je me laissai déshabiller. Ma bonne, en faisant cet office, s'y prenoit de façon, qu'elle offroit aux regards avides du Salamandre le peu d'agrémens que j'avois reçus de la nature : elle échauffoit son imagination, & savoit par ce manége aiguiser les transports & la sensibilité de mon amant. Il ne pouvoit contenir sa joie : elle éclatoit dans ses yeux, &

dans ses moindres mouvemens. Ma gouvernante me conduisit au lit nuptial, & me laissa seule avec mon Salamandre. Sa toilette ne fut pas longue : il vint se jetter dans mes bras avec transport, & je goûtai dans les siens des plaisirs inexprimables : caresses flatteuses, paroles insinuantes, tendres mouvemens, rien ne fut épargné ; je nageois dans un torrent de délices. Enfin, enivrée de plaisir & de volupté, je m'endormis, & le lendemain je ne m'éveillai que très-tard. Je fus surprise de ne plus trouver mon amant à mes côtés ; j'attribuai son absence à un motif de prudence & de délicatesse, ne voulant pas m'exposer à être surprise avec lui dans mon lit, soit par ma cousine, ou par quelque domestique de la maison. Je réfléchis sur nos conventions : il ne devoit se rendre chez moi que le soir à nuit close, en disparoissant dès le retour de l'aurore ; jugez avec quelle impatience je voyois arriver la fin de la journée.

Ma cousine, inquiète de ne point me voir paroître contre mon ordinaire, me vint trouver : je ne faisois que sortir du lit, quand elle entra dans ma chambre, ma gouvernante n'y étoit pas. Elle fut surprise de voir éclater dans mes yeux une joie qu'elle ne m'avoit point encore vue : après la scène de la veille au jardin, elle s'imagina bien qu'il s'étoit passé quelque chose de nouveau; mais elle n'avoit garde de toucher au but. Que vous est-il arrivé, me dit-elle, ma chère Julie? auriez-vous rencontré votre Salamandre? est-il tel que vous vous le figuriez? votre gouvernante n'auroit-elle point profité de la fête pour satisfaire vos desirs, & pour accomplir le dessein qu'elle avoit depuis si long-tems de vous livrer à cet esprit aérien?... Oui, chère cousine, repris-je avec vivacité; je suis heureuse autant que les immortelles; j'ai passé la nuit avec mon divin Salamandre; je l'ai tenu dans mes bras, & je suis unie avec lui par des liens indissolubles...... Hélas! chère amie, quels plaisirs! & qu'ils sont au-dessus de tout ce qu'on peut exprimer! Non, chère cousine, un simple mortel n'est pas capable d'en communiquer de pareils; mais ma félicité doit être un secret pour tout le monde, excepté pour vous, ma chère: mon amant m'a permis de vous en faire part.... Que me dites-vous, Julie? vous êtes perdue. Est-il possible que vous ayez mis le comble à vos malheurs, en vous livrant à quelque misérable, à qui votre indigne gouvernante vous sacrifie en lui faisant jouer le rôle de Salamandre?.... Elle se répandit en invectives contre cette femme assez vivement: tout ce que je pus faire pour l'appaiser, ne servit de rien; elle parut au désespoir, versa des torrens de larmes, & se montra très-sensible à cet événement. Je pris tout en bonne part. Se peut-il, ajouta-t-elle, qu'avec de l'esprit, de la vertu & des sentimens, on oublie tout ce que l'on se doit, pour se plonger dans l'infamie ? Mais je fus sourde à toutes ces remontrances : j'étois si prévenue en faveur de mon Salamandre, que je ne fis que rire de sa colère jusqu'à la tourner en ridicule; ce qui redoubla son désespoir : elle recommença ses plaintes qu'elle accompagna de réflexions vives sur l'irrégularité d'une conduite qui feroit un jour ma honte & mon désespoir. Je fus insensible à ses reproches : mon parti étoit pris; je n'en voulus point démordre : insensée que j'étois, de ne pas voir encore le précipice où je marchois avec une aveugle sécurité !

Ma bonne entra sur ces entrefaites, & ma cousine lui donna devant moi des épithètes fort désobligeantes; mais on ne répondit rien. Cette chère parente, outrée de dépit, demanda pour dernière ressource à me quitter, voyant qu'elle ne pouvoit parvenir à me dessiller les yeux sur les fourberies de ma gouvernante. Je fis tout au monde pour la détourner de ce dessein; tout fut inutile. Dans un autre tems, je n'aurois pu soutenir sans mourir de douleur la séparation de Céline; mais les plaisirs que je goûtois avec mon amant, me tenoient lieu de tout. Le départ de ma coufine ne fut différé que de deux jours : elle choifit pour afyle un couvent très-éloigné de mon hôtel, me pria feulement de lui faire tenir les lettres qui lui viendroient de l'abbaye, & partit fans me dire adieu. Ma gouvernante, fous le prétexte d'un procès avec fa famille, fortoit chaque jour de grand matin, & ne revenoit au logis qu'à l'entrée de la nuit. De mon côté, je paffois la journée à lire & fouvent à me promener dans mon jardin. Mon tendre & fidèle Salamandre venoit régulièrement tous les foirs; nous paffions une partie de la nuit enfemble. Il avoit un efprit infini, & me contoit mille hiftoriettes galantes qui m'amufoient beaucoup. Il me faifoit part de toutes les nouvelles du jour : par lui je connoiffois la cour & la ville. Un jour il m'arriva de lui demander fi les mortelles pouvoient devenir mères, quand elles fe livroient à des demi-dieux; il me dit que non, parce que la race qui naîtroit d'un efprit aérien & d'une mortelle, aviliroit l'efpèce; que cependant il avoit follicité pour moi la divinité fuprême; qu'il efpéroit que fa demande lui feroit accordée. Je vécus l'efpace d'un an dans cette fécurité, me préparant à tout événement.

J'allai voir ma chère cousine, quoique ma bonne fît tout son possible pour me détourner de cette visite. Céline me reçut avec tendresse, malgré tous mes torts & mes procédés à son égard : elle n'oublia rien pour m'engager à sortir de mon aveuglement : son zèle me peignit l'abîme où je me plongeois tous les jours ; mais l'obstination de mon cœur la rendit inconsolable. Je lui remis une lettre de notre amie du couvent. Elle contenoit le récit le plus touchant de la mort de la belle Blonde sa compagne & notre amie commune : sa passion pour le comte l'avoit mise au tombeau ; ce qui donna des matières de réflexions à ma cousine, puisqu'elle étoit attaquée de la même maladie. Je l'exhortai même à se défaire d'une malheureuse passion, qui ne pouvoit servir qu'à la tourmenter sans la satisfaire ; mais elle me répondit que l'ascendant que le comte avoit sur son cœur étoit plus fort que toute sa raison. Je n'espère pas, me dit-elle avec un profond soupir, pouvoir jamais l'arracher de mon ame. Notre conversation fut poussée un peu loin : elle me dit en me quittant, qu'elle alloit faire réponse à notre amie ; que je n'avois qu'à lui prescrire ce que je voulois qu'elle lui marquât sur mon compte. Je la priai de lui faire entendre que j'étois allée à la campagne avec une dame de mes amies.

Je rentrai donc au logis assez tard, & l'on étoit fort en peine de moi. J'avois pris ma femme-de chambre pour m'accompagner. Cette fille m'étoit sincèrement attachée, bonne amie de celle de ma cousine, & ne savoit pas que mon amant passoit dans mon esprit pour un Salamandre. Ma gouvernante lui avoit fait entendre que nous étions mariés, mais que des raisons de famille ne permettoient pas de rendre notre union publique : ainsi cette fille étoit dans la bonne-foi. Lorsque ma gouvernante me raconta ce qu'elle avoit dit à ma femme-de-chambre : d'où vient, lui dis-je, que mon amant ne se rend pas invisible, quand il vient m'honorer de sa tendresse immortelle ? que n'use-t-il de sa puissance de prendre telle figure qu'il lui plaît, & de se dérober à la vue des mortels ? Ma bonne me répondit que cette invisibilité seroit hors de saison, dans l'espérance qu'il avoit de me voir devenir mère; ce qui feroit mal juger de ma conduite par mes domestiques, s'ils ne voyoient point mon époux paroître. Vous verrez, mademoiselle, que cette précaution n'étoit point déplacée, par la suite de mon histoire.

Tout étoit en alarmes quand j'arrivai du couvent, & principalement ma gouvernante, qui craignoit que ma cousine ne fût parvenue à me faire voir clair, dans cet abîme de mensonge & d'imposture. Pour prévenir cet inconvénient, elle avoit exhorté mon amant à me défendre tout commerce avec ma cousine; c'est ce qu'il exigea de moi le même soir. Il me dit même avec un ton sec & d'un air impérieux, qu'il étoit surpris de ce que je voyois ma parente, après tout ce qu'elle avoit dit sur son compte; qu'il ne tenoit qu'à lui de la convaincre qu'il n'étoit autre qu'un esprit divin, & de la punir de son incrédulité, mais qu'il n'avoit garde; qu'il respectoit tout ce qui m'étoit cher, & qu'il en useroit toujours de même à mon égard, n'ayant rien de plus à cœur que de me donner sans cesse des preuves du sincère attachement qu'il avoit pour moi; que sa tendresse étoit sans égale, & qu'il la respectoit trop pour l'altérer en me donnant le moindre sujet de chagrin. Pour ne pas déplaire à mon amant, je formai la résolution de ne plus voir ma cousine; je lui sacrifiai donc cette aimable parente, qui certainement ne le méritoit pas. Mais alors il étoit bien naturel que l'amour l'emportât sur l'amitié. Je m'enivrai de plus en plus du poison de la volupté; je l'avalois sans crainte: aucun remord ne troubloit cette ivreſſe. Mais, quelque tems après, je m'apperçus que j'étois enceinte, & j'en informai mon divin Salamandre; je le ſavois, me dit-il d'un air triomphant, & j'en ai rendu graces au Tout-Puiſſant; c'eſt une faveur qu'il m'accorde, mais qu'il a refuſée juſqu'ici à tous ceux de mon eſpèce. Ah! ma chère Julie, je m'eſtime trop heureux d'avoir des gages de votre tendreſſe. Je lui demandai ſi l'enfant que je portois auroit quelque choſe de divin, & quelqu'attribut d'une émanation céleſte. Non, ma chère Julie, me répondit-il, le nombre des eſprits eſt fixé, il ne peut s'accroître: tout ce que je puis vous promettre, c'eſt que toutes les belles qualités d'eſprit & de corps qui peuvent être réunies dans une mortelle, ſe trouveront dans la petite fille à laquelle vous donnerez le jour: c'eſt là juſqu'où peuvent s'étendre les pouvoirs de ma divinité. Voilà ce que m'annonça mon amant, & ce que ma crédulité ſaiſit ſans aucune défiance; j'étois accoutumée à le croire, & lui plus encore à me tromper. Je fus très-incommodée pendant ma groſſeſſe; ce qui donnoit beaucoup de chagrin à mon amant, qui ſavoit habilement partager mes peines comme mes plaiſirs. Il paroiſſoit m'aimer de bonne foi, & avec la même vivacité que le premier jour; ce qui m'entretenoit dans mon erreur. L'idée que je m'étois formée de tous les hommes en général, me donnoit lieu de croire que mon époux étoit divin, puisque la possession n'avoit point ralenti ses feux. Je lui dis un jour que je souffrois plus qu'à l'ordinaire. Ne pourriez-vous pas, cher ami, m'exempter, ou du moins diminuer les maux que j'endure ? Hélas, non, me dit-il, je n'ai pas le pouvoir de changer l'arrêt du destin, il est irrévocable : il faut que toutes les mortelles, sans exception, même dans leur liaison avec les demi-dieux, soient sujettes aux infirmités qu'elles ont apportées en naissant ; croyez-vous que si je l'avois pu, je n'aurois pas prévenu votre demande ? Je souffre plus que vous: mon essence divine étant revêtue de l'humanité, me fait partager vos maux. Ce cher époux n'ouvroit la bouche que pour me dire mille paroles consolantes.

Il ne se passoit cependant point de jours, que je ne regrettasse ma chère cousine ; son esprit, la douceur de son caractère, & principalement son sincère attachement pour moi me la rendoient infiniment chère, depuis six mois je ne l'avois point vue, & je respirois secrétement après elle. Mais quand même je n'aurois pas promis à mon Salamandre de ne plus voir, je n'aurois eu garde de me présenter devant elle, dans l'état où j'étois. J'approchois des termes redoutables, & je touchois au fatal moment où je devois sortir de mon erreur: il falloit une catastrophe des plus funestes pour m'en tirer, & pour me plonger dans une foule de malheurs. L'heure à laquelle mon amant avoit coutume de se rendre, étoit passée; je commençois à sentir l'inquiétude: & en l'attendant, je mis la tête à la fenêtre de mon appartement qui donnoit sur la rue. Ma bonne, qui ne faisoit que d'arriver, vola dans la rue, entendant crier la populace: *il est mort, il expire.* Je voyois de ma fenêtre que ma gouvernante faisoit tous ses efforts, pour percer la foule; tous mes domestiques y étoient accourus: il faisoit aussi clair qu'en plein midi, par la quantité de lumières que chacun, curieux de voir ce qui se passoit, avoit apportée. Il n'étoit pas difficile à ceux qui étoient près du moribond de distinguer ses traits: ma femme-de-chambre s'en apperçut plutôt que ma gouvernante: dès qu'elle l'eut reconnu, elle s'écria: *C'est mon maître.* Ma bonne à ce cri perçant s'avança, reconnut son malheureux fils, & s'évanouit. Elle revint bientôt par la force du tourment: on transporta le mourant chez moi; sa mère le suivoit. J'étois comme immobile à ma fenêtre

en

SALAMANDRE.

en attendant la fin de cette catastrophe. Mais à l'aspect du malheureux tout couvert de sang, & plus encore aux lamentations de ma gouvernante, je perdis l'usage de mes sens, & tombai de mon haut sur le parquet, sans aucune connoissance. Ma femme-de-chambre qui m'avoit apperçue à la fenêtre, se doutant bien que je savois quelque chose du malheur qui venoit de m'arriver, monta dans mon appartement, en appellant mes domestiques. Je fus l'espace de trois heures sans aucun sentiment: cependant à force de me jetter des eaux de senteur sur le visage, on me fit revenir. Que vous ai-je fait, Marianne, dis-je à ma femme-de-chambre, pour me rappeller à la vie, après le malheur qui vient de m'arriver? Je refermai les yeux. Alors cette fille me conjura au nom de son maître, qu'elle disoit n'être pas mort, de reprendre courage, & de me servir de ma raison pour me remettre. Elle me représenta combien je me rendois coupable, si je m'abandonnois au désespoir dans l'état critique où je me trouvois, en portant dans mon sein le fruit d'une tendresse que je devois mieux ménager. Je la laissai parler sans lui répondre.... Au nom de Dieu, madame, ne vous laissez point accabler par une douleur aussi funeste qu'inutile. Après tout, monsieur n'est point blessé mortellement ; il peut en échapper ; c'est ce qu'on va savoir dans le moment par les chirurgiens. Ma chère maîtresse, secondez mon zèle : laissez-moi conserver des jours qui me sont plus chers que les miens. Je ne m'opposai point au soin que l'on prenoit pour me prolonger la vie, mais je gardois le plus morne silence. J'étois abîmée dans mes réflexions : dieux ! qu'elles étoient amères & bien touchantes ! Ce que ma cousine m'avoit si souvent répété revenoit à mon esprit : je ne doutois plus que je n'eusse été le jouet de la fourberie de mon indigne gouvernante. Déplorant mon sort, & gémissant de ma sotte crédulité, je regardois dans ce moment ma fausse divinité comme un misérable sans nom, sans naissance. Pour comble d'infortune, cet indigne amant, tout imposteur qu'il me paroissoit, tout scélérat que je le croyois, ne pouvoit cependant sortir de mon cœur qu'il outrageoit si cruellement. Il étoit même des instans où sa grande passion pour moi lui servoit d'excuse. Que vous dirois-je, mademoiselle, tout dépouillé qu'il étoit de sa fausse divinité dont il s'étoit adroitement servi pour tromper ma tendresse, je faisois plus que de l'aimer; je l'adorois. Il me sembloit que la pitié que j'avois de son malheur, redoubloit mon amour.

Uniquement occupée de ce cher criminel, je dis à ma femme-de-chambre d'envoyer savoir par un domestique comment il se trouvoit. On vint me rapporter que le chirurgien espéroit bien du malade, & que ses blessures n'étoient point mortelles. Cette nouvelle me calma pour un moment, & me tranquillisa l'esprit que j'avois dans une agitation violente; mais ce calme fit place aux plus cruelles réflexions. Dieux! quelle est mon infortune, de me voir la victime de quelque vil aventurier! Où cacherai-je mon infamie? Ah! ma chère cousine, pourquoi ne vous ai-je pas crue? Faut-il qu'une malheureuse prévention m'ait empêchée de suivre des avis qui m'étoient dictés par la seule amitié? Ces justes, mais inutiles remords, déchiroient secrètement mon ame: je me gardois bien de les faire entendre; ils se brisoient dans mon cœur. J'aurois voulu, s'il eût été possible, pouvoir dérober au public la connoissance de mon aventure. Pour cet effet, je demandai des nouvelles de ma gouvernante; je parus surprise de ce qu'elle n'avoit point encore paru dans mon appartement. On me dit qu'elle étoit auprès du malade, & qu'elle paroissoit plongée dans un affreux désespoir. J'envoyois à chaque inſtant ſavoir des nouvelles de monſieur. C'eſt ainſi que je jugeois à propos d'agir dans le cas préſent, pour perſuader à mes domeſtiques qu'il étoit réellement mon époux; d'ailleurs, j'aurois été fort embarraſſée de le nommer par ſon véritable nom). On vint me dire qu'il repoſoit, que ma bonne ne le quittoit point, & qu'elle avoit engagé le chirurgien à paſſer la nuit : ce qui me donna quelqu'eſpérance de ſa guériſon. Je mourois d'envie de le voir ; mais je craignois que ma vue ne lui devînt funeſte. Il y avoit des inſtans où je me repréſentois toutes les belles qualités que je lui connoiſſois; ſes attentions, ſa complaiſance & ſa ſoumiſſion pour moi, ces tendres empreſſemens qui ne s'étoient jamais démentis, & dont il m'avoit donné des preuves ſi ſenſibles. Hélas ! je convenois que s'il n'étoit pas immortel, comme je ne pouvois plus en douter, il étoit du moins digne de l'être. Je n'en voulois qu'à ma mégère de gouvernante ; c'étoit elle dont la fourberie m'avoit conduite comme par la main dans le précipice, en abuſant de mon innocence. Je ne doutai point qu'elle n'eût forcé ce jeune homme à ſeconder les projets diaboliques de me perdre ; ce qui m'embarraſſoit le plus étoit ce globe de feu, qui frappant mes regards, avoit pu se dérober aux yeux de ma cousine. Je me perdois dans les diverses pensées que cette malheureuse affaire lui suggéroit; c'étoit un labyrinthe d'où je ne pouvois sortir. Vous supposez bien que je passai la nuit sans fermer l'œil, & je vis arriver le jour sans avoir goûté les douceurs du repos.

Mon premier soin fut d'ordonner à Marianne d'aller voir si mon époux vivoit encore : sa réponse fut qu'il avoit passé la nuit dans une espèce de délire, par la violence de la fièvre : que le chirurgien avoit visité ses blessures ; qu'ayant levé le premier appareil, il les avoit trouvées en très-mauvais état; que cependant il ne désespéroit pas. (Cette fille me dit ces dernières paroles pour ne me pas porter le coup mortel). Que le malade avoit demandé plusieurs fois de mes nouvelles ; qu'il me prioit de passer dans son appartement, parce qu'il avoit des affaires de la dernière conséquence à me communiquer. A ces paroles je saute du lit, quoique je fus d'une foiblesse extrême ; & prenant ma femme-de-chambre sous le bras, je me traînai jusqu'à l'appartement de mon époux. Le chirurgien venoit de sortir, & je ne trouvai dans la chambre que mon abominable gouvernante ; elle étoit assise à côté du

Bb iij

lit, dont les rideaux étoient fermés ; je frémis à la vue de ce monstre, elle s'en apperçut, & me cédant la place, fans ofer lever les yeux, cette furie quitta l'appartement. Mon époux ayant bien compris que c'étoit moi qui venoit d'arriver, me pria d'ouvrir les rideaux, n'ayant pas la force de les ouvrir lui-même. Je le fis en tremblant : il fixa fur moi fes regards, qui, malgré fon état, étoient encore pleins d'amour, & me pénétroient jufqu'au cœur. Je ne puis vous exprimer tout ce que je fentis, à la vue de ce cher criminel ; tous mes fens furent fufpendus : il me fembloit que mon ame étoit fur le bord de mes lèvres. Le mourant qui s'apperçut de tous les mouvemens qui m'agitoient, me regardoit avec attention ; & fes regards, quoique foibles par les approches de la mort, m'exprimoient encore tout l'excès de fa tendreffe & de fon repentir. Après avoir demeuré quelque tems fans parler, il rompit enfin le filence. Vous voyez, mademoifelle, le plus coupable & le plus malheureux de tous les hommes ; vous le voyez aux portes de la mort : les momens me font chers, à ce que m'a dit le chirurgien.... A ces paroles mes yeux fe couvrirent de larmes, & s'en étant apperçu : je fuis trop indigne, continua-t-il, de la tendresse dont vous m'honorez ; je ne mérite pas même votre pitié. Suspendez le cours de ces précieuses larmes pour entendre le récit de mes malheurs : vous apprendrez les crimes de celle qui me donna le jour : un mourant ne respecte que la vérité : c'est le moment de lui rendre hommage : donnez-moi toute votre attention. Ma mère est de famille très-noble & très-ancienne. Quand elle vint au monde, elle avoit trois frères extrêmement jeunes. A peine vit-elle la lumière, qu'elle fit les délices de ses parens ; l'aveugle complaisance qu'on avoit pour elle, fit que l'on ne la corrigeoit point de mille défauts visibles, qui ne se développèrent que trop, à mesure qu'elle avançoit en âge. Je n'entrerai point dans les détails, le tems est précieux : il suffit de vous dire qu'elle avoit une inclination marquée pour les vices les plus grossiers, jusques-là, qu'elle agaçoit sans aucun ménagement, tous les domestiques de la maison, qui sembloient avoir encore plus de honte qu'elle des fausses démarches, dont ils étoient les témoins & l'objet. Ses parens se repentirent, mais trop tard, du peu de soin qu'on avoit pris de son éducation ; ils jugèrent à propos, pour réparer leur faute, de la mettre au couvent. Elle pleura, pria, conjura, tout fut inutile ; il fallut partir. C'est alors qu'elle fit éclater les belles inclinations qu'elle a depuis satisfaites. Les religieuses la renvoyèrent dans sa famille; mais sa mère qui l'aimoit toujours tendrement, pour prévenir les inconvéniens d'un retour qui ne seroit point approuvé du père, lui chercha vite une autre solitude pour la renfermer. Elle brouilla tout dans le couvent, mit la zizanie entre les religieuses & les pensionnaires, les scandalisa par ses mauvais exemples, & devint le fléau de la communauté.

La mort de mon aïeul étant arrivée, mon aïeule, qui conservoit beaucoup de tendresse pour cette indigne fille, la rappella près d'elle: ses autres enfans étoient tous au service : d'ailleurs elle pensa que le feu de la première jeunesse étant passé, sa fille pourroit bien s'être corrigée de ses défauts essentiels : mais qu'elle se trompoit dans ses idées ! Ma mère à trente ans n'en étoit pas plus vertueuse ; le couvent n'avoit point influé sur elle pour les bonnes mœurs, & la clôture n'avoit servi que de digue pour retenir le torrent de ses passions. Cependant ma mère sut dissimuler quelque tems ses vices par politique, craignant que mon aïeule irritée, ne la fît renfermer pour toujours dans le couvent; peut-être aussi fut-elle vertueuse, faute d'occasion de ne pas l'être,

Mon aïeule s'applaudissoit de l'avoir auprès d'elle; car elle avoit beaucoup d'esprit, & l'avoit très-orné: son long séjour dans le couvent lui avoit donné du goût pour la lecture, dont elle avoit heureusement profité, mais qui n'avoit point changé ses mœurs ni le penchant qu'elle avoit pour le vice. Cette bonne mère pensa sérieusement à l'établir. Ses frères arrivèrent de l'armée, & ne parurent pas trop contens de trouver leur sœur à la maison. L'aîné de ces messieurs avoit amené de Paris un jeune homme fort aimable qu'il avoit pris comme soldat, mais qui lui servit de valet-de-chambre après la campagne. Mon oncle l'aimoit beaucoup, & le traitoit plutôt en ami qu'en domestique. Il étoit beau & bien fait, d'un esprit doux & prévenant; d'ailleurs d'une politesse qui paroissoit au-dessus de son état. Ce jeune homme, tel que je viens de le dépeindre, n'eut pas plutôt paru devant ma mère, qu'elle en devint folle: elle voulut se contraindre pour dérober la connoissance de son amour à ses frères, qu'elle craignoit certainement: mais sa feinte ne put durer long-tems, elle devint si forcenée qu'elle ne garda plus aucunes mesures dans sa passion: ses frères furent les seuls qui ne s'en apperçurent point, parce qu'ils partoient pour la chasse dès le matin, & qu'ils ne revenoient que le soir. La Fontaine, ce valet-de-chambre, ne les suivoit que rarement : ainsi ma mère avoit tout le tems de l'agacer par le badinage qu'une fille éprise peut employer pour parvenir à ses fins. Mais le jeune homme, trop respectueux pour déshonorer la sœur de son maître, & trop timide pour s'exposer aux suites d'une pareille imprudence, n'avoit garde de profiter des avances qu'on lui faisoit : conduite sage dont s'irrita si fort la passion de ma mère, qu'elle résolut d'attaquer son amant à force ouverte. Elle prit le tems favorable que ses frères étoient à la chasse, & la Fontaine dans sa chambre, lui déclarant en termes énergiques tout ce que son fol amour lui dictoit : elle le flatta par les promesses les plus insinuantes, lui prodigua même ses caresses, en écartant de son esprit toutes les craintes, par les mesures qu'ils prendroient pour se mettre à couvert du danger. Cependant le pauvre garçon se défendit de son mieux, & donna les meilleures raisons du monde pour l'engager à réfléchir sur sa fausse démarche, qui les perdroit indubitablement l'un & l'autre, si le mystère venoit à se découvrir : en un mot il n'épargna rien pour se tirer des filets de cette effrontée, sur-tout se retranchant sur le respect qu'il avoit pour son maître. Mais ma mère, toujours ingénieuse dans le vice, fut fi bien combattre toutes les objections de la Fontaine, & lui fournit des raisons fi bonnes en apparence, qu'il fe rendit à fes infâmes défirs....

Ici mon époux, preffé par les douleurs que lui caufoient fes bleffures, fut forcé d'interrompre fon difcours, jufqu'à ce que la violence de fon mal lui donnât quelque relâche pour le reprendre : ce qu'il fit après un affez long filence. Que vous dirai-je, madame ? la Fontaine fe foumit à tout ce que ma mère exigea de lui. Tous deux prirent des mefures pour dérober au public la connoiffance d'un pareil commerce, fur-tout aux perfonnes intéreffées. Ils vécurent plus de deux ans dans cette intelligence, & conduifirent leur intrigue de façon qu'on ne s'apperçut de rien. Ma mère de fon côté mit en ufage tous les moyens imaginables pour que nul de la famille ne pût pénétrer dans cet honteux myftère : elle y réuffit à merveille, & on l'auroit toujours ignoré fans les fuites ordinaires qui font attachées à ces fortes de commerces clandeftins: ne pouvant plus cacher fon état, elle prit le parti de déferter la maifon paternelle, après avoir exhorté la Fontaine à la fuivre; ce qu'il ne voulut point faire dans le moment, mais il lui promit de la rejoindre en peu de tems. Ma mère lui promit de lui marquer le lieu de sa retraite : elle ne se confia qu'au zèle d'une vieille gouvernante, pour lui mander tout ce qui se passeroit au château pendant son absence. Après ces précautions, elle prit le moment favorable de plier la toilette de sa mère, & de partir avec tous ses bijoux, qu'elle prit ainsi qu'une somme d'argent considérable. Médée fuyoit à-peu-près ainsi la maison paternelle. Après bien des périls & des précautions, ma mère arriva le quatrième jour dans une assez grande ville ; elle descendit dans la meilleure auberge pour s'y reposer de ses fatigues, fit connoissance avec l'hôtesse, disant que son mari la viendroit rejoindre après qu'il auroit terminé quelques affaires de la dernière importance, & qui le retenoient à Paris : elle ajouta que sa femme-de-chambre étoit morte en chemin, qu'elle la prioit de lui trouver un appartement garni, & une fille pour remplacer celle qu'elle avoit perdue ; ce que l'officieuse hôtesse fit dans la même journée. Au bout de trois jours ma mère alla prendre possession de son nouvel appartement, la femme-de-chambre fut installée, & son tems étant proche, elle accoucha peu de tems après de cet infortuné qui vous parle. La vieille gouvernante manda

SALAMANDRE. 397

que mon aïeule avoit penſé mourir de douleur, lorſqu'elle apprit la fuite de ma mère, mais qu'elle ne s'étoit point vantée de la perte de ſes bijoux & de ſon or ; qu'à l'égard du pauvre de la Fontaine, on l'avoit ſans doute fait aſſaſſiner, comme il portoit une lettre de ſon maître pour un gentilhomme qui demeuroit à quelques lieues du château : que ſon maître avoit fort bien joué ſon rôle, en paroiſſant très-inquiet lorſqu'il ne l'avoit point vu revenir : qu'en chemin faiſant ſes chiens l'avoient découvert ſur le bord du chemin : qu'il avoit fait beaucoup de lamentations à la vue de ce cadavre, mais que toute cette manœuvre n'empêchoit pas qu'on ne le regardât comme l'auteur de cet aſſaſſinat, ou du moins qu'il n'eût été fait par ſon ordre : que toute la maiſon regrettoit ce miſérable, & déploroit ſa fin tragique : qu'on avoit trouvé ſur lui la clef d'un coffre dans lequel étoient enfermés des titres d'une très-ancienne nobleſſe, où l'on voyoit ſa filiation avec pluſieurs lettres de l'une de ſes ſœurs, qui faiſoient juger qu'elle étoit religieuſe : que leur père ne leur ayant point laiſſé de bien en mourant, ſa mère s'étoit remariée : que les mauvais traitemens du beaupère avoient déterminé le fils à ſe mettre dans le service, & la fille à prendre le voile dans une communauté.

Les domestiques de la maison, qui malgré les précautions que vous avez prises, continuoit cette femme, n'ont pas laissé de développer votre commerce avec la Fontaine, & la raison qui vous a fait prendre la fuite, m'ont dit qu'un des laquais de votre frere lui avoit raconté toutes les démarches que vous aviez faites pour séduire ce pauvre garçon, & l'état où il vous avoit mise. Voilà ce que la gouvernante écrivoit à son élève ; ma mère versa des larmes à la nouvelle du triste sort de son amant. On n'eut pas beaucoup de peine à la consoler ; elle n'étoit pas d'un caractère à s'affliger long-tems. Cependant elle garda le *decorum*, & pleura pendant quelques jours la perte de son prétendu mari qui n'étoit pas irréparable, le tout par bienséance, & pour en imposer au public, qui n'étoit point au fait du mystère. Après toutes ces simagrées, elle reprit son train ordinaire de vie. Elle avoit fait nombre de connoissances qui la jettèrent dans beaucoup de dépense. Cependant on m'avoit retiré de chez ma nourrice, depuis plus d'un an. Ma mère se voyant hors d'état de me donner une éducation conforme aux vues qu'elle avoit sur moi, prit la résolution de m'envoyer à mon aïeule : ne doutant point qu'elle ne suppléât à son défaut. Elle me remit entre les mains d'un homme de confiance, en lui disant qu'elle m'avoit reçu des mains d'un bon religieux : par sa lettre elle se flattoit que le fils ne porteroit pas l'iniquité de sa malheureuse mère ; qu'après tout elle connoissoit la condition de mon père ; que si son frère ne lui avoit pas fait arracher la vie, il devoit la venir joindre pour l'épouser : qu'au surplus elle s'alloit renfermer dans un couvent pour le reste de ses jours, afin de réparer, s'il étoit possible, les désordres de sa jeunesse... C'est ainsi que je passai dans les bras de mon aïeule, qui me reçut avec les plus grandes marques de tendresse & de compassion contre toute apparence.

FIN de la première Partie.

SECONDE PARTIE.

Mon époux reprit haleine dans cet endroit, & après un moment de silence il poursuivit ainsi. Mademoiselle, dit ce pauvre moribond, ce qui me reste à vous dire est le plus intéressant. Ma grand'mère en me recevant me mouilla donc de ses larmes; je répondois de mon mieux à ses caresses, du moins autant que mon âge me le permettoit. Ma figure lui plut, la nature fit le reste. Je devins son idole; elle prit un soin particulier de mon éducation & me faisoit passer pour un de ses petits neveux; mais les domestiques ne prirent pas le change. Je me faisois aimer d'un chacun; & toute la maison m'accabloit de caresses. On m'envoya faire mes études dans une ville peu éloignée du château, j'eus des maîtres de toutes les façons. Mes oncles au retour de la campagne faisoient ordinairement leur résidence à Paris; & lorsqu'ils venoient voir leur mère, je disparoissois pour quelque tems. C'est de ma grand'mère que je tiens une partie de cette histoire. Voici ce que j'ai su par ma mère, &

ce qui commence à vous intéresser : se trouvant sans ressource, elle m'a dit qu'elle s'étoit déterminée, malgré sa répugnance, au parti d'entrer dans quelque bonne maison, sur le pied de gouvernante. L'hôtesse dont j'ai parlé, s'offrit à lui faire trouver en peu ce qu'elle cherchoit. En effet, elle vint lui dire quelques jours après, qu'elle pouvoit entrer chez une dame des plus distinguées de la ville : ma mère lui demanda si c'étoit pour élever une jeune personne, & qu'en ce cas, il falloit qu'elle vît la dame pour la mettre au fait de sa naissance & de ses malheurs ; que cette précaution lui paroissoit nécessaire, sans quoi, peut-être, on la prendroit pour quelqu'avanturière de la province. L'hôtesse convint qu'il étoit prudent d'en user de la sorte, & fit à la dame un abrégé de la vie de ma mère, tel qu'il lui plut de l'insinuer. Celle-ci répondit qu'elle seroit charmée que sa fille fût élevée par une personne qui ne fût pas du commun ; que cette infortunée lui seroit chère & qu'elle vouloit se l'attacher par d'autres liens que l'intérêt. Ma mère fut donc présentée & plut beaucoup : en effet, avec un esprit agréable elle avoit des manières très-insinuantes, & possédoit le grand art de persuader. Mais son élève ne vécut pas. L'année n'étoit pas finie que la petite vérole l'emporta malheureusement ; je parle ainsi, parce que sans l'accident de sa mort, elle eut sans doute tenu votre place, & vous n'auriez pas été le jouet des fourberies de cette indigne mère. La dame l'affectionnoit, & la garda jusqu'à ce qu'elle fût placée d'une manière convenable à l'idée qu'elle en avoit : ce qui arriva bientôt. Cette dame étoit liée avec la vôtre par un commerce de lettres & d'amitié. Sachant qu'elle avoit une jeune demoiselle à-peu-près de l'âge de la sienne qu'elle venoit de perdre, elle crut faire un grand présent à son amie en lui donnant ma mère pour votre gouvernante. Celle-ci se rendit auprès de vous, & vous fûtes confiée à ses soins. Dès qu'elle s'apperçut que vous aviez de l'aversion pour les hommes, elle forma le détestable projet de l'hymenée céleste qu'elle n'a que trop bien réalisé. Je n'ai rien à vous dire de la façon dont elle s'y prit pour vous empoisonner l'esprit & le cœur, dans le dessein de séduire votre jeunesse & votre innocence. Elle m'a tout raconté pour se faire un mérite auprès de moi de tous les artifices qu'elle a mis en usage pour me conduire, disoit-elle, au comble de la félicité.

Cependant ma grand'mère vint à mourir, me laissant une fortune assez considérable, mais qui n'étoit pas suffisante pour soutenir le vol qu'elle m'avoit fait prendre. A la nouvelle de cette mort, ma mère qui savoit tout par la vieille gouvernante, partit sur le champ pour me venir joindre dans la ville où j'étois : ce furent les raisons qui l'obligèrent de sortir de chez vous brusquement : nous nous rendîmes à Paris, où je vivois dans un assez grand monde. Elle me donna, pour lors, un de vos portraits en mignature : & ce fut pour mon malheur, ou du moins pour le vôtre. Je n'eus pas plutôt jetté les yeux sur ce portrait, qu'il s'éleva dans mon cœur des mouvemens qui m'étoient inconnus jusqu'alors. Oui, mademoiselle, je ressentis dans le moment l'effet de la passion la plus vive. Ma mère qui s'en apperçut en fut enchantée ; ayant d'ailleurs étudié mon caractère, & me trouvant des sentimens élevés, elle ne douta point qu'il ne lui fût facile de me faire entrer dans ses vues. Je lui demandois à tout moment : quand me ferez-vous voir l'original du portrait que vous m'avez donné ? d'autres fois je lui disois que cette peinture n'étoit que l'effet de son imagination, ou de celle du peintre ; qu'il n'étoit pas possible qu'il y eût au monde une personne aussi parfaite. Ma mère m'assuroit du contraire avec raison : elle me communiqua le projet qu'elle avoit formé de me mettre en possession de vos charmes, si je voulois représenter le personnage d'un Salamandre; & me dit la façon dont je devois m'y prendre pour bien jouer mon rôle. Cependant j'étois répandu dans le monde; ma mère me faisoit briller comme un homme qui jouit de trente mille livres de rente. Si je lui demandois comment elle pouvoit soutenir une si grosse dépense, elle me disoit que c'étoit des secrets dans lesquels il ne m'étoit pas permis d'entrer. Au reste, je n'ai jamais pu savoir par quelle voie elle savoit tout ce qui vous arrivoit: elle m'apprit la passion que le comte avoit conçue pour vous à l'abbaye. Je frémis à cette nouvelle; mais elle me rassura sur mes craintes. Pour moi, mademoiselle, je languissois dans l'attente des plaisirs; la seule espérance que ma mère me donnoit de vous voir bientôt me soutenoit dans ma tendre impatience. Dans l'une des différentes maisons où j'allois, ne voyant que la bonne compagnie, je vis une personne très-jolie qui m'agaçoit assez souvent; j'étois si préoccupé de la passion que j'avois pour vous, que je ne prenois point garde aux avances marquées que cette demoiselle me faisoit, ce qui piqua son amour propre au point que, sans réfléchir sur la fausse démarche qu'elle faisoit, elle m'envoya dans une lettre le libre aveu de sa passion, m'offrant sa main avec une fortune assez considérable, dont elle me dit qu'elle étoit la maîtresse de disposer. Cette proposition ne me tenta point; on me demandoit réponse, je la fis telle qu'il convenoit de la faire. J'évitai d'aller dans cette maison, afin d'être à l'abri de ses persécutions; mais mes précautions pour l'éviter devinrent inutiles: cette demoiselle se laissant conduire par la seule passion, & perdant toute honte, vint me relancer chez moi. Je vous avoue que je fus surpris de voir faire une pareille démarche à une personne de nom : je la reçus avec toute la politesse qui convenoit, mais ce n'étoit pas ce qu'elle demandoit. Elle me dit les choses du monde les plus touchantes; je la plaignis, & ce fut tout ce qu'elle eut de moi. Voyant qu'elle ne gagnoit rien, elle en vint aux menaces; elle voulut même se saisir de mon épée, dont elle vouloit, disoit-elle, percer son lâche cœur, pour le punir d'avoir conçu de l'amour pour le plus ingrat de tous les hommes. Après une scène assez longue & tragique, elle sortit de chez moi comme une furieuse en me faisant des menaces qu'elle n'a que trop bien effectuées. Je ne doute pas que ma mort ne soit l'ouvrage de sa fureur. Ainsi, mademoiselle, la vengeance d'autrui vous venge vous-même d'un malheureux : je reviens à la fourberie de ma mère.

Elle me vint trouver un jour dans mon lit en me criant: bonne nouvelle! la beauté que je vous destine est à Paris : je vais à la découverte. Elle partit de ce pas comme un éclair, & vous ayant rencontrée au Luxembourg, elle coucha chez vous. Le lendemain elle vint me dire tout ce qui s'étoit passé dans votre entrevue, & finit en m'assurant qu'elle trouveroit bientôt une occasion favorable de me faire paroître à vos yeux sous la forme d'un esprit aërien. Hâtez mon bonheur, lui disois-je, c'est à cette marque de tendresse que je reconnoîtrai ma mère; je meurs d'impatience, & je mourrai de regret, si vous ne me rendez heureux.... Elle me venoit voir tous les jours pour me rendre un compte exact des conversations que vous aviez ensemble. Vous savez tout le reste, mademoiselle, excepté la façon dont elle s'y prit pour m'introduire chez vous. Elle est bien simple, par le moyen d'une échelle je descendis dans le jardin; une allée assez obscure me servit pour me cacher. A l'égard du globe de feu, je n'ai pu savoir le mystère de cet artifice, ni les moyens dont ma mère se servit pour me dérober aux yeux de votre cousine, mais je n'ose y soupçonner de la magie; le vulgaire en voit par-tout; le philosophe n'en voit nulle part, & je suis là-dessus très-philosophe. Ma mère aura sans doute fait jouer le phosphore & l'illusion.... Quant à mon assassinat, je l'attribue à la personne qui m'a fait l'aveu de sa passion; c'est un effet de la rage qu'elle a conçue de se voir méprisée. Une femme pardonne rarement ces sortes d'offenses, sur-tout lorsque la pudeur ne sert pas de frein à ses désirs. Attaqué par trois hommes, je me suis mis en défense; mais la partie n'étoit pas égale. J'ai succombé sous les coups redoublés de mes ennemis. Vous êtes vengée, mademoiselle ; j'avoue que j'ai joué près de vous le rôle d'un scélérat ; toute la grace que je vous demande, c'est de vous conserver pour le malheureux gage de notre amour. Promettez-moi sur ce lit de mort qu'il ne portera point la peine de mes crimes, qui ne sont, après tout, que ceux de l'amour. Je vous avouerai même que dès l'instant où ma fourberie a triomphé de vous, les plus cuisans remords ont empoisonné les séduisans plaisirs que m'assuroit votre possession. Sans ma mère je vous aurois fait un aveu sincère de mon crime. Malgré ses défenses, j'avois résolu de vous découvrir ce terrible mystère, si ma malheureuse catastrophe n'eût fait échouer mon dessein. Au reste, mademoiselle, je m'estimerai trop heureux dans mon infortune, si ma mort, que je regarde comme certaine, peut m'obtenir le pardon de tant d'indignités qui vous déshonorent & qui m'épouvantent moi-même en mourant. Je puis dire que mon cœur n'étoit point fait pour le crime : c'est ma mère qui m'a séduit ; l'amour a fait le reste. La dernière grace que je vous demande au nom de la vertu que vous aimez, & que j'ai trahie malgré moi, c'est, mademoiselle, de réparer, autant qu'il est en nous, le défaut de naissance de l'innocente créature que vous allez mettre au monde : daignez me permettre d'emporter chez les morts le titre glorieux de votre époux ; mon repentir, mes sentimens, mon amour, ma façon de penser, joints à la fidélité la plus inviolable que je vous ai gardée ; tout parle en ma faveur. La mort même que je vois s'approcher vous sollicite pour moi : ne rougissez point d'être mon épouse ; quand je meurs, votre vengeance doit expirer. Hélas ! je n'ai fait qu'un crime ; sans l'amour & sans vos charmes, je vivrois encore, & je n'aurois que des vertus. Que me répondez-vous, me dit ce cher malade ? Je n'ai rien à vous refuser, lui dis-je avec un soupir... Alors ce cher époux, prenant une de mes mains qu'il baisoit en l'arrosant de ses larmes, me supplia d'employer le ministère d'un ecclésiastique pour nous donner la bénédiction nuptiale. Le prêtre arrivé fit les cérémonies nécessaires pour rendre notre union légitime. Je restai seule à consoler mon époux; j'avois sacrifié tous mes sujets de plaintes. Sa situation me le rendoit encore plus cher; & j'aurois donné la moitié de mon sang pour lui sauver la vie. A son retour le chirurgien le trouva dans une extrême agitation, ce qui ne pouvoit pas être autrement, après le récit douloureux qu'il venoit de me faire, & la cérémonie touchante qu'on venoit d'achever. Ses blessures furent déclarées mortelles. Cet homme lui dit sans ménagement qu'il pourroit encore vivre deux jours; qu'il lui conseilloit de mettre ordre à sa conscience comme à ses affaires, n'en pouvant réchapper que par miracle. Je vous avoue que cet arrêt de mort prononcé devant moi me pensa faire expirer de douleur, mon mari s'en apperçut, il fit tous ses efforts pour me consoler, car il conservoit toute la liberté d'esprit possible. Il envoya lui-même chercher un confesseur; je passai dans mon appartement où je restai jusqu'à la sortie du prêtre, qui m'assura des sentimens de religion dont ce cher époux étoit pénétré; me disant tout ce qu'il crut capable de me consoler de sa perte; mais il ne réussit point. Je voulus rester près de lui, quoiqu'il pût me dire pour m'en détourner. Il avoit fait venir sa mère dans sa chambre en présence du confesseur, au tribunal duquel il s'étoit réconcilié sincèrement avec elle, en détestant la dépravation de ses mœurs. Il mourut le lendemain. Dès que son agonie eut commencé, je perdis l'usage de mes sens; on m'emporta dans mon appartement : ce n'est qu'à force de secours que je revins de cette espèce de léthargie. A peine eus-je ouvert les yeux, que je demandai des nouvelles de mon malheureux époux. Ma femme-de-chambre me dit que ce que l'on avoit pris pour agonie, n'étoit qu'une grande foiblesse, qui pourroit n'avoir pas de suites fâcheuses. Mais à peine eut-elle fini ces dernières paroles, que j'entendis des cris perçans lancés par ma détestable gouvernante. Il ne m'en fallut pas davantage pour comprendre tout mon malheur: j'en fus frappée comme d'un coup de foudre; & je perdis une seconde fois l'usage de mes sens, que je ne repris qu'après un tems considérable : mais ce fut pour souffrir mille fois plus. J'étois si pénétrée de ma douleur, que je ne poussois ni plaintes ni soupirs. Ma consternation avoit quelque chose de funeste qui seroit difficile à dépeindre. Dans cet état d'accablement, j'eus encore le chagrin de voir paroître à mes yeux mon indigne gouvernante: elle avoit dans les siens toutes les marques d'un affreux désespoir, & sur-tout un regard sinistre, avant-coureur de la fin tragique qu'elle alloit faire. Après m'avoir regardée avec attention; je me présente à vous, me dit-elle, pour vous faire l'aveu de tous mes crimes, si vous les ignorez encore; & si vous ne m'en jugez pas indigne, pour en obtenir le pardon. Il est vrai que je n'en mérite aucun; vous devez me regarder comme un monstre d'ingratitude & de noirceur: il ne me reste plus qu'à mourir. Après la perte que je viens de faire, ne cherchez point à connoître un mystère odieux qui vous feroit frémir. J'ai pris les précautions nécessaires pour ne pas survivre à mon fils; & j'emporte avec moi des regrets infructueux de la mère la plus tendre. Le ciel a frappé le dernier coup; il veut mon trépas: son arrêt va s'accomplir.

Le noir poison que j'ai fait couler dans mes veines, me répond d'une mort prompte, qui me délivre enfin de tous les tourmens que je souffre. En achevant ces paroles, il lui prit une convulsion des plus violentes; tout son corps palpitant, son regard égaré, ses lèvres livides, la rendoient un objet des plus affreux; exemple terrible des vengeances célestes. Considérant dans son air stupide les différens effets que produisoit le désespoir de cette misérable source de tous mes malheurs, j'ordonnai qu'on l'ôtât de ma préfence, & qu'on la tranfportât dans un autre appartement pour y vomir fon ame impure. Elle expira prefque dans l'inftant: ainfi cette cruelle fuivit de près fon malheureux fils.

La pompe funèbre de mon époux fut célébrée de la manière qu'il convenoit, & que je pouvois le fouhaiter dans les circonftances : je fuis née généreufe & fenfible. On fit pour la mère la même cérémonie qu'on venoit de faire pour le fils. Ma douleur, loin de diminuer, fembloit prendre tous les jours de nouvelles forces. L'idée du paffé revenoit fans ceffe à mon efprit : c'étoit un ver rongeur qui ne me quittoit point ; il me dévoroit jour & nuit. Marie-Anne, qui ne cherchoit qu'à me diffiper, me propofa d'aller voir ma coufine pour lui dire la fituation déplorable où tant de malheurs m'avoient réduite. Je ne lui fis point de réponfe, & prenant mon filence pour un confentement de ma part, elle fe rendit au couvent de Céline ; la portière lui demanda de quelle part elle venoit, étant furprife qu'elle ne fût pas l'enlèvement de cette aimable fille en revenant de S. Cloud avec une de fes amies, penfionnaire dans le couvent. Marie-Anne fut confternée de cette nouvelle, & ne put retenir ses larmes : elle apprit de la portière que l'amie de Céline étoit inconsolable de cette aventure ; qu'elle avoit fait bien des perquisitions pour tâcher de découvrir l'auteur de cet enlèvement, mais que tous les mouvemens qu'elle s'étoit donnés étoient inutiles. Marie-Anne revint d'un air fort triste m'annoncer cette affligeante nouvelle. J'en fus accablée ; je pensois que mon malheur étoit à son dernier période ; mais la perte de ma cousine y mettoit le comble. J'aimois cette chère parente ; je me flattois de l'avoir pour compagne, ayant pris la résolution de l'aller joindre dans son couvent, pour m'y confiner le reste de mes jours ; ce que je devois exécuter après mes couches. Au milieu de tant de chagrins & de tourmens, je mis au monde une fille qui mourut le lendemain de sa naissance. Je demeurai trois mois à me remettre de la douleur que me causoit la mort de mon époux, & la perte de ma parente. J'écrivis à mon intendant de se rendre à Paris au reçu de ma lettre, ce qu'il exécuta sur le champ, après avoir pris de justes mesures pour me faire toucher mes revenus. Je lui dis de me chercher un couvent où je fusse inconnue à tout le monde ; qu'il n'avoit qu'à me faire passer pour sa nièce, nouvellement arrivée de province ; qu'au reste, il pouvoit se défaire de la maison que j'avois dans cette ville, & qui me devenoit inutile, ne voulant plus rester dans le monde. Cet homme ne savoit rien de tout ce qui m'étoit arrivé. Marie-Anne avoit imposé le silence à mes domestiques, en leur disant que je saurois bien les récompenser de leur discrétion. Ils furent questionnés par mon intendant, mais il ne put rien apprendre. Il sortit pour me chercher un couvent, il fit le marché, m'annonça pour sa nièce, & vint me rendre compte de sa conduite. Après avoir récompensé mes domestiques, je pris le chemin de cet asyle pour y passer le reste de mes jours. Je n'y suis connue que sous le nom de Julie; je m'y communique peu; Marie-Anne est mon unique consolation. Depuis trois ans que je demeure dans cette communauté, vous seule avez été capable, mademoiselle, de m'arracher à moi-même. J'ai tâché de répondre aux avances d'amitié dont vous m'avez toujours honorée. La confidence que je vous fais, doit vous prouver combien je vous estime.... Vous me la devez, belle Julie, lui dis-je, en l'embrassant, & même quelque chose de plus, puisque j'ai pour vous l'amitié la plus tendre & la plus sincère..... Nous goûtâmes toutes deux le plaisir de répandre des larmes.

L'infortunée Julie avoit rempli mon ame du plus doux attendrissement, par le récit de ses malheurs, qu'elle ne me paroissoit point mériter. Je la regardois avec étonnement; je l'admirois: je croyois voir une de ces héroïnes malheureuses, dont l'histoire nous fait quelquefois pleurer l'infortune. Andromaque me sembloit moins à plaindre que ma chère Julie. Après quelques réflexions sur les tempêtes de la vie humaine, je la priai d'achever la peinture de ses malheurs; ceux de Céline, lui dis-je, m'intéressent; mais les vôtres, belle Julie, me touchent vivement, & me pénètrent de douleur. Je veux pourtant les apprendre.... Elle poursuivit ainsi: la candeur & la persuasion couloient de ses lèvres. Son discours avoit l'ingénuité de son cœur.

L'intérêt vif que je prenois au malheur de Céline, me fit imaginer un jour d'envoyer Marie-Anne à son couvent, pour tâcher d'apprendre de la pensionnaire, les circonstances de l'enlèvement de ma cousine, qui s'étoit passé sous ses yeux; & quel en pouvoit être l'auteur. Je la chargeai d'une lettre pour remettre de ma part à cette amie de Céline, & dans laquelle je m'annonçois sa parente, en la priant de me donner des éclaircisse-

mens

mens sur le sort de cette infortunée. J'en reçus la réponse suivante.

» Je partage avec vous, mademoiselle, la douleur que vous cause la perte de votre aimable parente; j'étois liée avec elle par l'amitié la plus tendre & la plus sincère, & je n'ai rien négligé pour découvrir l'auteur de son enlèvement; mais je n'ai pu jusqu'ici y parvenir: ce qui me désespère, c'est que je suis la cause innocente de son malheur : l'ayant engagée à faire avec moi le voyage de S. Cloud pour voir une dame de mes amies; en revenant nous fûmes arrêtées par quatre hommes masqués, le pistolet à la main, qui, tous ensemble, invitèrent assez brusquement Céline à sortir de la voiture. Ce compliment inattendu fit pousser des cris aigus à cette infortunée, qui ne se pressoit point de répondre à leur invitation, lorsqu'un d'eux, qui paroissoit leur commander, craignant apparemment que ses cris ne fussent entendus & ne lui fissent manquer son coup, l'arracha avec violence de mes côtés, la fit mettre en croupe sur son cheval, & prit le chemin du bois suivi des autres cavaliers; je les perdis de vue dans l'instant, & voyant que mon foible secours lui devenoit inutile, craignant d'ailleurs que la réflexion ne fît faire à ces ravisseurs une démarche dont je serois devenue la seconde victime. je pris le chemin du couvent, en ordonnant au cocher d'user de diligence. Voilà, mademoiselle, tout ce que je sais de l'accident arrivé à votre chère cousine; si je suis assez heureuse pour apprendre par la suite des particularités plus détaillées de son enlèvement, je me ferai un vrai plaisir de vous en donner avis ».

Lorsque j'eus fait la lecture de cette lettre, Marie-Anne me dit qu'elle avoit appris de cette demoiselle, que la fille qui servoit ma cousine étoit sortie du couvent quelques jours après la nouvelle du malheur arrivé à sa maitresse, & qu'elle étoit à la piste pour découvrir les traces de Céline. Sur le moindre indice qu'elle en pouvoit avoir, elle en devoit rendre compte à la communauté, sur-tout aux amies de ma cousine, qui ne paroissoient pas moins ardentes que moi, pour apprendre quelques circonstances de cette funeste aventure; mais toutes ses recherches furent infructueuses.

Quelque tems après, Marie-Anne retourna au couvent pour s'informer où logeoit la fille de Céline, avec ordre si cela se pouvoit, de me l'amener. Marie-Anne revint au logis suivie d'Agathe, (c'étoit la fille que je demandois) : dès qu'elle me vit, elle fondit en larmes, & je m'attendris à mon tour sur la cause qui les lui faisoit répandre. Agathe étoit au service de ma cousine lorsque nous demeurions ensemble, & lui étoit fort attachée. Après avoir essuyé ses pleurs, elle me fit part de toutes les circonstances que mademoiselle De*** avoit détaillées par sa lettre, & me dit qu'elle ne doutoit point que cette fausse amie de Céline n'eût donné les mains à son enlèvement, & qu'un cousin de cette infidelle, ne fût son ravisseur. Que toute la communauté pensoit comme elle ; que le marquis De***, parent de cette pensionnaire, dans quelques visites qu'il étoit venu lui rendre au couvent, avoit vu Céline, dont il devint tout-à-coup amoureux : qu'après quelques entrevues il lui avoit fait l'aveu de sa passion, en lui offrant sa main pour prix de sa tendresse : que quoiqu'il fût un parti sortable & assez avantageux pour elle, il en avoit reçu un refus, qui, tout poli qu'il étoit, l'avoit piqué jusqu'au vif. Le marquis avoit beau se donner la torture pour pénétrer les raisons qui donnoient lieu a l'indifférence de cette belle, le vrai motif lui échappoit. C'étoit la passion qu'elle avoit autrefois conçue pour le comte, qui l'avoit déterminée à garder un éternel célibat, au cas qu'elle ne pût parvenir à devenir l'époufe de ſon amant. Pour ſe délivrer des importunités du marquis, ma couſine lui avoit ôté juſqu'à l'eſpérance de la rendre ſenſible ; & afin de s'en défaire entièrement, elle ne ménagea point les termes dans la réponſe qu'elle lui fit ; ce qui le rendit furieux. Ce jeune homme étoit vif de ſon naturel, & d'une hauteur inſupportable : ſon amour-propre ſouffroit cruellement des refus de Céline. Prévenu, avec quelque ſorte de raiſon, en ſa faveur du côté de la figure, de la naiſſance & de la fortune, il ne pouvoit pas s'imaginer que cette belle pût refuſer le don qu'il lui vouloit faire de ſon cœur & de ſa main. Depuis cette explication, elle ne voulut plus le voir ni l'entendre, & refuſa conſtamment à ſon amie de ſe rendre au parloir toutes les fois que le marquis venoit rendre des viſites à ſa couſine. Celui-ci n'oublioit rien de ſon côté pour engager ſon amie à avoir cette complaiſance pour elle, ſi elle ne croyoit rien devoir aux empreſſemens de ſon couſin. Mais mon infortunée parente tint ferme, & ſa réſiſtance fut la cauſe de tous ſes malheurs : un peu plus de politique & de ménagement l'auroient mieux ſervie, & lui auroient épargné les ſuites d'une cataſtrophe, que vraiſemblablement, le marquis & ſa couſine avoient machinée contr'elle, & qu'ils n'ont que trop bien exécutée. Peu de jours après, mademoiselle De*** proposa à Céline d'aller à S. Cloud, pour voir une dame de ses parentes; elle avoit eu la précaution de la prévenir, afin de lui ôter tout soupçon, que le marquis étoit parti depuis quelques jours pour aller dans une de ses terres en Normandie, à dessein de faire tous ses efforts pour se guérir de la tendresse infructueuse qu'il avoit conçue pour elle; qu'elle ne doutoit point qu'il n'en vînt à bout, ajoutant que ce jeune seigneur n'étoit point assez fou pour imiter les héros de roman, qui se laissent plutôt mourir, que de travailler à se défaire d'un amour sans espoir, & qui finissent souvent par ensanglanter la scène aux yeux même de la beauté pour laquelle ils soupirent. Céline aimoit véritablement cette perfide, & ne soupçonna point sa fausse sincérité: par un refus, elle auroit cru manquer aux devoirs sacrés de l'amitié qui les unissoit; elle accepta la partie, & toutes deux partirent le lendemain pour S. Cloud.

Comme Agathe rendoit à ses connoissances du couvent & à la plupart des religieuses toutes les conversations que ces deux amies avoient ensemble, on a rapproché les circonstances de l'évènement, & tiré des conséquences qui ne laissent point douter qu'il n'y eût une connivence entre mademoiselle De*** & le marquis, & que ce dernier ne fût le véritable auteur de cet enlèvement. L'air piqué de ce seigneur, après le refus que ma cousine avoit fait de sa main, ses vivacités, ses emportemens, sa fureur même, qu'il avoit quelquefois fait éclater trop ouvertement, ses assiduités, ses entrevues peu ménagées avec sa parente, enfin la partie préméditée de S. Cloud & ses suites, déposoient hautement contr'eux, & sembloient dénoncer les coupables. Si mademoiselle De*** n'avoit point été la parente de l'abbesse, on ne l'auroit point ménagée; mais cette considération empêcha de parler, & de lui reprocher la trahison que l'on supposoit, avec assez de vraisemblance, qu'elle avoit faite à Céline. La généreuse Agathe, qui étoit sortie du couvent peu de jours après cet enlèvement, n'avoit rien ménagé pour découvrir l'endroit où ce nouveau Pâris retenoit son Hélène; elle venoit d'apprendre depuis deux jours, que le marquis avoit une terre dans le Poitou, où elle me dit qu'elle ne doutoit point qu'il ne l'eût amenée, qu'elle connoissoit un de ses laquais qui étoit à Paris, & qu'il avoit envoyé depuis son arrivée dans sa terre, de qui elle sauroit si sa maîtresse étoit au pouvoir du marquis. Cette fille ajouta que M. le comte étoit venu demander Céline au couvent, dans le dessein, sans doute, de savoir de mes nouvelles, qu'elle s'informeroit de sa demeure, & qu'après avoir eu un entretien avec le laquais en question, elle iroit le trouver, & ménager sa protection en faveur de ma cousine. Il est galant homme, disoit elle, il estime ma maîtresse ; sensible à son infortune, il m'aidera, peut-être à découvrir sa retraite, pour la retirer d'entre les mains de son injuste ravisseur... Après ce discours, Agathe prit congé de moi, se promettant bien de me rendre un fidèle compte de ce qu'elle apprendroit par le domestique du marquis & des suites de son entrevue avec le comte. Je lui défendis de découvrir à ce dernier le lieu de ma retraite, & en cas qu'il demandât de mes nouvelles, qu'elle lui dît que sa maîtresse & elle m'avoient perdue de vue depuis plus d'un an. Cette fille me tint parole, puisque le jeune comte a toujours ignoré jusqu'ici le couvent que j'avois choisi pour me retirer.

Cependant la douleur que je ressentois de la mort de mon époux, n'altéroit point ma sensibilité sur les malheurs de ma cousine. Les circonstances de son enlèvement m'étoient toujours présentes, & je brûlois d'impatience d'en apprendre le dénouement. Il me tardoit de voir Agathe, dans l'espérance qu'elle auroit fait quelque découverte relative aux circonstances qui me rendoient cher tout ce qui pouvoit avoir rapport à mon infortunée parente. Au bout de trois jours, cette fille vint m'annoncer qu'elle avoit de bonnes nouvelles à m'apprendre sur le sort de ma cousine. J'ai eu, me dit-elle, une longue conversation avec le laquais du marquis : il vient de m'apprendre que son maître étoit arrivé dans ses terres il y avoit environ deux mois en chaise de poste; qu'avant de mettre pied à terre, il avoit fait retirer tous ses domestiques, excepté son valet-de-chambre, parce qu'il étoit dans sa confidence; que malgré ces précautions, ils avoient entendu pousser un cri perçant à une femme; ce qui leur avoit donné lieu de soupçonner que leur maître avoit agi de violence avec elle, & que cette infortunée avoit été enlevée à Paris, ou dans les environs : que depuis ce jour le marquis donnoit des marques d'un noir chagrin, qu'il paroissoit inquiet & rêveur, que tous ceux qui l'environnoient se ressentoient de sa mauvaise humeur; qu'il faisoit quelques voyages de tems en tems à Paris, pour effacer le soupçon que l'on pouvoit concevoir contre lui, au sujet de la personne qu'il tenoit prisonnière dans sa maison ; qu'il avoit mis auprès d'elle la fille de son fermier pour la servir, & qu'elle étoit la seule avec le valet-de-chambre qui eussent la permission d'entrer dans son appartement, dont les fenêtres étoient grillées comme celles d'une prison ; qu'au reste aucun domestique n'avoit vu cette demoiselle, parce qu'elle étoit servie dans sa chambre par les seules personnes qu'on avoit mises dans sa confidence. Voilà, me dit Agathe, ce que je tiens de ce garçon ; à l'égard du comte, il parut extrêmement sensible au malheur de votre parente, & me demanda plusieurs fois avec un tendre empressement de vos nouvelles. Je lui répondis que je n'en savois aucunes, ce qui l'a pénétré de douleur. Un profond soupir qu'il a poussé en levant les yeux au ciel, m'a donné lieu de croire qu'il ressentoit toujours pour vous la même tendresse. Il m'a fait la confidence de tous les efforts qu'il a tentés pour se guérir de sa passion ; que votre fuite du couvent l'avoit mis au désespoir, ne doutant point qu'elle ne fût un effet de la haine que vous aviez pour les hommes en général : qu'il n'avoit jamais pu, malgré ses recherches multipliées, découvrir le lieu de votre retraite, s'étant même adressé pour cet effet à votre intendant, dont il avoit tenté la fidélité par l'offre d'une somme confidérable ; mais que toutes fes promeffes n'avoient point ébranlé fa fidélité. Il me dit de plus, continuoit Agathe, que cet homme, pour en mieux impofer, avoit foutenu qu'il ne recevoit aucune de vos nouvelles, que ce filence obftiné lui donnoit des inquiétudes mortelles, par la peur qu'il ne vous fût arrivé quelqu'accident fâcheux. Le comte ajouta, qu'ayant vu que fes perquifitions devenoient inutiles, il avoit pris le parti de voyager, efpérant que l'abfence & la diverfité des objets arracheroient de fon cœur le trait qui le déchiroit & qui le rendoit le plus à plaindre de tous les hommes ; mais que ce remède n'avoit fervi qu'à rouvrir les plaies de fon cœur ; que fa tendreffe n'en étoit que plus vive, & qu'il ne prévoyoit pas qu'un fi grand feu pût jamais s'éteindre : qu'après une affez longue abfence, il étoit revenu plus amoureux, & par conféquent plus à plaindre : que fon premier foin en arrivant avoit été de retourner à l'abbaye, & d'interroger les perfonnes avec lefquelles vous aviez la plus intime liaifon ; mais que cette dernière reffource n'avoit pas fervi plus que les autres, puifqu'après bien des queftions à votre fujet, les réponfes des religieufes s'étoient trouvées conformes à celles de votre intendant : qu'il avoit feulement appris de l'une d'elles, que votre cousine vous avoit quittée depuis quelque tems, & qu'elle s'étoit retirée dans une communauté, dont il s'étoit fait donner le nom, se flattant d'apprendre d'elle quelque chose de plus positif ; mais les démarches du pauvre comte furent en pure perte : il ne trouva plus Céline au couvent ; on lui fit dire par la portière, qu'elle étoit partie pour la campagne depuis quelques jours, & que l'on ignoroit le tems de son retour. On garda le silence sur l'aventure de ma cousine, ensorte que ce seigneur outré de dépit, s'en retourna sans être plus avancé qu'auparavant. Il frémit de colère au récit que lui fit Agathe de l'enlèvement de cette chère cousine, & sur les indices qu'elle lui donna que le marquis étoit l'auteur de cette violence, il brûla d'impatience de délivrer cette infortunée des mains de cet indigne amant, qui loin d'employer la force pour la séduire, auroit dû mettre en usage la soumission la plus respectueuse, afin de vaincre, s'il étoit possible, la répugnance dont elle payoit sa tendresse. Voilà, dit le comte à cette fille, la route que j'aurois prise pour pénétrer jusqu'au cœur de l'aimable Julie, si sa fuite, hélas ! trop précipitée, ne m'en avoit pas dérobé les moyens. Au reste Céline est sa parente & sa plus fidelle amie ; elle a toujours pris beaucoup de part aux maux que mon amour infructueux me faifoit souffrir ; elle partageoit ma fenfibilité : que dis-je ! elle fembloit accufer le cœur de Julie de trop de cruauté, pour un amant foumis & refpectueux, dont la fincérité étoit digne d'un meilleur fort : fes larmes ont fouvent juftifié fa façon de penfer, & l'intérêt qu'elle prenoit à mes démarches. J'aurois été trop heureux fi la divine Julie eût penfé comme elle : qu'elle m'auroit épargné de chagrin ! oui, j'aurois payé de tout mon fang un feul regard favorable de fa part. Comme j'ai pour Céline une véritable eftime, & que la reconnoiffance d'ailleurs m'engage à la fervir : je facrifierois ma vie pour lui rendre la liberté. Allez Agathe, pourfuivit le comte, revenez demain, j'aurai peut-être befoin de vous ; engagez le laquais du marquis à s'informer fi fon maître eft à Paris ou à fa terre ; je vous promets que vous verrez bientôt ici votre chère maîtreffe.

Je remerciai cette fille des nouvelles intéreffantes qu'elle m'avoit données, en la priant de me faire part des démarches que le comte feroit pour délivrer Céline ; quel plaifir n'éprouvera-t-elle pas en trouvant dans fon libérateur la perfonne du monde qu'elle aimoit le plus ! Après cette exclamation, je laiffai partir Agathe fort contente de moi. J'avoue que l'efpérance de revoir ma cousine, fit diversion au souvenir cruel de mes malheurs. Cette idée flatteuse mit pour un moment le calme dans mon esprit, & me fit entrevoir un avenir moins triste pour moi, par le plaisir que j'aurois de trouver dans cette amie un genre de consolation que je n'avois point encore éprouvé depuis mes foiblesses & son absence.

Au bout de deux jours, Agathe revint, & m'apprit que le comte ayant su que le marquis étoit à sa terre, en avoit pris le chemin accompagné de trois braves de ses amis, dont l'un étoit parent de Céline. Ce dernier devoit s'annoncer le premier, & demander à parler à sa cousine; qu'ils avoient eu la précaution d'avoir une chaise à deux, dans laquelle on devoit faire monter Céline avec son parent, lorsqu'il auroit lavé dans le sang du perfide marquis l'affront qu'elle en avoit reçu. Cette petite troupe étoit partie la nuit, suivie de six domestiques, pour faire face à ceux du marquis en cas de résistance, & qu'ils voulussent mettre obstacle à la délivrance de mon amie. Le domestique du marquis dont on avoit tiré des instructions, leur servoit de guide, & les mena par des routes peu fréquentées. Le comte & ses amis s'arrêtèrent près d'un bois, à quelque distance du château, pour y laisser leur voiture. C'est tout ce que j'appris d'Agathe. Je ne doute point, me dit-elle, que vous n'ayez dans peu le plaisir de revoir Céline, & moi celui de lui renouveller tout mon zèle. En effet, dès le lendemain elle vint m'annoncer qu'une amie du couvent demandoit à me voir. On l'introduisit dans mon appartement; mais quelle fut ma surprise, lorsque je reconnus Céline elle même! Je ne m'amuserai point à vous détailler tout ce que nous nous dîmes pour nous prouver réciproquement la tendre satisfaction que nous avions de nous revoir: on se le représente bien mieux que je ne pourrois l'exprimer. Après nous être livrées l'une & l'autre à tout ce que l'amitié fait sentir de plus vif & de plus insinuant; Céline me demanda ce qui causoit en moi les impressions de tristesse qu'elle remarquoit sur mon visage. Je ne pus refuser à son empressement l'aveu de ma foiblesse, & du malheur qui m'étoit arrivé depuis notre cruelle séparation, par le mépris des sages conseils qu'il m'avoit toujours donnés, en s'efforçant de détruire dans mon esprit les impressions chimériques que mon indigne gouvernante avoit l'adresse d'y répandre; suite funeste & dangereuse de la confiance aveugle que la plupart des parens donnent à des monstres chargés de l'éducation de leurs enfans, qui n'en sont que trop souvent les malheureuses victimes. Ce récit douloureux toucha si fortement ma cousine, qu'elle répandit un torrent de larmes ; mais je n'avois pas besoin de cette preuve de sensibilité de sa part pour me convaincre de son amitié, que je savois aussi pure que la mienne. Je la priai de me dire à son tour les circonstances de son enlévement jusqu'à son arrivée au château du marquis ; elle se prêta de bonne grace à ce que j'exigeois d'elle.

Je ne vous rappellerai point ce qui précéda mon enlèvement ; sans doute que vous l'aurez appris de la pensionnaire qui fut témoin de cette catastrophe. La passion du marquis que je méprisois, la rage & le désespoir qui l'excitoient à se venger de mon indifférence, & peut-être les suites d'une intelligence que je n'ai su prévoir, m'ont rendue le jouet des moyens violens dont on s'est servi pour me séduire. La proposition que me fit mon amie d'aller à S. Cloud, me parut d'autant moins suspecte, que lui ayant donné toute ma confiance, je pensois n'avoir rien à craindre de sa part, & que je soupçonnois encore moins le marquis d'un forfait qui m'exposoit à toute la fureur de ses emportemens : je frémis encore lorsque je pense que je pouvois devenir la victime de sa brutalité ! Cependant nous marchions avec une diligence incroyable, & ce ne fut qu'à deux lieues du château, que mon ravisseur, se démasquant, rompit le silence qu'il avoit gardé jusqu'alors. Jugez, ma chère cousine, de mon étonnement à la vue du marquis; la réflexion me servit bien dans cette occasion; je pris le parti de dissimuler, au lieu de m'étendre en reproches qui devenoient inutiles en pareilles circonstances. Il se plaignoit beaucoup de ma rigueur à son égard, & me faisoit des excuses mal arrangées du parti qu'il avoit pris de m'enlever, pour me déterminer à répondre à ses feux. Il en accusoit l'amour violent dont il étoit épris, & l'excès d'une tendresse qui ne devoit finir qu'avec sa vie; pour moi, j'étois si accablée de me voir sous la puissance d'un homme pour lequel je n'avois jamais senti que de l'indifférence, dans le tems même où il s'efforçoit de me donner les témoignages de la plus vive tendresse, que j'étois immobile & comme pétrifiée. Les différens mouvemens qui m'agitoient, & que mille raisons m'empêchoient de faire éclater, me mettoient dans une situation qu'il n'est pas aisé de dépeindre; au reste, il s'en tenoit au discours, & ne s'écartoit point du respect qui m'étoit du; mais mon indifférence se changea bien-tôt en haine, elle fut

jusqu'au

SALAMANDRE.

jusqu'au mépris, & sa vue me devenoit insupportable. Pouvois-je penser autrement vis-à-vis d'une personne que je n'aimois point, & que son indigne conduite à mon égard achevoit de me rendre odieux ? J'employai le peu de chemin qui nous restoit à verser un torrent de larmes. Mes soupirs & mes sanglots désespéroient le marquis ; mais il se flatta sans doute que je m'accoutumerois à le voir, & que les marques d'amour qu'il me donneroit, ses soins & ses attentions amoliroient mon ame en sa faveur ; il me préparoit, par les discours les plus obligeans, à l'écouter plus favorablement par la suite, & sembloit exiger une réponse qui pût flatter ses espérances. Mais voyant que je m'obstinois à garder le silence, il se tut à son tour pour m'abandonner à mes larmes, & peut-être à mon désespoir. Etant arrivé à sa terre de Normandie, il eut la précaution de faire retirer tous les domestiques pour ne les point rendre témoins de cette scène ; il fit avancer la chaise où nous étions jusqu'au pied de l'escalier, mit pied à terre & me présenta la main pour m'aider à descendre. Je la refusai, ma chère Julie, en jettant sur lui un regard terrible, qui devoit lui faire pressentir combien j'étois offensée de son indigne procédé. Comme il étoit nuit, & que l'on avoit myſtérieuſement écarté les lumières ; le valet-de-chambre qui m'aidoit à marcher me conduiſit dans l'appartement qui m'étoit deſtiné. Je pouſſai des cris lamentables à la vue de cette priſon, qui furent entendus des domeſtiques. Les réflexions douloureuſes que je faiſois ſur un avenir qui ne me laiſſoit entrevoir qu'un abyme de malheurs ; la crainte que j'avois d'ailleurs que le marquis, devenu ſourd à la voix de la juſtice & de l'honneur, ne ſe portât envers moi à des extrémités qui m'auroient déshonorée, me mettoit dans une ſituation d'autant plus triſte, que je ne voyois aucun moyen d'y remédier, ſans un ſecours inattendu, & ſans une protection viſible de la Providence.

Le marquis ne s'étoit point encore préſenté devant moi ; cependant il occupoit une chambre voiſine de la mienne. Il attendoit apparemment que ma ſituation fût plus tranquille, & que le calme ſe fût un peu remis dans mon eſprit : ma douleur juſqu'alors avoit été muette, & ne s'exprimoit que par mes larmes ; mais prévoyant que j'allois être expoſée aux importunités d'un homme que je déteſtois, & qui, ſans mettre de frein à ſa paſſion, pouvoit me faire eſſuyer le dernier outrage, en me forçant de lui accorder par la violence, ce que j'étois bien déterminée à ne lui jamais abandonner de plein gré, je frémis de crainte & d'horreur; je fis retentir mon appartement de cris & de plaintes. Dans l'accablement où me jettoient les plus cruelles réflexions, je pris la ferme résolution de ne pas survivre à mon déshonneur; ce projet formé suspendit ma douleur, & calma les mouvemens de fureur & d'indignation qui m'avoient jusqu'alors empêchée de prendre aucun parti déterminé. Le valet-de-chambre, me voyant un peu remise, & voulant tirer avantage de ma tranquillité, se mit en devoir de me faire la cour pour son maître: il exagéra l'excès de sa tendresse à mon égard; il me peignit sa timidité, son respect & ses attentions avec les couleurs les plus séduisantes; me fit l'éloge de toutes ses belles qualités, de son bien, de sa naissance, & des avantages considérables que je retirerois d'une pareille alliance. Je voulus interrompre ce digne confident, en lui ordonnant de mettre fin à des discours qui m'offensoient; mais voyant que mes remontrances ne lui en imposoient point, la fureur s'empara de mes sens, & lassée d'entendre faire l'apologie d'une personne que j'avois tout lieu de détester, je vomis contre le marquis toutes les injures dont on accable le plus scélérat de tous les hommes. Ce dernier, qui sans doute nous écoutoit, entra comme un furieux dans ma chambre, & me lançant un regard menaçant, me dit qu'il ne méritoit point les titres odieux dont je le chargeois ; que sa conduite à mon égard, depuis que j'étois en son pouvoir, sembloit mériter moins d'aigreur & plus de ménagement ; qu'au reste, si je ne mesurois pas mes termes, il trouveroit le moyen de s'en venger, & de me faire repentir de mon indiscrétion. Va, monstre, lui dis-je, gardes-toi de t'offrir à mes regards ; ta vue est un supplice pour moi. De quel droit oses-tu donc attenter à ma liberté ? sur quel titre veux-tu que je te donne un cœur dont je puis seule disposer, & dont tu t'es rendu très-indigne par la plus noire des perfidies ? Va, traître, je me ris de tes menaces : quelle que soit la vengeance que tu me prépares, elle sera bien douce, en comparaison du désespoir où me mettroit la cruelle nécessité de te donner la main.

A ces mots, voyant un cabinet dans un coin de mon appartement, je m'y précipitai en tirant la porte sur moi. Le marquis ne me suivit point : il sortit sur le champ, & me laissa, pendant deux heures, livrée aux plus cruelles réflexions. Croiriez-vous, ma chère

Julie, que dans ces inſtans critiques l'idée du comte ne me quittoit point, quoique je fuſſe perſuadée qu'il étoit toujours prévenu en votre faveur ? Je me flattois que, généreux comme il étoit, s'il pouvoit être inſtruit de mes malheurs, il feroit des perquiſitions pour découvrir l'auteur de mon enlèvement, & me procurer la liberté ; mais ces flatteuſes eſpérances s'évanouiſſoient un inſtant après, en réfléchiſſant qu'il n'étoit point à Paris le jour de ma diſparition, comme je le ſavois par notre amie du couvent, avec laquelle j'étois en commerce de lettres : cette reſſource impuiſſante, ſur laquelle je ne pouvois preſque plus compter, me replongeoit dans mes rêveries, & partageoit mon cœur entre la haine & l'amour. Le marquis vint m'arracher à mes réflexions, en frappant à la porte du cabinet où je m'étois barricadée : ſur le refus que je fis de lui répondre, il me dit qu'il la feroit enfoncer ; ce qui me détermina à lui ouvrir, dans la réſolution de me défendre juſqu'à la dernière extrémité, en cas qu'il voulût trop entreprendre. En entrant, il ſe jetta à mes pieds, & me fit mille excuſes de la vivacité qui lui étoit échappée en me parlant : le déſeſpoir étoit peint dans ſes yeux, ils ſembloient m'annoncer quelque choſe de ſiniſtre ;

ses discours n'avoient point de suite, & se ressentoient des mouvemens tumultueux qui l'agitoient. Il m'invita poliment à venir souper, mais je lui répondis que je ne voulois rien prendre ; il insista, & voyant que je m'obstinois à le refuser, il sortit brusquement sans revenir de la soirée : comme j'avois lieu d'appréhender quelqu'insulte de sa part, & que son aigreur ne l'emportât sur les feintes politesses & le respect forcé qu'il me portoit, je ne me couchai point cette nuit. Le lendemain il vint, suivi d'une jeune fille qu'il me donna pour me servir ; je ne fus point fâchée d'avoir quelqu'un pour me tenir compagnie. Toute neuve qu'elle étoit, & sans aucun usage du monde, c'en étoit assez pour suspendre ma mélancolie, & dissiper une partie de l'ennui que l'on ressent à être toujours isolée & vis-à-vis de soi. Nannette (c'étoit le nom de cette petite fille) avoit une physionomie assez revenante, & joignoit à un air simple & naturel, une douceur dans le caractère, qui lui mérita toute mon estime. Elle parut empressée à me rendre service, & dans les suites elle m'a donné des preuves sincères de son attachement. Le marquis ne l'avoit mise auprès de moi, que dans la vue qu'elle me sollicitât en sa faveur ; mais la pauvre fille n'avoit garde de me parler pour une personne que je détestois : elle n'ignoroit pas mes intentions, & la nouvelle de mon enlèvement, dont son maître étoit l'auteur, étoit parvenue jusqu'à elle par l'indiscrétion des domestiques ; vice favori de ces sortes de gens, qui, dans la débauche & souvent à l'appât d'un intérêt, trahissent ceux qu'ils paroissent servir le plus fidèlement. Nannette ne leur ressembloit point, & m'étoit si intimement attachée, qu'elle auroit tout sacrifié pour moi.

Malgré ma prévention & les doutes injurieux que j'avois sur la façon de penser du marquis, je dois dire, à son avantage, qu'il a toujours eu pour moi les attentions les plus marquées, & qu'il ne s'est point écarté du respect dont mon esclavage sembloit le dispenser. Tout autre que lui n'auroit peut-être écouté que les mouvemens d'une passion effrénée ; suite funeste d'un malheureux penchant que la raison condamne, mais que le libertinage semble autoriser : les exemples sont effrayans. Mais les bonnes façons du marquis furent en pure perte ; l'injustice de son procédé fermoit mon cœur à la reconnoissance. Cependant, ma chère Julie, rien n'appaisoit ma douleur : mon amour pour le comte, & mon mépris pour le marquis, m'occupoient également, & partageoient les ennuis de ma solitude. Ma triste situation influoit sur ma santé, sur-tout lorsque je réfléchissois sur un avenir qui ne faisoit qu'augmenter le désordre de mon esprit, en écartant toute espérance. La mort, que j'appelois souvent à mon secours, étoit le seul remède que je voyois à mes maux, je la désirois ardemment ; mais l'insensible étoit sourde à ma voix, & sembloit me forcer de vivre pour mettre ma constance à de nouvelles épreuves. Remplie de ces funestes idées, hier j'avois passé une partie de la nuit à m'entretenir avec Nannette, lorsque j'entends à la pointe du jour un bruit de chevaux qui s'approchoient du château : je prêtai une oreille attentive, & mon cœur, dans cet instant, flottoit entre la crainte & l'espérance. Je brûlois d'impatience de voir les suites de ces approches qui sembloient mystérieuses, & promettre à l'heure qu'il étoit un dénouement singulier : en effet, un instant après l'on vint frapper à la porte, & les coups redoublés qu'on y donnoit, éveillèrent tous les domestiques ; le cœur me palpitoit, & j'étois dans une agitation qui ne m'étoit point ordinaire. On ouvrit la porte par les ordres du marquis : j'étois levée, & mon premier mouvement fut de courir à la fenêtre de ma chambre ; mais les grilles de fer qui l'environnoient ne me permirent pas de distinguer les objets, & de satisfaire ma curiosité. Cependant le chevalier de ***, mon parent, suivi de ses amis, se fit conduire à l'appartement du marquis : après l'avoir accablé de reproches, il demanda à me voir. Le marquis qui n'avoit nulle envie de le contenter sur ce point, répondit fièrement que j'étois en sa puissance ; que je n'étois visible que pour lui, & qu'au reste personne n'étoit en droit de lui demander compte de sa conduite ; que ses vues étoient légitimes, & n'avoient pour but que de m'engager à lui donner mon cœur & ma main ; qu'il m'avoit offert l'un & l'autre pendant mon séjour au couvent ; que je l'avois cruellement refusé ; que désespérant de vaincre ma répugnance, & les obstacles que j'opposois à son amour, il avoit pris le parti de m'enlever à la sollicitation de mademoiselle de *** sa cousine, qui lui en avoit facilité les moyens dans une promenade à S. Cloud ; qu'il avoit espéré jusqu'ici que ses soins, ses attentions & le respect dont il ne s'étoit jamais écarté, vaincroient ma répugnance & mon insensibilité ; qu'il n'avoit encore rien gagné sur mon esprit, mais qu'il se flattoit que sa constance me rendroit plus traitable ; qu'il me garderoit en attendant que le ciel fît un miracle en sa faveur ; & qu'on lui arracheroit plutôt la vie que de se désister des droits que son amour lui donnoit sur ma personne... Le chevalier piqué de la réponse du marquis, lui fit signe de sortir ; il n'eut garde de le refuser : les domestiques eurent ordre de ne faire aucun mouvement pour interrompre son combat. Le comte & ses deux amis entrèrent dans la salle du château pour attendre l'événement de cette scène tragique. Nous aurions bien souhaité, Nannette & moi, d'être instruites des causes du bruit confus que nous entendions ; mais le marquis prenoit la précaution de nous enfermer le soir, & son valet-de-chambre en usoit de même pendant son absence ; en sorte que nous ne pouvions sortir que par leur moyen : on s'imagine bien que dans les circonstances présentes, ils n'avoient garde de nous donner l'essor. Mon cousin, avant que d'en venir aux mains, convint en héros de roman que je serois le prix du vainqueur. Cette circonstance étoit très-hasardée de sa part : tout brave qu'il étoit, ses espérances pouvoient s'évanouir, & ne lui laisser qu'un triste repentir de son indiscrétion ; il étoit le maître de prendre une voie plus sûre & moins dangereuse : outre qu'il étoit facile de me rendre la liberté à force ouverte, avec le secours de ses amis, il pouvoit mettre le marquis en justice réglée, en l'accusant du crime de rapt, & le forcer à subir la loi qu'on lui auroit imposée. Mais la fureur & la vengeance prennent-elles conseil de la raison ?

Cependant nos deux champions, animés par des motifs bien différens, commencèrent un combat qui ne pouvoit pas durer long-tems. Le bruit de leurs épées venoit jusqu'à nous, & nous ne pouvions point encore décider si c'étoit une querelle particulière, ou le desir de briser mes fers qui conduisoit le bras de ces deux fiers combattans. Malgré le doute où j'étois, je faisois des vœux sincères pour mon libérateur, si quelqu'un étoit assez généreux pour entreprendre de me venger. Après quelques coups portés de part & d'autre avec une valeur égale, le chevalier plus heureux que son rival, lui fit mordre la poussière. Dès qu'il le vit hors de combat par sa chûte, il banda sa plaie avec un mouchoir & courut au château pour avertir les domestiques de voler au secours de leur maître. Un chirurgien mit le premier appareil sur la plaie du marquis, & pansa le chevalier d'une légère blessure qu'il avoit reçue au bras; le vaincu que l'on avoit porté dans son appartement demanda le vainqueur, pour l'assurer qu'il lui pardonnoit sa mort en cas que sa blessure fût mortelle, qu'il sentoit toute l'injustice de son procédé envers moi, mais qu'il espéroit que son repentir, & la juste punition qu'il venoit de recevoir, lui mériteroient le pardon d'un crime qu'il ne falloit attribuer qu'à la violence d'une passion malheureuse; que si l'on croyoit qu'il n'eût pas suffisamment expié sa faute, il étoit prêt de me donner sa main & de recevoir la mienne, à laquelle son bien & sa naissance lui permettoient d'aspirer, dans la vue de rétablir ma réputation & de me convaincre de la sincérité de ses sentimens. Le chirurgien, après la visite de la plaie, assura qu'elle n'étoit point mortelle, mais qu'il étoit nécessaire que le malade ne parlât à personne. Il demanda à me voir, mais la crainte que l'agitation causée par ma présence, ne lui fût fatale, engagea le chevalier à flatter son espoir, sans avoir la moindre envie de lui tenir parole. Il sortit de sa chambre, alla rejoindre le comte & ses deux amis; il fit appeler le valet-de-chambre du marquis, & lui ordonna de le conduire à mon appartement. Ayant ouvert la porte, jugez, ma chère Julie, de mon étonnement à la vue de mon parent; je poussai un cri de joie, & je me jettai entre les bras de mon libérateur. Il me reçut avec les démonstrations de l'amitié la plus tendre, en me disant, vous êtes libre, ma belle cousine, & vous êtes vengée; mais suivez-moi sans différer : cet endroit est peu convenable pour vous faire part des circonstances de cet événement, un lieu plus tranquille & moins suspect me donnera plus de liberté, surtout quand je vous verrai éloignée d'un séjour qui vous a tant fait verser de larmes. A la fin de ce discours il me donna la main, & je me préparois à le suivre, quand Nannette vint se jetter à mes genoux & me supplier, en versant un torrent de pleurs, de lui permettre de m'accompagner. Le zèle de cette jeune fille me toucha, je lui dis de me suivre, & le chevalier me conduisit dans la salle où ses amis nous attendoient. Si j'avois été sensible à l'apparition de mon cousin, je tombai de mon haut, & le fus bien davantage lorsque je reconnus le comte au nombre de mes libérateurs; je ressentis dans ce moment un trouble mêlé de joie qui m'auroit décélée vis-à-vis de quelqu'un prévenu en ma faveur. J'oubliai dans cet heureux instant tous les maux que j'avois soufferts depuis l'apparition du comte à l'abbaye, & mes chagrins sembloient s'évanouir par la présence de celui qui les causoit. Après les avoir remerciés en général des obligations essentielles que je leur avois, on amena la chaise qui devoit me conduire à Paris : je m'y plaçai donc à côté de mon cousin, quoique j'eusse bien souhaité d'être auprès du comte. L'un de ces messieurs mit Nannette en croupe & nous prîmes la route de la capitale. Le comte & ses amis suivoient la chaise dont l'ancien laquais du marquis étoit postillon; il avoit ordre de me remettre chez une tante du chevalier, où je devois rester quelque tems, jusqu'à ce que j'eusse pris des arrangemens conformes à ma situation. Agathe vint me joindre dans mon nouveau logement, où je fus reçue par ma parente avec les démonstrations d'une tendresse qui ne parut point équivoque ; elle m'accabla de caresses, & m'offrit tout ce qui dépendroit d'elle pour rendre ma vie plus douce & plus tranquille.

Le chevalier m'avoit fait pendant la route le récit de ce que je viens de vous apprendre, en me confirmant que le comte étoit mon libérateur, ayant seul formé le plan de ma délivrance, qu'il avoit communiqué à ses amis dont il étoit du nombre, en leur donnant les moyens sûrs de me tirer des mains de mon ravisseur. Je vous laisse à juger quelle fut ma joie en apprenant que j'étois redevable de ma liberté aux soins généreux de celui qui faisoit tout l'objet de ma tendresse. Je conçus dès cet instant la flatteuse espérance de m'en faire aimer, quoique j'eusse lieu de croire que le bon office qu'il m'avoit rendu n'étoit que la suite des mouvemens d'un cœur dont la sensibilité s'étendoit sur le sort de tous les malheureux. Il vint me rendre visite deux heures après mon arrivée, & se félicita de la manière la plus modeste d'avoir contribué lui-même à rétablir la tranquillité de ma vie en prévenant les desseins d'un injuste ravisseur qui vouloit étendre ses droits au-delà des bornes de la bienséance, & m'engager dans des démarches que mon cœur désavouoit. Après que je l'eus remercié comme il convenoit, il me demanda de vos nouvelles avec beaucoup d'empressement, en m'assurant que l'absence n'avoit rien changé à sa situation, puisque sa tendresse pour vous étoit aussi vive que dans cet heureux commencement où votre vue lui avoit inspiré la passion la plus respectueuse, & qu'il se flattoit que ses soins & sa constance vous rendroient sensible en sa faveur. Je lui dis que je ne savois rien de vous, depuis long-tems, que j'avois seulement appris que vous étiez en campagne, mais que j'ignorois de quel côté, que j'attendois du tems & des circonstances à faire cette découverte. La suite de notre conversation roula sur l'aventure récente qui m'étoit arrivée avec le marquis, &

chacun en parla suivant les intérêts qu'il y prenoit. En me quittant, il me pria de lui permettre de me faire sa cour; les sentimens favorables que j'avois pour lui, joints à la reconnoissance, ne me permirent pas de lui refuser une grace qui flattoit si bien mes espérances.

Ma cousine ayant achevé son récit, me demanda le sujet de ma retraite; je lui retraçai tous mes malheurs sans lui cacher aucune des circonstances; toutes mes foiblesses & la confiance aveugle qui m'avoit jettée dans cet abîme d'infortunes, furent exposées aux yeux de ma cousine: je ne dissimulai ni ma honte ni mon erreur. Cette chère parente y fut aussi sensible que je pouvois l'espérer, & partagea mes peines avec une bonté de cœur, qui ne me laissa rien à désirer du côté de l'amitié sincère qui nous unissoit: elle eut même la générosité contre ses propres intérêts, du moins ceux qui regardoient son amour pour le comte, de me parler en sa faveur, en me conseillant de couronner sa persévérance par le don de ma main, en m'insinuant que le mérite & les belles qualités de cet aimable homme m'inspireroient pour lui des sentimens conformes à ceux qu'il avoit pour moi; que je devois ce retour & cette justice à sa constance qui ne s'étoit point démentie depuis qu'il m'avoit connue à l'abbaye;
d'ailleurs,

d'ailleurs, qu'il ignoroit mes foiblesses, & que sa façon de penser à mon égard devoit me faire espérer que je serois heureuse en m'unissant avec lui ; que son caractère, sa naissance & ses mœurs devoient contribuer à me faire souhaiter une alliance qui feroit le bonheur de ma vie, & qui effaceroit les impressions de tristesse que ma cruelle aventure avoit répandues jusques sur mon visage. Je l'interrompis en lui disant avec vivacité : pouvez-vous, chère Celine, me faire une pareille proposition ? outre que mon cœur est encore rempli du souvenir de mon malheureux époux, de quel front pourrois-je regarder & m'unir avec un homme du mérite du comte, après avoir donné dans l'aventure avec un inconnu à qui j'ai prodigué les dernières faveurs, & avec lequel je n'ai gardé aucune bienséance ? Il est vrai que ce jeune seigneur ignore jusqu'à présent l'indigne conduite que j'ai tenue ; mais ne peut-il pas le savoir par la suite ? je n'ai que trop de témoins de ma foiblesse, & cette découverte, en me faisant mépriser par le comte, me feroit regarder comme un monstre : mon imprudence à tous égards m'attireroit la haine & la vengeance d'une famille justement irritée contre moi. Soyez persuadée, ma chère cousine, que je sens toutes ces conséquences qui rejailliroient sur moi,

Ff

sans que je pusse produire, pour ma justification, que mes larmes & mon désespoir. Je suis bien jeune encore; mais ma vie ne sera point assez longue pour expier mon crime, & pleurer mon infortune : mon parti est pris de finir mes jours dans cette honnête retraite, & d'y chercher un repos que je chercherois en vain dans le monde. Faites vos efforts, ma tendre amie, pour engager le comte à répondre à l'ardeur que vous sentez pour lui, puisque vous avez eu le malheur de devenir sensible : je sais comme vous qu'il est bien amer de ne pas trouver dans quelqu'un que l'on aime un retour de tendresse, tel qu'on se le promettoit; mais souvent le tems couronne notre persévérance, & nous dédommage avec usure des tourmens que nous avons soufferts : l'amant ouvre les yeux, & reconnoît son erreur; il devient sensible à son tour, & rend, par une tendresse méritée, le tribut qu'il devoit depuis long-tems à nos charmes. J'ai un pressentiment que vous parviendrez à vos fins; vous êtes jeune & belle, vous avez de la naissance & une fortune honnête à laquelle je joindrai la mienne. Toutes ces raisons me font croire que le comte, pénétré d'ailleurs de votre mérite, ne tiendra pas contre vous ces avantages; il vous estime beaucoup: il vous épousera par raison, dès qu'il verra que les routes qui auroient pu lui donner quelqu'espérance de me déterminer en sa faveur, lui seront fermées. N'allez pas, chère Céline, vous piquer d'une délicatesse hors de saison; ne rejettez point ses soupirs, si son cœur s'ouvre pour vous; les charmes qu'il trouvera dans votre possession, en feront un amant tendre, en même-tems qu'il sera le meilleur de tous les époux. Hélas! me dit cette aimable fille, en m'interrompant, que dois-je me promettre d'une aussi flatteuse perspective? cet espoir s'évanouit aussi-tôt que j'ose le concevoir: le comte pourroit-il effacer si-tôt l'impression que vos charmes, toujours victorieux, ont fait dans son cœur? non, ma chère cousine, cela n'est pas possible. Cependant s'il se pouvoit faire un miracle en ma faveur, & que votre prédiction s'accomplît, je ne m'amuserois point à combattre un penchant que vous approuvez, & que ma raison, d'intelligence avec mon cœur, ne s'efforce que trop de justifier. Les avis sincères que votre amitié me prodigue, sont conformes à ma façon de penser; je suis déterminée à les suivre, & à répondre aux avances que le comte pourra me faire, si la balance le fait pencher de mon côté. Comme je serai à portée de le voir souvent, je démêlerai aisément ses sentimens; ses soins, ses attentions, ses discours feront affez intelligibles pour me donner lieu de foupçonner la vérité de fes démarches: un cœur prévenu ne laiffe rien échapper, il met à profit jufqu'aux moindres circonftances qui fe trouvent relatives aux tendres mouvemens qui le font agir. Si fes vues répondent à mon attente, je lui laifferai entrevoir mes difpofitions fecrètes: j'accepterai fa main & fon cœur, s'il me laiffe la maîtreffe du choix. Après cet entretien, Céline me dit qu'elle étoit déterminée à refter chez fa tante; qu'elle vouloit rompre tout commerce avec mademoifelle de ***, dont la conduite indigne à fon égard, & fa connivence avec le marquis, méritoient le dernier mépris: elle prit congé de moi, me promettant de me rendre des vifites d'amitié deux fois la femaine, & de me faire part de la conduite que le comte tiendroit avec elle. Deux jours après, elle vint m'annoncer qu'elle avoit vu fon amant; que la converfation n'avoit roulé que fur moi, & qu'il fembloit qu'il étoit plus épris que jamais; qu'il paroiffoit que les difficultés ne faifoient qu'irriter fa paffion, qui, toute infructueufe qu'elle étoit, lui laiffoit encore quelque légère efpérance de découvrir le lieu de ma retraite, & de me convaincre de la fincérité de fes feux. Je lus fur fon vifage le chagrin que lui caufoit une entrevue qui ne paroissoit pas répondre à son empressement & au projet flatteur qu'elle avoit formé : elle ajouta qu'elle espéroit peu de réussir dans son entreprise, tant que le comte ne me perdroit point de vue, & que son amour ne se ralentiroit jamais ; qu'au reste, si elle étoit assez malheureuse pour échouer dans ses desseins, elle étoit résolue de venir me tenir compagnie dans ma retraite, en renonçant au monde pour toujours ; cependant, dit-elle, j'ai chargé Nannette d'aller au couvent pour retirer mes habits qu'elle m'a rapportés ; & elle m'a appris que toutes les religieuses avoient pris beaucoup de part à mon enlèvement, & qu'elles paroissoient très-sensibles à mon retour ; que mademoiselle de *** avoit pris Nannette en particulier, pour lui faire des reproches sur mon indifférence marquée à son égard ; que cette fille l'avoit payée des mêmes raisons dont elle s'étoit servie avec les religieuses, en affectant qu'elle ignoroit les motifs de ma conduite ; mais que mademoiselle de ***, prenant un ton plein d'aigreur, lui avoit dit : je la verrai votre ingrate maîtresse, & je saurai d'elle les raisons qu'elle peut avoir de me manquer essentiellement : mon amitié, ma confiance pour cette perfide, méritoient plus de retour de sa part ; mais je vois que l'on doit peu compter sur de pareilles ames.

L'effronterie de cette infidelle, continua Céline, me fit pitié, & n'excita que mon mépris. Elle eut la hardiesse de venir me demander une audience particulière : il me prit envie de lui refuser ma porte; mais, faisant réflexion que cette visite me délivreroit de ses importunités, en lui mettant devant les yeux les griefs que j'avois contr'elle, avec les preuves bien établies de sa perfidie, tirées de l'aveu même que le marquis en avoit fait, je la reçus avec un air froid, qui, sans la déconcerter, alluma sa colère. L'amitié que vous m'avez toujours témoignée, dit-elle avec empressement, & le retour sincère dont j'ai payé votre confiance, autorisent ma démarche : je viens vous demander quel est le sujet de votre froideur & de votre indifférence : vous sortez de captivité, vous êtes à Paris depuis quelques jours, & c'est par le seul hazard que j'apprends votre arrivée?... Je l'interrompis en lui disant qu'elle auroit vainement espéré de recevoir des nouvelles de ma part, après la noire trahison qu'elle m'avoit faite; & sans entrer dans de plus grands éclaircissemens avec elle, je me contentai de lui apprendre tout ce que j'avois su de mon cousin, pour ne pas lui dire que je le tenois du marquis.....
Elle m'interrompit à son tour, en faisant des

sermens horribles pour me persuader sa prétendue innocence & la fausseté des rapports injurieux qu'on avoit multipliés contr'elle sans aucun ménagement: mille horreurs furent mises sur le compte du marquis: il n'étoit, à l'entendre, qu'un scélérat; elle étoit l'innocence même.

Je lui laissai répandre son venin pendant un moment ; mais à la fin , lassée de toutes les imprécations qu'elle vomissoit, tant contre moi que contre son cousin, je lui répondis, avec un air de mépris qui la déconcerta, que j'étois ennuyée de l'entendre débiter des mensonges & donner de fausses couleurs à ses démarches, qui ne la rendoient que plus coupable à mes yeux; que je la priois de se retirer, que je faisois trop peu de cas de son amitié pour souhaiter qu'elle se disculpât; que je n'avois qu'une chose à regretter, c'étoit d'avoir mis ma confiance dans un monstre, dont les conseils ne tendoient à rien moins qu'à me déshonorer, en me livrant, comme elle avoit fait, entre les mains du plus scélérat de tous les hommes. Elle se préparoit encore à me répondre ; mais quelques personnes qui survinrent, lui firent quitter la partie, & l'obligèrent de sortir de mon appartement, afin de leur dérober la connoissance d'une pareille altercation. En la conduisant, elle me fit des menaces qui ne laissèrent pas de m'inquiéter, par la connoissance que j'ai de son caractère capable de se porter aux plus grandes noirceurs pour exécuter sa vengeance. Vous allez me dire, ma chère Julie, que cette découverte auroit dû me faire tenir sur mes gardes, & m'empêcher de former aucune liaison intime avec une personne qui le méritoit si peu : je conviens de mes torts ; mais en qualité de nièce de l'Abbesse, j'éprouvois par l'ascendant qu'elle avoit sur son esprit mille douceurs dont j'aurois été privée en ne lui faisant pas ma cour. D'ailleurs comme elle paroissoit m'être attachée, & que je n'avois point encore eu sujet de me plaindre d'elle ouvertement, je n'aurois jamais imaginé qu'elle fût capable de faire tomber sur moi le poids de ses vengeances, & de me traiter comme sa plus cruelle ennemie, dans le tems même que je m'efforçois le plus de lui plaire. Au reste, cette odieuse fille a beaucoup d'esprit, elle excelle sur-tout dans l'art de voiler ses défauts sous des dehors séduisans qui la rendent impénétrable : ce n'est que long-tems après notre liaison, que j'ai pu découvrir une partie des vices & des noirceurs qui souilloient son ame : les tristes effets que j'en viens de ressentir, & dont j'ai manqué d'être la victime, ont achevé de la perdre dans mon esprit; je la regarde comme une furie détestable. Mais laissons les monstres & leurs ravages, ne nous occupons que de notre amitié & quelquefois de nos amours. Je prends congé de vous, ma belle cousine, & s'il se passe quelque chose d'intéressant, le plaisir de vous en faire part, me ramenera chez vous. Il se passa quatre jours sans avoir des nouvelles de Céline; ce silence m'inquiéta d'autant plus, que chaque jour, je recevois un billet de sa femme-de-chambre, qui m'instruisoit des moindres particularités qui la regardoient. Craignant qu'elle ne fût tombée malade, j'envoyai quelqu'un pour m'informer de sa santé, & je joignis une lettre remplie de tendres reproches, en l'invitant de répondre plus souvent à la vive impatience que j'avois de savoir l'état de ses affaires. Marie-Anne à son retour me dit que je ne devois plus être surprise du silence que Céline avoit gardé, puisqu'il lui étoit arrivé une aventure des plus singulières qu'elle étoit bien éloignée de prévoir; elle m'apprit que cette aimable fille étant à prendre le frais au milieu de la nuit sur un balcon qui donne sur la rue, se sentit saisir le bras par une personne qu'elle ne put distinguer à cause de l'obscurité; comme elle vouloit s'échapper de ses mains, l'inconnu lui jetta au visage une liqueur brûlante qui lui causa des douleurs aiguës, & lui fit jetter un cri si perçant, qu'il attira tous les domestiques: Marie-Anne & Nannette, qui étoient dans une chambre voisine, furent les premières à la secourir; &, à la faveur de la lumière, elles découvrirent sur la figure de cette infortunée les effets de la plus noire malignité : la peau du visage qui étoit enlevée, jointe à la rougeur surnaturelle que causoit l'inflammation, la rendoient un objet aussi hideux qu'elle étoit belle auparavant. On devine aifément que cette funeste liqueur étoit de l'eau-forte, & que la haine & la jalousie avoient conduit la main de celui qui s'étoit prêté à cette fatale expédition. On chercha de tous côtés pour découvrir les traces du téméraire ; & on s'apperçut qu'une échelle posée le long du mur avoit favorisé cette infernale entreprise. On envoya sur le champ chercher un chirurgien, qui, pour arrêter les progrès de cette eau corrosive, prépara vîte une pommade qu'il mit sur le visage de Céline, en l'assurant qu'elle ne perdroit rien de ses charmes. Elle ne douta point que cette horrible action ne fût l'effet des menaces de mademoiselle de ***, qu'elle avoit démasquée dans leur dernière entrevue, & dont elle s'étoit bien promis de tirer une vengeance éclatante. Quoique le remède eût diminué considérablement les douleurs cuisantes qu'elle ressentoit, l'émotion, jointe à la frayeur, lui causoit une fièvre ardente. Marie-Anne fut chargée de me faire le détail de ce fâcheux accident.

Le chevalier ayant appris à son retour le malheur de Céline, devint furieux contre mademoiselle de ***, ne doutant point qu'elle ne fût le mobile de cette indigne manœuvre. Il se proposa d'aller au couvent le lendemain & de traiter cette fille comme elle le méritoit, en cas que ses soupçons pussent tourner en certitude. En attendant le dénouement de cette aventure, je donnai des larmes sincères au malheur de cette infortunée parente, dont le caractère & le mérite étoient dignes d'un meilleur sort. Après tous les chagrins qu'avoit pu lui causer sa passion pour le comte, il sembloit que la fortune devoit fixer ses caprices, & se lasser de rendre Céline le jouet de son inconstance : elle garda le lit pendant huit jours, au bout desquels elle fut entièrement rétablie ; j'appris cependant que ses charmes en avoient un peu souffert, par l'impression subite que l'eau forte avoit faite sur son visage, & que tous les remèdes n'avoient pu empêcher qu'il n'en restât des marques. Je fus curieuse d'apprendre les suites de l'entrevue du chevalier avec mademoiselle de ***, & ma cousine vint elle-même m'en instruire. Lorsque nous eûmes satisfait aux devoirs du sang & de la tendre amitié qui nous unissoit, elle prit la parole. Le chevalier, outré comme vous l'avez su du tour odieux que m'avoit joué mon ennemie, se transporta dans son couvent & demanda l'abbesse pour lui dire que sa nièce avoit favorisé mon enlèvement, qu'il en avoit une certitude entière, & que, malgré les reproches secrets que cette indigne amie devoit se faire, elle avoit eu la hardiesse de me rendre une visite, dans l'espérance apparemment de se justifier ; mais, qu'après avoir essuyé les plaintes amères que méritoit son mauvais procédé, elle avoit poussé l'effronterie jusqu'à me faire des menaces qu'elle venoit d'exécuter. Mon cousin lui fit la peinture de l'état où lui-même m'avoit trouvée, après les suites de la vengeance cruelle qu'elle avoit exercée à mon égard. L'abbesse frémit au récit de toutes ces horreurs, & voulut disculper sa nièce sur son intelligence avec le marquis pour mon enlèvement ; mais elle ne la défendit point de façon à faire croire qu'elle ne fût point capable d'une partie des méchancetés qu'on lui imputoit. Cette impudente fille ayant appris que mon cousin étoit en conférence avec sa tante, entra brusquement sans se faire annoncer, en jettant sur eux un regard qui n'exprimoit que trop la situation de son ame. Le chevalier ne put se contenir & l'accabla des reproches les plus sanglans, sans que la présence de l'abbesse lui fit garder aucun ménagement. Lorsqu'il eut épuisé toutes les épithètes que lui dictoit sa colère & son juste emportement, il alloit se retirer, lorsque mademoiselle de *** l'ayant pressé de l'entendre, lui tint ce discours: je ne vous nierai point, monsieur, que j'ai trempé dans le projet de faire enlever Céline; un principe de jalousie m'a fait prendre ce parti: c'est vous, cruel: oui, c'est vous que je dois regarder comme la cause de tous mes crimes. Dans la première visite que vous avez rendue à votre cousine, j'étois présente; votre vue fut pour moi le poison le plus dangereux, & je conçus pour vous la plus vive de toutes les passions. Que n'ai-je point fait, ingrat, pour vous la faire connoître? mes sentimens, mes yeux, mes expressions, tout annonçoit la tendresse que vous m'aviez inspirée; mais, hélas! je m'apperçus qu'ils me servoient mal, & que je m'efforçois en vain de vous rendre sensible. Cependant je cachois à Céline le tendre penchant que j'avois pour vous, je craignois l'austère vertu dont elle se paroit, & comme je croyois son cœur exempt de foiblesse, je n'avois garde de lui développer le mien. Je trouvai, comme vous le savez, le moyen de vous parler sans témoins, un jour que Céline se trouvant indisposée, m'engagea de tenir sa place auprès de vous. Quoique ma tante ne sache point l'irrégularité de mes démarches, je ne veux point feindre en sa présence : il faut qu'elle apprenne aujourd'hui tout ce que je fis pour vous engager à répondre à ma folle passion. Vous me parlâtes en homme poli; mais il régnoit dans vos discours & dans vos regards un froid qui me désespéroit; ce qui, sans altérer mes sentimens, me fit perdre l'espérance de vous attendrir en ma faveur. Je pris le parti d'éclaircir les démarches de Céline, que je regardois, en ce moment, comme ma rivale; je croyois qu'elle remplissoit votre cœur, & la perversité de mon caractère me faisoit attribuer à l'amour les innocentes marques d'amitié que vous lui prodiguiez : elle y répondoit par des vues bien différentes que je ne me l'imaginois. Le marquis mon parent devint amoureux de Céline, & n'ayant pu s'en faire aimer, malgré ses soins & ses empressemens, je crus devoir me venger de votre indifférence, en lui facilitant les moyens d'enlever celle à qui je portois secrètement toute la haine d'une rivale, malgré les façons obligeantes dont je colorois la noirceur de mes projets. Vous savez le reste, & je passerai légèrement sur ces faits. Vous étiez absent lorsque Céline fut enlevée ; je jouissois du plaisir de la vengeance en me représentant quel seroit votre désespoir à la nouvelle de ce funeste accident : mon amour pour vous s'étoit converti en haine, & je triomphois de mes détestables fureurs, lorsque j'appris que vous étiez le libérateur de Céline, que mon cousin avoit reçu plusieurs blessures, & qu'enfin ma rivale logeoit avec vous chez une de ses tantes. Ma rage redoubla contre cette innocente victime ; & ne sachant quels moyens employer pour troubler votre mutuelle tranquillité, je mis le comble à mes crimes en faisant jetter sur le visage de cette infortunée une liqueur corrosive pour effacer des charmes que je croyois coupables, en m'enlevant un cœur que j'avois tenté vainement de séduire : j'ai réussi, puisque vous éclatez, & je m'en applaudis ; mais apprenez que ce n'est pas la seule de mes horreurs ; j'ai fait assassiner il y a quelque tems un jeune homme qui comme vous avoit négligé de repondre à mes empressemens ; mon amour pour lui n'avoit pour but que le plaisir des sens ;

mais les démarches que je fis pour l'en inſtruire m'ayant attiré ſon mépris, au lieu
d'exciter ſa tendreſſe, je devins furieuſe, &
je n'écoutai plus que mon reſſentiment : je
jugeai que ſon cœur étoit épris pour quelqu'autre beauté ; & afin de m'en éclaircir, je
le fis ſuivre par des perſonnes qui m'étoient
entiérement affidées. J'appris que je ne m'étois
point trompée dans mes conjectures, & qu'il
étoit très-aſſidu auprès d'une jeune demoi-
ſelle qu'il devoit épouſer dans l'eſpace de quelques jours. J'attendis ce terme pour rendre
ma vengeance plus marquée ; & dans le tems
que cet heureux couple goûtoit les plaiſirs
d'une union bien aſſortie, je cherchai ma victime, & fis tomber ma fureur ſur l'époux
que j'immolai. Voilà le tableau fidèle des
horreurs d'une vie qui m'eſt devenue odieuſe.
Je ne crains point en ce moment la punition
de mes crimes ; le poiſon funeſte que j'ai pris
en apprenant votre entrevue avec ma tante,
va pourvoir à ma ſûreté par la mort même
qu'il me procure. Je ſens que ma dernière
heure approche ; je la vois ſans trembler, &
je meurs ſatisfaite d'avoir ſu mériter votre
haine & celle de tous ceux qui auront con-
noiſſance de mon aventure. Je demande que
l'on

l'on me transporte dans mon appartement, afin de me dérober la vue de la sensibilité que vous pourriez encore marquer aux derniers momens de ma vie... L'abbesse, au récit de toutes ces horreurs, fut frappée comme d'un coup de foudre, & se retira dans sa chambre sans pouvoir prononcer une seule parole ; elle ne s'inquiéta pas seulement de sa malheureuse nièce, qui mourut deux heures après cette terrible scène, dans des douleurs inexprimables, & sans marquer le moindre repentir. Voilà, continua Céline, ce que je viens d'apprendre du chevalier, dont le sang frissonnoit encore au souvenir des perfidies & de l'intrépidité de ce monstre. Je suis vengée, ainsi que le public, par la mort de cette odieuse fille ; mais je n'en suis pas plus heureuse ni plus tranquille ; au contraire, je me trouve plus à plaindre que jamais : je crains avec raison que la perte de mes foibles appas ne me fasse échouer dans le dessein que j'ai de captiver le cœur du comte. Ce jeune seigneur pense en général comme tous les hommes qui fondent ordinairement leurs conquêtes sur les charmes de celles dont ils font l'objet de leurs soupirs. Vous savez, chère Julie, que nos injustes adorateurs mettent toujours au dernier rang les qualités du cœur & de l'esprit, quoique plus touchantes pour une personne délicate qui cherche son bonheur, bien plus dans les sentimens de celle qu'il adore, que dans les dons passagers de la nature, qui s'épanouit comme une belle fleur. Mais mon parti est pris : si je perds cette douce espérance, mon unique ressource sera de venir habiter avec vous cette tranquille retraite, & d'y chercher un repos que je m'efforçois en vain de goûter dans le monde. J'ajouterai, ma chère Julie, que le comte, depuis la nouvelle de mon malheur, m'a fait plus réguliérement sa cour qu'à l'ordinaire. Il a paru pénétré de mon accident, & n'a point épargné son zèle pour me consoler d'un désastre qui n'ôtoit rien du mérite ni des qualités qui me distinguoient toujours aux yeux de ceux qui avoient l'avantage de me connoître. Cependant à travers les propos obligeans qu'il m'a tenus, j'ai démêlé qu'un motif de pitié y avoit plus de part qu'un tendre intérêt, que j'aurois été plus charmée d'y trouver : je veux, à quelque prix que ce soit, savoir à quoi m'en tenir ; je languis dans une incertitude cruelle qui ne fait qu'augmenter mes peines, & qui rend ma situation plus triste & plus affreuse que si je n'avois plus rien à espérer. J'ai résolu de franchir les règles que la bienséance me prescrit, en faisant au comte un sincère aveu de mes foiblesses, & de lui apprendre l'impression qu'il a faite sur moi dès le premier moment que j'ai pu le voir à l'abbaye. Si cette démarche est sans effet, elle m'affranchira au moins de sa vue, & je ne l'aurai plus pour témoin de ma honte. Les réflexions que je ferai sur la perte de ma beauté, qui dans un autre tems auroit pu flatter mon espoir, me forceront à me rendre plus de justice, & me détermineront plus aisément à prendre le parti dont je vous ai fait part : demain sans autre délai le comte saura que l'infortunée Céline brûle pour lui... Je ne m'avisai point de combattre ses raisons ; je savois par expérience jusqu'où peuvent aller les emportemens d'une passion violente : on n'écoute qu'elle, & les avis les plus salutaires ne sont jamais suivis ; c'est un furieux que l'on ne sauroit dompter ; c'est un torrent qui force toutes les digues qu'on lui oppose.

A son retour chez elle, on lui dit que le comte l'attendoit depuis long-tems : comme il étoit intime ami du chevalier, on ne trouvoit point à redire aux fréquentes visites qu'il rendoit à l'un ou à l'autre ; mais le motif de celle-ci étoit bien plus intéressant pour Céline,

Il étoit arrivé, par un de ces caprices les plus singuliers, que le comte, à la première nouvelle de l'accident de ma cousine, avoit ressenti des mouvemens inconnus, qu'il prit d'abord pour les mouvemens d'une simple pitié que l'on accorde au sort des malheureux ; mais ayant fait un mûr examen de ses sentimens, il sentit son erreur, & s'apperçut que cette pitié prétendue avoit fait place à l'amour le plus violent. Il s'applaudit de cette découverte : ayant entièrement perdu l'espérance de me retrouver, & faisant d'ailleurs réflexion sur l'indifférence que j'avois opposée à ses poursuites, il se proposa de former, avec cette autre parente, un engagement solide, en lui offrant son cœur & sa main. Le comte s'étoit apperçu dans plusieurs entretiens, qu'il ne lui étoit pas indifférent, & que cette raison pourroit la déterminer à ne pas refuser ses offres. En effet, Céline, malgré toute sa prudence & ses précautions, avoit laissé échapper quelques discours qui avoient rapport à sa tendresse, & le comte avoit lu dans ses yeux la confirmation des sentimens qu'il avoit fait naître. Cette découverte, jointe à l'amour dont il étoit épris, & à l'envie qu'il avoit d'arracher de sa bouche un aveu favorable à ses vues, l'avoit amené chez le chevalier. Convenez avec moi, poursuivit Julie, que le cœur humain est impénétrable ; c'est un bizarre assortiment de caprices & de fantaisies, qu'il ne peut expliquer lui-même, & qui le fait marcher par des routes toutes différentes que celles qu'il s'étoit proposé de suivre : cet homme qui avoit conçu pour moi la passion la plus violente, sans aucun espoir de retour, qui avoit entrepris un long voyage pour tâcher d'effacer de son cœur l'idée de son ingrate, & qui revient plus amoureux que jamais, devient en un instant idolâtre d'une personne qu'il avoit regardée jusqu'alors avec indifférence, dans le tems même qu'elle étoit pourvue de tous ses charmes : un accident funeste la prive de ces traits victorieux, qui autrefois auroient mérité l'encens le plus pur ; rien ne l'arrête, il devient sensible, & plus tendre encore qu'il n'étoit indifférent. Amour, voilà de tes coups, je les reconnois aujourd'hui ! L'infortunée Julie se tut après cette exclamation, & versa un torrent de larmes : lorsqu'elle eut un peu calmé l'agitation de son ame, elle reprit le fil de son récit en ces termes.

Le comte, ayant su que ma cousine étoit arrivée, s'empressa de lui rendre une visite dans son appartement, & en l'abordant il lui demanda un moment d'entretien en particulier, qu'elle lui accorda d'autant plus volontiers ; qu'elle étoit curieuse d'apprendre où aboutiroit cet air mystérieux, qu'il n'avoit point encore mis en usage depuis qu'il venoit au logis. Après les politesses usitées en pareille rencontre, il lui tint à peu près ce langage : je ne viens point, mademoiselle, vous faire, en amant ordinaire, l'aveu des sentimens que vous m'avez inspirés ; je ne me servirai point de termes recherchés ni de complimens pompeux, pour vous persuader de la sincérité & de la pureté de mes feux, je me bornerai seulement à vous développer sans art le miracle que l'amour a fait en ma faveur : il m'a guéri subitement de la passion que j'avois pour l'ingrate Julie ; il s'est lassé de me voir le jouet des injustices de cette belle qui refusoit d'encenser ses autels ; mais, comme ce dieu ne veut point perdre ses droits, & qu'il sait tôt ou tard faire éclater sa puissance, il n'a fait que changer d'objet, en me rendant sensible pour l'aimable Céline. Oui, c'est vous, mademoiselle, que j'adore uniquement ; la perte de vos charmes ne me fait aucune impression, je ne recherche que les beautés de l'ame ; elles sont d'un plus grand prix à mes yeux, que des atraits passagers que le tems ou quelqu'accident détruit, & fait disparoître sans aucun espoir de retour. Si vous n'avez aucune répugnance pour moi, si l'aveu de ma tendresse vous touche & vous persuade, je vous offre mon cœur & ma main.... Céline, devenue plus sensible à la joie imprévue que lui causa ce discours, qu'à toute la douleur de ses disgraces, fut si frappée du contre-coup, qu'elle en perdit connoissance : le comte appella ses femmes qui l'emportèrent sur son lit, & s'efforcèrent de lui rappeller ses esprits... Comme il s'étoit éloigné par respect ; il revint un moment après, & ne sachant à quel motif attribuer l'accident qui venoit d'arriver à Céline, il se mit à côté de son lit, en la regardant avec des yeux qui annonçoient le trouble & l'agitation de son ame, dans le doute où il étoit si le saisissement de ma cousine partoit d'un principe de haine ou d'amour. Cette cruelle incertitude se développoit dans ses gestes & dans ses discours qui n'avoient point de suite. Il attendoit son arrêt de la bouche de celle qui étoit la cause de tous ses différens mouvemens. La tendre Céline le tira bientôt de ses inquiétudes, en lui faisant un récit fidèle de tous les maux qu'elle avoit soufferts depuis l'instant que son cœur étoit décidé en sa faveur. Tout autre que vous, mon cher comte, lui dit-elle, auroit lu dans mes yeux son triomphe & ma défaite, s'il eût été moins prévenu que vous l'étiez pour une ingrate qui n'a jamais connu le prix de sa conquête : je partageois vos peines avec d'autant plus de sincérité, que je savois que vous feriez de vains efforts pour attendrir le cœur de Julie : prévenue comme elle l'étoit contre tous les hommes en général, tout autre que vous n'auroit pas mieux été récompensé de ses soins, & pour prix de sa constance n'auroit eu de ressource que dans ses larmes ou dans son désespoir..... Cet aveu de la part de Céline, rétablit le calme dans l'esprit du comte, & lui causa des transports de joie, qu'il fit éclater en des termes qui achevèrent de persuader ma cousine de la sincérité de ses sentimens. Il fut résolu dès-lors entre ces deux amans, qu'ils scelleroient au plutôt leur tendre union, & que la fin de certains arrangemens indispensables seroit le terme de leur félicité. Le comte fut trouver le chevalier, à qui il fit part de sa joie, & du dessein qu'il avoit d'épouser Céline, qui, de son côté, consentoit à faire son bonheur. Ils furent ensemble annoncer cette nouvelle à la tante, à qui le comte en fit la demande comme à la plus proche parente. Cette bonne dame, flattée de cette alliance, y donna son consentement, le parti étant d'autant plus sortable pour sa parente, du côté de la naissance, que ce seigneur possédoit des biens immenses, qui, joints à un caractère aimable & une conduite assez régulière, lui faisoient espérer que Céline ne pouvoit manquer d'être heureuse. Huit jours après ces amans furent aux pieds des autels se jurer un amour inviolable : une tranquille possession n'en a point ralenti les feux ; l'hymen éclairé par le flambeau de l'amour, leur procure chaque jour des plaisirs nouveaux : ils se vengent tous les deux, dans le sein de la volupté, des longs tourmens qu'ils ont soufferts avant qu'ils fussent unis. Ma cousine m'a fait part de ce grand événement, & depuis quelque tems elle ne m'a point donné de ses nouvelles : cependant je n'ignore pas qu'ils vivent dans une parfaite intelligence, & que leur tendresse, soutenue par la délicatesse des sentimens, ne souffre aucune altération.

C'est ici, dit Julie en soupirant, que je vais mériter plus singuliérement votre attention, & peut-être votre pitié, par un caprice qui semble fait pour augmenter mes peines. Tenez-moi compte de l'aveu que je vais vous faire ; je vous développerai tous les replis de mon cœur, & vous serez l'unique confidente d'un secret que je cacherois à tout autre qu'à vous. Vous avez cru jusqu'à présent que je vous avois fait part de toutes mes foiblesses; mais vous allez apprendre que vous étiez dans l'erreur, & que vous ne connoissiez qu'imparfaitement l'infortunée Julie.

Lorsque j'eus appris de la bouche de ma cousine l'amour que le comte avoit pour elle, & les préparatifs qu'ils faisoient pour mettre le comble à leur bonheur, le dépit s'empara de mon ame, & je supportois avec chagrin les portraits flatteurs qu'elle me faisoit du caractère, des attentions & des tendres empressemens de son amant. Chaque trait me perçoit le cœur, & je dévorois intérieurement un fond d'amertume & de douleur que j'avois de la peine à contenir; je les sentois redoubler à mesure qu'elle faisoit éclater sa joie, & qu'elle s'applaudissoit du changement favorable du comte à son égard. Je ressentois des mouvemens de fureur qui m'avoient été jusqu'alors inconnus, & qui rendoient ma situation d'autant plus déplorable, que mes maux étoient sans remède. Peu versée dans l'art de dissimuler, on lisoit aisément dans mes yeux l'agitation de mon ame, & le désordre qu'y causoit la douleur accablante d'un bonheur que l'on venoit de m'annoncer. Ma cousine me demanda avec douceur la raison d'un changement si subit; j'en rejettai la cause sur le dérangement de ma santé, dont le mauvais état depuis quelques jours avoit causé quelqu'altération sur mon visage. Je lui fis pressentir le besoin que j'avois de repos, afin de l'engager à me laisser seul, dans le dessein de remettre, s'il étoit possible, le calme dans mon esprit, & d'y rétablir la tranquillité que sa présence & ses discours m'avoient fait perdre. Elle s'en alla sans doute un peu piquée de la façon dont je l'avois congédiée ; mais cette adorable parente, uniquement occupée du bonheur dont elle alloit jouir, ne chercha point à pénétrer le véritable motif de ma situation & de la mauvaise humeur que j'avois fait éclater vis-à-vis d'elle : trop flattée de l'heureuse perspective qui lui promettoit une félicité durable dans les bras de son cher comte, elle oublia dans cet instant tout l'univers pour se repaître des idées flateuses & séduisantes que lui faisoit entrevoir un si bel avenir. Lorsque j'eus fait réflexion sur ma conduite & sur mes nouveaux sentimens, je démêlai sans peine d'où partoient les divers mouvemens dont j'étois agitée ; j'en reconnus l'objet, & cette découverte ne servit qu'à me désespérer. Je vis, hélas ! continuat-elle avec un soupir douloureux, que la certitude du bonheur décidé de ma cousine cauſoit toute mon infortune ; mon cœur en ce moment étoit plus que jamais pour le comte ; je ne voyois plus que cet aimable ingrat, & je m'accuſois d'injuſtice de n'avoir pas répondu, comme je le devois, à ſes empreſſemens. Ce n'étoit plus cette Julie inſenſible aux hommages reſpectueux d'un homme qui lui avoit ſacrifié ſon repos, ſes ſoins & les marques les moins équivoques d'une tendreſſe digne du meilleur ſort. Que je m'abuſois cruellement, quand je rejettois ſes ſoupirs, & que je me faiſois un mérite ridicule de m'endurcir le cœur contre les attaques qu'on lui portoit ! Je mérite bien aujourd'hui d'être punie de mon inſenſibilité : j'ai pris plaiſir à forger mes propres chaînes, & je ſuis l'inſtrument de tous mes malheurs, comme la triſte victime de mes caprices & de mes injuſtices. Quelle déplorable ſituation ! Mais je fis encore pis : je fauſſai mes ſermens, & je devins la plus ingrate de toutes les femmes : j'oubliai ce que je devois à la mémoire de mon époux ; j'en bannis l'idée de mon eſprit, pour ne m'occuper que de celle du comte : dès que je connus la ſource de mon mal, j'appellai la raiſon à mon ſecours ; mais elle fut ſourde à ma voix, & ne fit qu'irriter mes plaies, au lieu de les guérir. L'amour ſeul

commandoit en souverain : cet impérieux
tyran usoit de ses droits, & se vengeoit à son
tour, au profit du comte, du mépris que
j'avois fait de sa puissance. J'enviois le sort de
Céline : la jalousie me rendoit injuste à son
égard, & je l'accusois de m'enlever un cœur
sur lequel il me sembloit que j'avois un droit
acquis, & qu'elle ne pouvoit me contester.
Insensée que j'étois ! n'avoit-elle pas suivi
mon conseil en se livrant au penchant qu'elle
avoit pour le comte ? N'avois-je pas flatté
ses espérances ? Ma répugnance à former aucun engagement ne la dispensoit-elle pas de
garder des mesures avec moi ? N'étoit-elle
pas autorisée par mes démarches, & le parti
que j'avois pris de renoncer au monde, en
choisissant une retraite pour y passer le reste
de mes jours ? O amour ! amour ! à quels
excès ne portes-tu pas le cœur humain ! J'en
vins jusqu'à haïr ma cousine autant que je
l'avois aimée ; je ne respirois plus que la vengeance : il y avoit des momens où j'avois
envie de traverser le bonheur de ces tendres
amans, & de faire savoir au comte l'impression qu'il avoit faite sur mon cœur.

Je me flatois de reveiller des feux mal éteints ;
je me faisois un plaisir cruel de recevoir ses
sermens, de l'entendre à mes genoux me jurer

un amour éternel : il brûloit de voir Celine accablée de honte & de douleur, mourir de rage & de désespoir à la vue de mon triomphe. Cependant je m'appliquai de toutes mes forces à combattre un projet aussi insensé ; je connus la fausseté de cette démarche, & les cuisans regrets que je me préparois, si mes desseins alloient échouer : quel reproche n'aurois-je pas à me faire d'avoir voulu traverser un penchant innocent que j'avois été la première à autoriser, & dont cette unique raison devoit m'empêcher d'interrompre le cours ? Enfin, graces à mes réflexions, j'abandonnai cet odieux projet ; je suis née avec quelques sentimens qui m'ont servi fidèlement en cette occasion ; j'ai reconnu que ma façon de penser auroit dérogé à ce qu'ils m'inspiroient, & que le plus sage parti que j'avois à prendre, étoit celui de faire un généreux effort pour étouffer une malheureuse passion qui ne me promettoit rien de favorable, & dont j'avois perdu tout le fruit par ma faute. Je travaille depuis long-tems à effacer de mon cœur la trop vive impression que le comte y avoit faite ; jusqu'à présent mes soins sont en pure perte ; l'amour est le plus fort & ne veut point abandonner la place. Ma cousine est venue pour me faire part de son mariage, j'ai refusé de la voir, & je me suis, à ce sujet, attiré de justes reproches, par une lettre que j'ai reçue d'elle le lendemain, à laquelle j'ai fait la réponse suivante.

Vous êtes surprise, ma chère Céline, du refus que j'ai fait de vous voir, je veux bien vous en apprendre le motif : l'infortunée Julie est devenue votre rivale. A peine le comte a-t-il commencé de vous aimer, que mon foible cœur s'est déclaré pour lui ; il m'est devenu plus cher que jamais, & j'ai dans ce moment détesté toutes les rigueurs dont je l'accablois. Lorsque je me suis apperçue de ma foiblesse & de l'injustice que je vous faisois, je n'ai rien oublié pour arracher le trait qui déchire mon cœur. Mais ce généreux effort a surpassé mes forces, la raison, mon amitié pour vous, tout est inutile : je suis à plaindre, ma chère cousine ! Un charme secret, auquel je ne puis résister, me fait persévérer dans des sentimens que je condamne & qui me couvrent de honte. Dans cette déplorable situation, je n'ai pas eu la hardiesse de vous entendre, ni la force d'apprendre de votre bouche le triomphe de votre constance ; comment vous aurois-je vu tracer à mes yeux le tableau de votre fidélité ? Plaignez-moi, trop heureuse Céline ; mais ne m'imputez point un malheur qui met le comble à tous ceux dont je suis accablée depuis que je respire. Mes maux sont extrêmes, & le souvenir qui m'en reste me suivra jusqu'au tombeau. Ne cherchez point à redoubler mes peines en demandant à me voir, je vous dis un éternel adieu ; puisse le ciel vous combler de ses faveurs ! Oubliez, s'il se peut, la trop tendre & trop malheureuse Julie.

Ainsi se termina le récit de cette aimable héroïne, dont le caractère, l'esprit & la douceur étoient dignes d'un meilleur sort : elle étoit née pour faire le bonheur du comte, si l'ascendant d'un préjugé funeste & d'une trop grande crédulité ne l'avoient pas rendue la victime d'une foiblesse qu'elle a toujours eu lieu de se reprocher. Enfin, après avoir combattu, mais inutilement, contre la violence d'une passion qui, dès sa naissance, avoit pris de trop profondes racines dans son cœur, elle succomba sous la violence de ses chagrins, & mourut à la fleur de son âge, d'une langueur que tout l'art des médecins, ni les conseils sensés que je lui prodiguois, ne purent détruire. Elle emporta avec elle l'image de son cher comte, dont elle prononça le nom en rendant le dernier soupir. Quoiqu'elle eût regardé sa cousine comme une rivale qui avoit

mis

mis obstacle à sa fidélité, elle disposa néanmoins en sa faveur des biens considérables qui lui appartenoient de la succession de ses pères. J'ai ressenti moi même ses bienfaits ; ce qui n'ajoutoit rien à la tendre amitié qui nous unissoit. Que de mérites ! que de graces ! que de beauté dans cette adorable fille ! Elle eût été sans défauts, & rien ne lui manquoit pour être heureuse, si sa raison plus forte ou plus éclairée avoit pu la garantir des chimeres de l'amour-propre & des illusions du cœur.

Fin de la seconde & dernière Partie.

TABLE
Des Ouvrages contenus dans ce Volume.

AVERTISSEMENT de l'Editeur.

LE COMTE DE GABALIS.

Premier Entretien. Apparition du Comte de Gabalis. Il commence à développer à l'Auteur les mystères de la Cabale. pag. 3

Second Entretien. Sur les quatre espèces de Peuples élémentaires. Les Sylphes, les Ondins, ou Nymphes, les Gnomes & les Salamandres, 14

Troisième Entretien. Sur les Oracles, 39

Quatrième Entretien. Sur les Mariages des Enfans des Hommes avec les Peuples élémentaires, 62

Cinquième Entretien. Suite du précédent, 87

Lettre à Monseigneur ***, 111

Réponse, 115

LE SYLPHE AMOUREUX, 127

LES ONDINS.

PREMIERE PARTIE

CHAPITRE PREMIER. Introduction. Naissance de Tramarine, 157

CHAP. II. *Voyage de la Princesse Tramarine à la Fontaine de Pallas,* pag. 174

CHAP. III. *Jugement de Tramarine,* 187

CHAP. IV. *Départ de Tramarine pour la Tour des Regrets,* 192

CHAP. V. *Enlèvement de Tramarine,* 200

CHAP. VI. *Entrée de Tramarine dans l'empire des Ondes,* 210

CHAP. VII. *Tramarine est conduite dans le salon des merveilles,* 224

CHAP. VIII. *Voyage dans l'empire des Ondes,* 238

SECONDE PARTIE.

CHAP. IX. *Histoire de la grande Géante,* 243

CHAP. X. *L'accomplissement de l'Oracle,* 248

CHAP. XI. *Histoire de Brillante & de l'Amour,* 270

CHAP. XII. *Histoire du Prince Nubécula, fils du Génie Verdoyant & de la Princesse Tramarine,* 289

L'AMANT SALAMANDRE.

PREMIÈRE PARTIE. 317

SECONDE PARTIE. 401

FIN de la Table.

www.ingramcontent.com/pod-product-compliance
Lightning Source LLC
Chambersburg PA
CBHW050606230426
43670CB00009B/1283